멀티미디어 시대에 맞춰 본문 내용을 태국 현지에서 실제 상황에 맞게 동영상으로 촬영하였으며 문법설명도 동영상 강의로 제작하였습니다. 이 밖에 문형연습은 원어민 교수의 녹음작업을 통하여 음성파일로 제작하였습니다. 이렇게 멀티미디어화 한 교재는 태국어 전공자의 예습과 복습 그리고 혼자서 학습하여야 하는 잠재된 학습자들에게 큰 도움이 될 것입니다.

싸왓디@태국어

생활회화

สวัสดี@

สนทนาภาษาไทย
ชีวิตประจำวัน

한국외국어대학교
태국어과

MP3파일 및 동영상

HUiNE

✣ 국립중앙도서관 출판시도서목록(CIP) ✣

싸왓디@태국어 생활회화 / 지은이: 한국외국어대학교 태국어과.
-- 서울 : 한국외국어대학교 지식출판원, 2009
p. ; cm

ISBN 978-89-7464-519-9 18790 : ₩25000

태국어[泰國語]

739.81-KDC4
495.91-DDC21 CIP2009000524

「이 도서의 국립중앙도서관 출판시도서목록(CIP)은 e-CIP 홈페이지(http://www.nl.go.kr/ecip)에서 이용하실 수 있습니다.(CIP제어번호: CIP2009000524)」

이 책을 내면서

한국과 태국이 정식 수교를 한 지 50년이 넘었고 한국에서 태국어 교육이 시작된 지도 40년이 훌쩍 넘었습니다. 그동안 한국에서의 태국어 교육은 끊임없이 발전하여 왔습니다. 1966년에 처음으로 한국외국어대학교에서 시작된 태국어 교육은 현재 매년 100여명의 대학생이 태국어를 전공으로 선택하고 있으며 이 밖에도 국내외에 산재되어 있는 잠재적 학습자가 계속 늘어나고 있는 추세입니다. 초기의 태국어 학습교재는 대부분 태국어를 전공하는 대학생들에게 눈높이가 맞추어져 있었고 종류도 다양하지 못했습니다. 그러나 이제는 그 종류를 헤아리기 쉽지 않을 정도로 많은 교재가 출판되어 나오고 있습니다.

태국어는 우리말과 서로 다른 문화적 배경을 가지고 있으며 언어체계가 매우 다릅니다. 특히 우리말에 없는 성조체계를 지니고 있어 처음부터 배우기 어려운 언어라는 인식을 갖게 합니다. 그러므로 누구나 부담 없이 쉽게 시작해서 효율적으로 태국어를 익힐 수 있는 교재를 만든다는 것은 그리 쉬운 일이 아닙니다.

이 책은 한국외국어대학교에서 수십 년 간 사용해온 "시청각 타이어"를 전면적으로 수정 보완하여 만들었습니다. 책의 내용은 이미 그동안 태국어 교육을 통해 검증을 받은 셈이어서 본문 내용과 연습문제는 골격은 그대로 두고 시대 상황에 맞게 수정한 다음 우리말 번역을 추가하였습니다. 그리고 난 다음에 단어의 뜻풀이와 문법설명을 추가하고 보충설명을 통해 이해의 폭과 깊이를 더하도록 하였습니다. 끝으로 전체 줄거리를 실어서 하나의 이야기로 말할 수 있도록 하였습니다.

또 다른 한편으로는 멀티미디어 시대에 맞춰 본문 내용을 태국 현지에서 실제 상황에 맞게 동영상으로 촬영하였으며 문법설명도 동영상 강의로 제작하여 영상파일을 준비하였습니다. 이 밖에 문형연습은 원어민 교수의 녹음작업을 통하여 음성파일을 제작하였습니다. 이렇게 멀티미디어화 한 교재는 태국어 전공자의 예습과 복습 그리고 혼자서 학습하여야 하는 잠재된 학습자들에게 큰 도움이 될 것입니다.

이 책은 한국외국어대학교 태국어과 교수진으로 구성된 집필위원과 감수위원의 노력으로 만들어졌습니다. 그 명단은 다음과 같습니다.(가나다 순)

집필위원	감수위원
신근혜	김영애
윤경원	이병도
정환승	이한우
최은희	차상호

동영상 촬영 및 제작은 한국외국어대학교 멀티미디어교육원과 부라파 대학교 한국학센터의 도움을 받았습니다. 동영상 촬영에 출연해주신 분들의 명단은 다음과 같습니다.

출연진

위나이	ผศ. ประวัติ ชิโนดม	쁘라니	ผศ. รัชนี วงศ์สุมิตร
쑤다	รศ. ทัศนีย์ ทานตวณิช	말리니	ผศ. ฉลวย มงคล
위라	คุณนิติ เอกปฐมศักดิ์	쁘리차	รศ. เทพศักดิ์ ทองนพคุณ
아라야	คุณอิสรา ทุกข์สูญ	쏨차이	คุณพูนเพิ่ม อินทราซูต
할아버지	อ. เกษม สนิทกลาง	피싸마이	คุณธันยารัตน์ ชมศิริวัฒน์
할머니	อ. พะเยาว์ บุณยวัชระ	학장	ผศ. ดร. จรัล ฉกรรจ์แดง

그리고 문법설명 부분에 대한 동영상 강의와, 문형연습 부분 녹음 작업에 참여해 주신 분들의 명단은 다음과 같습니다.

문법설명 (동영상강의)

정 환 승

문형연습

(음성녹음)	(내용감수)
เสถียร แป้นเหลือ	สมชาย สำเนียงงาม
จิตตาภา สารพัดนึก ไชยปัญญา	ศศิธร ธาตุเหล็ก

이 밖에도 까다로운 동영상 및 음성 파일을 편집과정을 거쳐 멀티미디어교재로 만들어 주신 한국외국어대학교 멀티미디어교육원과 씨네파크 관계자 여러분, 그리고 한 권의 책으로 엮어주신 한국외국어대학교 지식출판원 관계자 여러분께 진심으로 감사의 말씀을 드립니다.

2009년 2월 1일

한국외국어대학교 태국어과 멀티미디어교재 편집위원회

목차

제1과

ครอบครัว
가족

본 문

วินัย	สวัสดีครับ
안녕하세요?

สุดา	สวัสดีค่ะ
안녕하십니까?

วินัย	นี่บ้านของเราครับ
이것은 우리의 집입니다.

สุดา	ใช่ค่ะ มีเรา 4 คน อยู่บ้านนี้
맞습니다. 우리 네 사람이 이 집에 삽니다.

วินัย	มีพ่อ มีแม่และลูกสองคน
아버지 어머니 그리고 자녀가 둘입니다.

วีระ	ผมเป็นลูกชาย
저는 아들입니다.

อารยา	หนูเป็นลูกสาว
저는 딸입니다.

วินัย	ภรรยาผมชื่อสุดาครับ
저의 아내 이름은 쑤다입니다.

สุดา	สามีดิฉันชื่อวินัยค่ะ
저의 남편 이름은 위나이입니다.

วีระ	นี่น้องสาวของผม เธอชื่ออารยา เธออายุ 15 ปี
여기는 제 여동생이고, 그녀의 이름은 아라야입니다.
그녀는 15살입니다.

อารยา พี่ชายหนูชื่อวีระ เขาอายุ 18 ปี

저의 오빠 이름은 위라입니다. 그는 18살입니다.

วีระ คุณพ่อทำงานธนาคาร

아버지는 은행에서 근무하십니다.

อารยา คุณแม่ดูแลบ้าน

어머니는 집안을 돌보십니다.

วินัย วีระเป็นนักศึกษา อยู่มหาวิทยาลัยครับ

위라는 대학생입니다. 대학교에 다닙니다.

สุดา อารยาเป็นนักเรียน เธออยู่โรงเรียนมัธยม

아라야는 학생입니다.
그녀는 중학교에 다닙니다.

วีระ นี่หมาของเรา มันชื่อดำ

이것은 우리 개입니다.
녀석의 이름은 담입니다.

อารยา นี่แมวของเรา มันชื่อแต้ม

이것은 우리 고양이입니다.
녀석의 이름은 땜입니다.

단 어

บท	과	ที่	째(서수)
ครอบครัว	가족	สวัสดี	안녕
ครับ	예/~요(남성)	ค่ะ	예/~요(여성)
นี่	이	บ้าน	집
ของ	~의	เรา	우리
ใช่	그렇다	มี	있다(소유)
คน	사람	อยู่	있다, 살다
นี้	(N+)이	พ่อ	아빠
แม่	엄마	และ	와/과, 그리고
ลูก	자식	สอง	2
ผม	저(남성)	เป็น	~이다
ลูกชาย	아들	หนู	저/너
ลูกสาว	딸	ภรรยา	아내, 부인
ชื่อ	이름	สามี	남편
ดิฉัน	저(여성)	น้องสาว	여동생
เธอ	그녀, 너	อายุ	나이
ปี	해, 년	พี่ชาย	형, 오빠
เขา	그	คุณพ่อ	아버지
ทำงาน	일하다	ธนาคาร	은행
คุณแม่	어머니	ดูแล	돌보다
นักศึกษา	대학생	มหาวิทยาลัย	대학교
นักเรียน	학생	โรงเรียน	학교
มัธยม	중고등부	หมา	개
มัน	그것	ดำ	검다
แมว	고양이	แต้ม	얼룩, 반점

문법설명

① 지정사 เป็น/คือ 의 생략

태국어에서 문장 성분이 어떤 기능을 하는가는 주로 어순에 의해 결정되기 때문에 일부 문장 성분의 생략이 가능합니다. 지정사 เป็น과 คือ도 다음과 같이 생략이 가능합니다.

นี่ (เป็น) บ้านของเรา	이것은 우리의 집입니다.
นี่ (คือ) บ้านของเรา	이것이 우리의 집입니다.
นี่ (เป็น) หมาของเรา	이것은 우리의 개입니다.
นี่ (คือ) หมาของเรา	이것이 우리의 개입니다.

② มี... อยู่ 구문

태국어의 동사 มี는 통사적 분포에 따라 자동사 또는 타동사의 기능을 합니다. 타동사의 기능을 하면서 부동사 อยู่와 결합하는 경우에는 목적어가 มี와 อยู่ 사이에 들어갑니다.

มีเรา 4 คน อยู่บ้านนี้	우리 네 사람이 이 집에 삽니다.
มีคนอยู่ไหม	누구 있어요?
ไม่มีใครอยู่ในห้อง	방에 아무도 없어요.

③ 명사의 술어 기능

태국어에서는 동사 없는 문장이 있을 수 있습니다. 이때 특정한 명사가 술어의 기능을 대신합니다.

ภรรยาผมชื่อสุดา	저의 아내 이름은 쑤다입니다.
คุณชื่ออะไรครับ	당신의 이름은 무엇입니까?
เธออายุ 15 ปี	그녀는 열다섯 살입니다.
วีระอายุ 18 ปี	위라는 열여덟 살입니다.

4 휴지에 따른 중의성

어떤 문장은 발화시에 어디에 휴지를 두느냐에 따라서 뜻이 달라지는 경우가 있습니다. 휴지란 문장을 발화할 때 잠시 멈추는 것을 말합니다.

วินัยทำ/งานธนาคาร	위나이는 은행일을 합니다.
วินัยทำงาน/ธนาคาร	위나이는 은행에 근무합니다.
สุดาทำ/งานบ้าน	쑤다는 집안일을 합니다.
สุดาทำงาน/บ้าน	쑤다는 가정주부입니다.

보충설명

태국에서 부부간의 호칭은 남편이 부인을 부르거나 부인이 남편을 부를 때 공식적으로는 คุณ 뒤에 이름을 붙여서 부릅니다. 위나이가 쑤다를 부를 때 คุณสุดา, 쑤다가 위나이를 부를 때는 คุณวินัย라고 부릅니다. 그냥 집에서 편하게 부를 때는 คุณ을 빼고 그냥 이름만 부르기도 합니다. 그러나 가장 일반적인 경우는 부인이 남편을 부를 때 พี่, 남편이 부인을 부를 때 น้อง이라고 부릅니다. 부부의 경우 대개 남자가 여자보다 나이가 많기 때문입니다. 또 " 결혼하고 자녀가 생긴 뒤에는 부인이 남편을 พ่อ, 남편이 부인을 แม่라고 부르기도 합니다.

문형연습

1. นี่อะไร	이것은 무엇입니까?
นี่บ้าน	이것은 집입니다.
2. บ้านอยู่ไหน	집은 어디에 있습니까?
บ้านอยู่นี่	집은 여기에 있습니다.
3. นี่ใคร	이분은 누구입니까?
นี่คุณพ่อ	이분은 아버지입니다.

นี่คุณแม่	이분은 어머니입니다.
นี่ลูกชาย	이 사람은 아들입니다.
นี่ลูกสาว	이 사람은 딸입니다.
4. คุณพ่ออยู่ไหน	아버지는 어디에 있습니까?
คุณพ่ออยู่บ้าน	아버지는 집에 있습니다.
คุณแม่อยู่บ้าน	어머니는 집에 있습니다.
5. ใครอยู่บ้าน	누가 집에 있습니까?
เราอยู่บ้าน	우리가 집에 있습니다.
6. นี่บ้านใคร	이것은 누구의 집입니까?
นี่บ้านคุณพ่อ	이것은 아버지의 집입니다.
นี่บ้านคุณแม่	이것은 어머니의 집입니다.
นี่บ้านเรา	이것은 우리의 집입니다.
7. บ้านนี้มีกี่คน	이 집에는 몇 사람이 있습니까?
บ้านนี้มี 4 คน	집에는 네 사람이 있습니다.
หมา 1 ตัว	개가 한 마리 있습니다.
แมว 1 ตัว	고양이가 한 마리 있습니다.
8. ลูกมีกี่คน	자녀가 몇 명 있습니까?
ลูกมี 2 คน	자녀가 2명 있습니다.
ลูกชายคนหนึ่ง	아들 한 명
ลูกสาวคนหนึ่ง	딸 한 명
9. คุณพ่อชื่ออะไร	아버지 성함이 무엇입니까?
คุณพ่อชื่อวินัย	아버지 성함은 위나이입니다.
10. คุณแม่ชื่ออะไร	어머니 성함이 무엇입니까?
คุณแม่ชื่คสุดา	어머니 성함은 쑤다입니다.
11. ลูกชายชื่ออะไร	아들 이름이 무엇입니까?
ลูกชายชื่อวีระ	아들 이름은 위라입니다.

12. ลูกสาวชื่ออะไร	딸 이름이 무엇입니까?
ลูกสาวชื่ออารยา	딸 이름은 아라야입니다.
13. วินัยเป็นสามีใคร	위나이는 누구의 남편입니까?
วินัยเป็นสามีสุดา	위나이는 쑤다의 남편입니다.
14. สุดาเป็นภรรยาใคร	쑤다는 누구의 부인입니까?
สุดาเป็นภรรยาวินัย	쑤다는 위나이의 부인입니다.
15. วีระเป็นพี่ชายใคร	위라는 누구의 오빠입니까?
วีระเป็นพี่ชายอารยา	위라는 아라야의 오빠입니다.
16. อารยาเป็นน้องสาวใคร	아라야는 누구의 여동생입니까?
อารยาเป็นน้องสาววีระ	아라야는 위라의 여동생입니다.
17. วีระอายุเท่าไร	위라는 몇 살입니까?
วีระอายุ 18 ปี	위라는 열여덟 살입니다.
18. อารยาอายุเท่าไร	아라야는 몇 살입니까?
อารยาอายุ 15 ปี	아라야는 열다섯 살입니다.
19. วินัยทำงานอะไร	위나이는 무슨 일을 합니까?
วินัยทำงานธนาคาร	위나이는 은행일을 합니다.
20. สุดาทำงานอะไร	쑤다는 무슨 일을 합니까?
สุดาดูแลบ้าน	쑤다는 집안일을 합니다.
21. วีระเป็นใคร	위라는 누구입니까?
วีระเป็นนักศึกษา	위라는 대학생입니다.
22. อารยาเป็นใคร	아라야는 누구입니까?
อารยาเป็นนักเรียน	아라야는 학생입니다.
23. วีระอยู่ไหน	위라는 어디에 있습니까?
วีระอยู่มหาวิทยาลัย	위라는 대학교에 있습니다.
24. อารยาอยู่ไหน	아라야는 어디에 있습니까?
อารยาอยู่โรงเรียนมัธยม	아라야는 중학교에 있습니다.

25. หมาอยู่ไหน	개는 어디에 있습니까?
หมาอยู่นี่	개는 여기에 있습니다.
26. แมวอยู่ไหน	고양이는 어디에 있습니까?
แมวอยู่บ้าน	고양이는 집에 있습니다.

줄거리

วินัยทำงานธนาคาร ครอบครัวเขามีสมาชิก 4 คน คือ วินัย ภรรยา ลูกชาย 1 คน และลูกสาว 1 คน ภรรยาของเขาชื่อสุดา เป็นแม่บ้าน ลูกชายชื่อวีระ อายุ 18 ปี เป็นนักศึกษา ลูกสาวชื่ออารยา อายุ 15 ปี เป็นนักเรียน ครอบครัววินัยเลี้ยงหมาตัวหนึ่ง และแมวตัวหนึ่ง หมาชื่อดำ และแมวชื่อแต้ม

제 2 과

ที่โต๊ะอาหาร
식탁에서

본 문

วินัย กับข้าวน่ากินจัง
반찬이 무척 먹음직스럽군.

สุดา เชิญเลยค่ะ กำลังร้อนๆ
어서요. 뜨거울 때 드세요.

วีระ ผมกำลังหิว ผมทานละ
저는 배가 고파요. 지금 먹을래요.

อารยา หนูก็หิวค่ะ หนูก็ทานละ
저도 배가 고파요. 저도 지금 먹을래요.

วินัย อ้าว มีส้อมสองคัน ช้อนไม่มี
어! 포크가 두 개 있고 숟가락이 없네.

สุดา อุ๊ยตาย ที่จานดิฉัน มีช้อนสองคัน ส้อมไม่มี
어머! 제 접시에 숟가락이 두 개 있고 포크가 없어요.

วีระ แกงนี่เผ็ดจัง แต่อร่อยดี
국 이거 무척 매워요. 그런데 맛이 있어요.

อารยา หนูชอบแกงเผ็ดกับเนื้อเค็มทอด
저는 깽펫과 느아켐텃을 좋아해요.

วินัย ขอข้าวอีกหน่อยจ้ะ กับข้าวอร่อยจริงๆ
밥 좀 더 줘요. 반찬이 정말 맛있군!

สุดา ทานมากๆนะคะ ข้าวมีเยอะค่ะ
많이 드세요. 밥 많이 있어요.

วีระ　อิ่มแล้ว ขอน้ำหน่อยสิ อารยา
배부르다. 아라야 물 좀 줘.

อารยา　นี่ค่ะ น้ำเย็น
여기 있어요. 찬물.

วีระ　ขออีกแก้วสิ
한 컵 더 줘.

อารยา　พี่วีระดื่มน้ำจุจัง
위라 오빠는 물을 참 많이 마시네요.

วินัย　พ่อก็ทานจุ
아빠도 많이 마신단다.

วีระ　ผู้ชายกินมาก ผู้หญิงกินน้อย
남자는 많이 먹고 여자는 적게 먹어요.

สุดา　อิ่มข้าวแล้ว มีของหวานอีกนะคะ
배불리 먹었으니 후식을 먹을까요?

วีระ　ผมชอบผลไม้
저는 과일을 좋아해요.

단 어

กับข้าว	반찬	น่ากิน	먹음직하다
จัง	매우	เชิญ	please
เลย	[강조]	กำลัง	[진행조동사]
ร้อน	덥다, 뜨겁다	หิว	배고프다
ทาน	드시다	ก็	~도
อ้าว	[감탄사]	ส้อม	포크
คัน	[형태사] 개	มี	(가지고) 있다
ไม่	[부정사]	ช้อน	숟가락
อุ๊ย	[감탄사]	จาน	접시
ที่	~에, ~에서	แกง	국, 찌개
เผ็ด	맵다	อร่อย	맛있다
ดี	좋다	เนื้อ	(쇠)고기
เค็ม	짜다	ทอด	튀기다
ขอ	청하다	ข้าว	밥, 쌀
อีก	더, 다시, 또	หน่อย	좀
กับข้าว	반찬	จริง	정말
มาก	많다	เยอะ	많다
อิ่ม	배부르다	แล้ว	[완료조동사]
น้ำ	물	เย็น	시원하다, 차갑다
แก้ว	유리, 컵	สิ	[어조사]
ดื่ม	마시다	ๆ	많이
ผู้ชาย	남자	กิน	먹다
ผู้หญิง	여자	น้อย	조금
ของหวาน	후식, 단것	ชอบ	좋아하다
นะ	[어조사]	ผลไม้	과일

문법설명

1 주어+ น่า+ 동사

주어+น่า+동사의 형태로 '~스럽다' 또는 '~함직하다'의 의미를 나타냅니다.

กับข้าว น่ากิน	반찬이 먹음직스러워요.
เด็กคนนี้ น่ารัก	이 아이는 사랑스러워요.

2 청유의 표현 เชิญ+동사

청유 또는 권유의 의미를 표현하는 경우에는 동사 앞에 เชิญ을 사용합니다.

เชิญทานข้าว	식사하세요.
เชิญนั่ง	앉으세요.
เชิญข้างใน	(안으로) 드시죠.

3 현재 진행을 나타내는 조동사 กำลัง

조동사 กำลัง은 동사 앞에 나타나는 전치조동사로 현재의 상태나 진행의 의미를 나타냅니다.

กำลังร้อน ๆ	아직 뜨거워요./식기 전에 드세요.
กำลังดี	지금이 좋아요./딱 좋아요.
กำลังกิน	먹고 있어요.
กำลังไป	가고 있어요.

4 부탁의 표현 ขอ ... หน่อย

물건을 달라고 부탁하거나 요청하는 표현은 ขอ+명사+หน่อย로 나타낼 수 있습니다.

ขอข้าวอีกหน่อย	밥 좀 더 다오.
ขอน้ำหน่อย	물 좀 다오.

5 부정소 ไม่

부정소 ไม่는 부정하고자 하는 문장 성분 앞에 놓입니다.

มีส้อมสองคัน ช้อนไม่มี	포크는 두 개인데 숟가락이 없다.
มีช้อนสองคัน ส้อมไม่มี	숟가락은 두 개인데 포크가 없다.

6 타동사 구문 : 주어+ 동사+ 목적어

태국어에서는 우리말과는 달리 주어+타동사+목적어의 어순을 갖습니다.

หนูชอบแกงเผ็ด	저는 깽펫을 좋아해요.
พี่วีระดื่มน้ำ	위라 오빠는 물을 마셔요.
ผมชอบผลไม้	저는 과일을 좋아해요.

7 주어+ ก็ + 동사

동감 또는 동반의 의미를 나타내는 경우에는 주어 다음에 ก็를 사용합니다.

ผมกำลังหิว	저는 지금 배가 고파요.
- หนูก็กำลังหิว	저도 배가 고파요.
ผมทานละ	저는 먹을래요.

- หนูก็ทานละ	저도 먹을래요.
พี่วีระดื่มน้ำจุจัง	위라 오빠는 물을 많이 마셔요.
- พ่อก็ทานจุ	아빠도 많이 먹는다.

보충설명

태국은 주로 부부가 맞벌이를 하는 경우가 많습니다. 따라서 집 밖에서 식사를 하는 경우가 우리나라보다 많습니다. 일반적으로 태국 사람은 숟가락과 포크를 사용하여 식사를 합니다. 젓가락은 ก๋วยเตี๋ยว라고 부르는 쌀국수를 먹을 때 사용합니다. 태국 음식은 종류가 다양하지만 대개 맵고 시고 단맛을 내는 음식이 많습니다. 생선은 태국인이 즐겨먹는 아주 중요한 음식이어서 일반적으로 식사하다는 표현을 กินข้าวกินปลา라고 합니다. 또 매운 맛을 가시게 하기 위해 식사 후에 단것(ของหวาน)을 먹어 매운 맛을 가시게 하는데 이를 แก้เผ็ด이라고 합니다. 한편 태국어의 แก้เผ็ด은 '복수하다'라는 의미도 있습니다.

문형연습

1. อะไรน่ากิน	무엇이 먹음직스럽습니까?
กับข้าวน่ากิน	반찬이 먹음직스럽습니다.
ของหวานน่ากิน	후식이 먹음직스럽습니다.
ผลไม้น่ากิน	과일이 먹음직스럽습니다.
2. ใครเชิญใคร	누가 누구에게 권합니까?
คุณแม่เชิญคุณพ่อ	어머니가 아버지께 권합니다.
ลูกชายเชิญคุณแม่	아들이 어머니께 권합니다.
ลูกสาวเชิญคุณพ่อ	딸이 아버지께 권합니다.
3. อะไรร้อน ๆ	무엇이 뜨겁습니까?
กับข้าวร้อน ๆ	반찬이 뜨겁습니다.
แกงร้อน ๆ	찌개가 뜨겁습니다.
ข้าวร้อน ๆ	밥이 뜨겁습니다.

4. ใครหิวข้าว — 누가 배가 고픕니까?
วีระหิวข้าว — 위라가 배가 고픕니다.
ผมหิวข้าว — 제가 배가 고픕니다.
อารยาหิวข้าว — 아라야가 배가 고픕니다.
หนูหิวข้าว — 제가 배가 고픕니다.

5. วีระหิวอะไร	위라는 무엇이 먹고 싶습니까?
ผมหิวข้าว	저는 밥이 먹고 싶습니다.
ผมหิวน้ำ	저는 목이 마릅니다.
6. อารยาทานข้าวกี่จาน	아라야는 밥을 몇 접시 먹었습니까?
หนูทานข้าว 2 จาน	저는 밥을 두 접시 먹었습니다.
หนูทานข้าว 3 จาน	저는 밥을 세 접시 먹었습니다.
7. ใครไม่มีช้อน	누가 숟가락이 없습니까?
คุณพ่อไม่มีช้อน	아버지가 숟가락이 없습니다.
ท่านไม่มีช้อน	그분이 숟가락이 없습니다.
8. ใครมีส้อม 2 คัน	누가 포크가 두 개 있습니까?
คุณแม่มีส้อม 2 คัน	어머니가 포크가 두 개 있습니다.
ท่านมีส้อม 2 คัน	그분이 포크가 두 개 있습니다.
9. อะไรเผ็ด	무엇이 맵습니까?
กับข้าวเผ็ด	반찬이 맵습니다.
แกงเผ็ด	찌개가 맵습니다.
10. อะไรอร่อย	무엇이 맛있습니까?
แกงอร่อย	찌개가 맛있습니다.
ผลไม้อร่อย	과일이 맛있습니다.
ของหวานอร่อย	후식이 맛있습니다.
11. อารยาชอบอะไร	아라야는 무엇을 좋아합니까?
เขาชอบแกงเผ็ด	그는 매운탕을 좋아합니다.
เธอชอบแกงเผ็ด	그녀는 매운탕을 좋아합니다.
12. อะไรเค็ม	무엇이 짭니까?
เนื้อเค็ม	고기가 짭니다.

กับข้าวเค็ม	반찬이 짭니다.
13. คุณพ่อขออะไร	아버지는 무엇을 달라고 하십니까?
ท่านขอข้าว	그분께서 밥을 달라고 하십니다.
ท่านขอน้ำ	그분께서 물을 달라고 하십니다.
14. มีอะไรแยะ	무엇이 많습니까?
มีข้าวแยะ	밥이 많습니다.
มีน้ำแยะ	물이 많습니다.
15. ใครอิ่ม	누가 배가 부릅니까?
เขาอิ่ม	그가 배부릅니다.
เธออิ่ม	그녀가 배부릅니다.
เราอิ่ม	우리가 배부릅니다.
16. วีระขออะไรอีก	위라는 무엇을 더 달라고 합니까?
เขาขอน้ำเย็นอีก	그는 찬물을 더 달라고 합니다.
เขาขอผลไม้อีก	그는 과일을 더 달라고 합니다.
17. ใครดื่มน้ำจุ	누가 물을 많이 마십니까?
วีระดื่มน้ำจุ	위라가 물을 많이 마십니다,
เขาดื่มน้ำจุ	그는 물을 많이 마십니다.
18. คุณพ่อทานอะไรจุ	아버지는 무엇을 많이 드십니까?
ท่านทานข้าวจุ	그분은 밥을 많이 드십니다.
ท่านทานน้ำจุ	그분은 물을 많이 드십니다.
19. อารยาชอบอะไร	아라야는 무엇을 좋아합니까?
เธอชอบแกงเผ็ด	그녀는 매운탕을 좋아합니다.
เธอชอบเนื้อเค็มทอด	그녀는 튀긴 쇠고기를 좋아합니다.
20. ใครกินมาก	누가 많이 먹습니까?
ผู้ชายกินมาก	남자가 많이 먹습니다.
เขากินมาก	그가 많이 먹습니다.
21. ใครกินน้อย	누가 적게 먹습니까?
ผู้หญิงกินน้อย	여자가 적게 먹습니다.
เธอกินน้อย	그녀가 적게 먹습니다.

줄거리

สุดาเป็นแม่บ้าน ตอนเช้าสุดาทำอาหารให้สามีและลูกๆ ทาน มีอาหารและช้อนกับส้อมอยู่บนโต๊ะ อารยาชอบแกงเผ็ดกับเนื้อเค็มทอด วินัยกับวีระทานข้าวมาก เพราะอาหารอร่อย ตามปกติผู้ชายกินมากกว่าผู้หญิง เมื่อทานข้าวเสร็จแล้ว มีของหวานอีกด้วย วีระชอบกินผลไม้

제 3 과

งานประจำวันของคุณพ่อ

아버지의 일과

본 문

สุดา วินัยคะ ตื่นเถอะค่ะ สายแล้วค่ะ
위나이씨 일어나세요. 늦었어요.

วินัย กี่โมงแล้ว
몇 시예요?

สุดา หกโมงครึ่งแล้วค่ะ
여섯 시 반이에요.

วินัย แหม ไม่อยากตื่นเลย
아이구! 일어나기 싫어라!

อารยา ห้องน้ำว่างแล้วค่ะคุณพ่อ
화장실이 비었어요. 아빠.

วินัย ขอพ่อเข้าไป แปรงฟัน โกนหนวดและอาบน้ำก่อนนะ
아빠가 먼저 들어가 양치질하고 면도하고 샤워 좀 하자.

สุดา แต่งตัวเสร็จแล้ว เชิญทานข้าวค่ะ
옷 다 갈아입으시고 식사하세요.

วินัย วีระกับอารยาไปพร้อมพ่อนะลูก
위라하고 아라야는 아빠와 같이 가자. 얘들아.

อารยา สวัสดีค่ะคุณพ่อ (ลาเข้าไปในโรงเรียน)
안녕히 가세요. 아빠! (작별인사하고 학교로 들어간다)

วีระ สวัสดีครับคุณพ่อ (ลงจากรถ)
안녕히 가세요. 아빠! (차에서 내린다)

วินัย สวัสดีลูก พ่อไปละนะ
잘 가거라, 얘야. 아빠 간다.

(ที่ทำงาน) (직장에서)

วินัย สวัสดีครับ ผู้จัดการ ขอโทษที่มาสายครับ
안녕하세요, 매니저님. 늦어서 죄송합니다.

ผู้จัดการ ไม่เป็นไรหรอกค่ะ เพิ่งแปดโมงกว่าเท่านั้นเอง เชิญค่ะ
괜찮습니다, 이제 막 여덟 시 좀 넘었을 뿐인걸요. 일 보세요.

(กลับบ้านตอนเย็น) (저녁에 귀가)

สุดา เหนื่อยไหมคะวินัย
피곤하세요? 위나이씨!

วินัย เหนื่อยจ้ะ
피곤해.

สุดา เดี๋ยวเปลี่ยนเสื้อผ้านะคะ แล้วทานข้าวเย็นกัน
옷 갈아입으세요. 그리고 나서 (같이) 저녁식사해요.

วินัย คุณดูโทรทัศน์คนเดียวนะ
당신 혼자 텔레비전 보구려.

สุดา คุณไม่ดูหรือคะ
당신은 안 보세요?

วินัย ไม่จ้ะ ผมจะอ่านหนังสือพิมพ์
아니. 난 신문 읽을래.

단어

ตื่น	깨다, 일어나다	เถอะ	[어조사]
สาย	늦다	กี่	몇
โมง	시	หก	6
ครึ่ง	반, 1/2	แหม	[감탄사]
อยาก	[희망조동사]	ห้องน้ำ	화장실
ว่าง	비다	แปรง	솔, 솔질하다
ฟัน	이, 치아	โกน	깎다, 자르다
หนวด	수염	อาบน้ำ	샤워하다
ก่อน	먼저	แต่งตัว	몸치장하다
เสร็จ	끝내다	พร้อม	함께
ลา	작별인사하다	ลง	내리다
จาก	~부터	ที่ทำงาน	일터, 직장
ผู้จัดการ	매니저, 부서장	ขอโทษ	미안, 실례하다
ไม่เป็นไร	괜찮다	หรอก	[강조]
เพิ่ง	[완료조동사]	แปด	8
กว่า	[비교] ~더	เท่านั้นเอง	~뿐이다
กลับบ้าน	귀가하다	ตอนเย็น	저녁때
เหนื่อย	피곤하다	เดี๋ยว	잠깐, 잠시후
เปลี่ยน	바꾸다	เสื้อผ้า	옷
ข้าวเย็น	저녁식사	ดู	보다
โทรทัศน์	텔레비전	คนเดียว	혼자
อ่าน	읽다	หนังสือพิมพ์	신문

문법설명

1 명령 또는 청유의 의미를 나타내는 어조사 เถอะ

태국어의 어조사 เถอะ는 문장 끝머리에 사용되면서 명령문이나 청유문을 만듭니다.

ไปกันเถอะ	갑시다.
ทานข้าวเถอะ	식사하세요.
อาบน้ำเถอะ	샤워하세요.
นิ่งเถอะ	조용히 하세요.

2 접속사 แล้ว의 용법

태국어에서 แล้ว는 일반적으로 완료의 의미를 나타내는 조동사로 사용됩니다. 그러나 두 문장이 나열되면서 순차적 동작을 나타내는 경우에는 앞 문장 끝머리에 위치하면서 다음 문장을 연결하는 접속사로 기능하기도 합니다. 이때는 '그리고 나서'의 의미로 해석합니다.

แต่งตัวแล้ว เชิญทานข้าวค่ะ	옷 갈아입고 식사하세요.
ทานข้าวแล้ว รีบไปโรงเรียน	식사하고 서둘러 학교 가세요.
อิ่มแล้ว มีของหวานอีกนะคะ	배불리 드셨으면 후식 드세요.

3 헤어질 때 인사법

태국어에서 헤어질 때 하는 인사말에는 다음과 같은 것들이 있습니다.

ไปก่อนนะคะ	먼저 가겠습니다.
ลาก่อนครับ	작별인사 드리겠습니다.
ขอตัวก่อนนะคะ	먼저 실례하겠습니다.
พบกันใหม่นะครับ	다음에 또 뵙겠습니다.

4 부사적 용법 คนเดียว

태국어의 คนเดียว는 '혼자서' 또는 '스스로'의 의미를 지닌 부사어로 쓰입니다.

วินัยดูโทรทัศน์คนเดียว	위나이는 혼자서 텔레비전을 봅니다.
เด็กอยู่บ้านคนเดียว	아이가 집에 혼자 있어요.
ฉันไปคนเดียวได้	나 혼자 갈 수 있어요.
เขาสร้างคนเดียว	그가 혼자 지었어요.

보충설명

태국어에서 시간 표현은 우리와 많이 다릅니다. 아침시간은 6시는 6 โมงเช้า, 7시는 1 โมงเช้า, 8시는 2 โมงเช้า, 11시는 5 โมงเช้า가 됩니다. 정오는 เที่ยงวัน이 되고 오후 시간은 앞에 บ่าย를 붙입니다. 오후 2시는 บ่าย 2 โมง 오후 3시는 บ่าย 3 โมง이 됩니다. 오후 4시부터는 뒤에 โมงเย็น이 붙습니다. 오후 4시는 4 โมงเย็น 오후 5시는 5 โมงเย็น 저녁 7시부터는 뒤에 ทุ่ม이 붙습니다. 저녁 9시는 3 ทุ่ม이 됩니다. 자정은 เที่ยงคืน이고 이후 새벽 5시까지는 앞에 ตี를 붙입니다. 새벽 3시는 ตี 3이 됩니다.

문형연습

1. กี่โมง	몇 시입니까?
หกโมง	6시입니다.

	หกโมงเช้า	아침 6시입니다.
2.	หกโมงหรือ	여섯시예요?
	ครับ หกโมง	네, 여섯 시예요.
	ค่ะ หกโมง	네, 여섯 시예요.
3.	หกโมงแล้วหรือ	여섯 시가 되었어요?
	ครับ หกโมงแล้ว	네, 여섯 시가 되었습니다.
	ค่ะ หกโมงแล้ว	네, 여섯 시가 되었어요.
4.	สายแล้วหรือ	늦었어요?
	ครับ สายแล้ว	네, 늦었습니다.
	ค่ะ สายแล้ว	네, 늦었어요.
5.	เขาตื่นแล้วหรือ	그는 일어났어요?
	ครับ เขาตื่นแล้ว	네, 그는 일어났습니다.
	ค่ะ เขาตื่นแล้ว	네, 그는 일어났어요.
6.	คุณแปรงฟันหรือ	당신은 양치질 하셨나요?
	ครับ ผมแปรงฟัน	네, 저는 양치질 했습니다.
	ค่ะ ดิฉันแปรงฟัน	네, 저는 양치질 했어요.
7.	คุณโกนหนวดหรือ	당신은 면도하셨나요?
	ครับ ผมโกนหนวด	네, 저는 면도했습니다.
	เปล่าครับ ผมไม่ได้โกนหนวด	아니오, 저는 면도하지 않았어요.
8.	คุณอาบน้ำหรือ	당신은 샤워하셨나요?
	ครับ ผมอาบน้ำ	네, 저는 샤워했습니다.
	เปล่าค่ะ ดิฉันไม่ได้อาบน้ำ	아니오, 저는 샤워 안 했어요.
9.	คุณกำลังแต่งตัวหรือ	옷 입는 중이신가요?
	ครับ ผมกำลังแต่งตัว	네, 옷을 입는 중입니다.
	ค่ะ ดิฉันกำลังแต่งตัว	네, 옷 입는 중이에요.
10.	คุณไปโรงเรียนหรือ	당신은 학교에 가십니까?

ครับ ผมไปโรงเรียน	네, 학교에 갑니다.
เปล่าค่ะ ดิฉันไม่ได้ไปโรงเรียน	아니오, 저는 학교에 가지 않아요.
11. คุณมาสายหรือ	당신은 늦게 왔나요?
ครับ ผมมาสาย	네, 저는 늦게 왔습니다.
เปล่าค่ะ ดิฉันไม่ได้มาสาย	아니오, 저는 늦게 오지 않았어요.
12. คุณไปทำงานไหม	당신은 일하러 가십니까?
ไปครับ	갑니다.
ไม่ไปค่ะ	가지 않아요.
13. คุณไปโรงเรียนไหม	당신은 학교에 가십니까?
ไปครับ	갑니다.
ไม่ไปค่ะ	가지 않아요.
14. เหนื่อยไหม	피곤하세요?
เหนื่อยครับ	피곤합니다.
เหนื่อยค่ะ	피곤해요.
15. ทานข้าวไหม	식사하시겠습니까?
ไม่ทานครับ	먹지 않겠습니다.
ทานค่ะ	먹겠습니다.
16. เปลี่ยนเสื้อผ้าไหม	옷 갈아입으시겠어요?
ไม่เปลี่ยนครับ	갈아입지 않겠습니다.
เปลี่ยนค่ะ	갈아입겠습니다.
17. หิวไหม	시장하세요?
ไม่หิวครับ	시장하지 않습니다.
หิวค่ะ	시장합니다.
18. อาบน้ำไหม	샤워하시겠어요?
อาบครับ	샤워하겠습니다.
ไม่อาบค่ะ	샤워하지 않겠습니다.

19. แปรงฟันไหม	양치질 하시겠어요?
แปรงครับ	양치질 하겠습니다.
ไม่แปรงค่ะ	양치질 하지 않겠습니다.
20. ไปไหม	가시겠어요?
ไปครับ	가겠습니다.
ไม่ไปค่ะ	가지 않겠어요.
21. อิ่มไหม	배부르세요?
อิ่มครับ	배불러요.
ไม่อิ่มค่ะ	배부르지 않아요.

줄거리

ตอนเช้าสุดาตื่นก่อนคนอื่น เตรียมอาหารเช้าแล้วปลุกวินัย วินัยไม่อยากตื่น เพราะรู้สึกเหนื่อยมาก เมื่อคืนนอนดึกด้วย วินัยตื่นนอนแล้วเข้าห้องน้ำ แปรงฟัน โกนหนวด และอาบน้ำ แต่งตัวแล้วทานข้าว วีระกับอารยาไปกับวินัย วินัยไปส่งลูกๆ ก่อนแล้วไปที่ทำงาน วันนี้วินัยเข้าทำงานสายหน่อย จึงขอโทษผู้จัดการ เมื่อเลิกงานกลับบ้าน วินัยรู้สึกเหนื่อยมาก เปลี่ยนเสื้อผ้าแล้วทานอาหารเย็น หลังจากทานอาหารเย็นแล้ว วินัยอ่านหนังสือพิมพ์ สุดาจึงดูโทรทัศน์คนเดียว

제 4 과 งานประจำวันของคุณแม่
어머니의 일과

본 문

สุดา มาแต่เช้าเชียวนะปรานี
아침 일찍 오셨군요, 쁘라니씨.

ปรานี ทำอะไรอยู่ล่ะ
뭐 하세요?

สุดา ซักผ้า คุณเสร็จงานแล้วหรือ
세탁해요. 당신은 일을 끝내셨나요?

ปรานี เสร็จแล้วค่ะ ดิฉันตื่นตีห้าครึ่ง เตรียมอาหารเช้าให้สามีและลูกสาวทาน
끝냈어요. 저는 아침 5시 반에 일어나 남편과 딸아이가 먹을 아침식사를 준비했어요.

สุดา ตอนเช้าคุณทานอะไรคะ
아침에 당신은 무엇을 드세요?

ปรานี บางวันก็ทานข้าวต้ม บางวันก็ทานกาแฟ นมสด ไข่ลวก แล้วก็ขนมปัง
어떤 날은 카우똠을 먹고 어떤 날은 커피, 우유, 수란, 그리고 빵을 먹어요.

สุดา อ๋อ แล้วตอนนี้ใครเฝ้าบ้านให้คะ
아, 그러면 지금 누가 집을 봐주고 있나요?

ปรานี ไม่มีค่ะ สามีไปทำงาน ลูกสาวไปโรงเรียน ดิฉันล้างจาน กวาดบ้านถูบ้าน แล้วก็มาที่นี่
아무도 없어요. 남편은 출근하고 딸아이는 학교에 갔어요. 저는 설거지하고 집안을 쓸고 닦고, 그리고 나서 여기에 왔어요.

สุดา คราวนี้แวะมาเฉยๆ หรือคะ

지금은 그냥 들르신 건가요?

ปรานี อยากชวนไปดูหนังค่ะ

영화 보러 가자고 하고 싶어서요.

สุดา โอ ไปสิคะ ไปทานข้าวกลางวันข้างนอก แล้วไปดูหนังกัน

아! 가시죠. 밖에서 점심식사하고 영화 봐요.

ปรานี ค่ะ เสร็จแล้ว ไปจ่ายตลาด กลับบ้าน ทำอาหารเย็น

네, 끝나면 장 보러 갔다가 집에 돌아와 저녁식사를 준비해요.

단 어

แต่เช้า	아침 일찍	เชียว	매우
ทำ	하다	อะไร	무엇
-อยู่	~하고 있다	ซักผ้า	세탁하다, 빨래하다
เสร็จงาน	일을 끝내다	ตื่น	잠에서 깨다
ตีห้าครึ่ง	새벽 5시 반	เตรียม	준비하다
อาหารเช้า	아침식사	สามี	남편
ลูกสาว	딸	ทาน	먹다
ตอนเช้า	아침에	กาแฟ	커피
นมสด	우유	ไข่ลวก	수란
ขนมปัง	빵	เฝ้าบ้าน	집을 보다
-ให้	~해 주다	ไป	가다
ไปทำงาน	출근하다	ล้าง	씻다, 닦다
จาน	접시	กวาด	쓸다
ถู	문지르다, 닦다	แล้วก็	그리고 나서
มา	오다	แวะ	들르다
เฉยๆ	그냥	อยาก	~하고 싶다
ชวน	권하다	ดูหนัง	영화보다
ซิ	[청유형어조사]	ข้าวกลางวัน	점심식사
ข้างนอก	밖, 바깥	เสร็จ	끝나다
ไปจ่ายตลาด	장보러 가다	กลับบ้าน	귀가하다
อาหารเย็น	저녁식사		

문법설명

1 진행상의 의미를 나타내는 후치 조동사 อยู่

태국어의 อยู่는 일반동사로 사용되는 경우에 '살다', '있다'의 의미를 나타냅니다. 그러나 동사 뒤에 위치하면 진행의 의미를 나타나는 조동사로 기능합니다. 만약 본동사가 타동사인 경우에는 목적어가 본동사와 후치조동사인 อยู่ 사이에 위치합니다.

เขาอยู่บ้าน	그는 집에 있다.
พ่ออยู่ต่างจังหวัด	아버지는 지방에 사신다.
เธอกำลังเดินอยู่	그녀는 걷고 있다.
แม่ทำอาหารอยู่	어머니는 음식을 만들고 계신다.

2 접속사로 기능하는 ให้ 용법

태국어의 ให้는 문장 안에서의 위치와 통사적 분포에 따라 여러 가지 기능을 가집니다.

เตรียมอาหารเช้าให้ (부동사)
아침식사를 준비해 준다.
เตรียมอาหารเช้าให้สามีและลูกสาว (부동사)
남편과 딸에게 아침식사를 준비해 준다.
เตรียมอาหารเช้าให้สามีและลูกสาวทาน (접속사)
아침식사를 준비해서 남편과 딸에게 먹게 한다.

③ ชวนอี 사용되는 문장구조

태국어의 ชวน은 이중목적어 동사와 유사한 통사적 분포를 보입니다. 이때 직접 목적어는 동명사의 형태로 나타납니다.

> ปรานีชวนสุดา
> 쁘라니는 쑤다에게 권했다.
> ปรานีชวนไปดูหนัง
> 쁘라니는 영화구경 가자고 권했다.
> ปรานีชวนสุดาไปดูหนัง
> 쁘라니는 쑤다에게 영화 구경을 갈 것을 권했다.

④ 조동사 อยากの 통사적 분포

태국어의 조동사 อยาก은 '~하고 싶다'의 의미를 나타내며 통사적으로 부정소 ไม่의 앞과 뒤에 모두 나타날 수 있습니다.

ฉันไม่อยากกลับบ้าน	나는 집에 가고 싶지 않아요.
ฉันอยากไม่กลับบ้าน	나는 집에 안 가고 싶어요.
สุดาอยากไปดูหนัง	쑤다는 영화구경 가고 싶다.
สุดาอยากไม่ไปดูหนัง	쑤다는 영화구경을 안 가고 싶다.

보충설명

태국은 일반적으로 부부가 맞벌이를 하는 경우가 많습니다. 따라서 외식을 하는 경우가 빈번합니다. 일반적으로 가장 빨리 그리고 손쉽게 먹을 수 있는 음식은 ก๋วยเตี๋ยว라고 부르는 쌀국수 입니다. 주문하면 대부분 5분 안에 먹을 수 있습니다. 면의 종류와 육수, 그리고 곁들여 먹는 재료에 따라 종류가 수 십 가지가 됩니다. ก๋วยเตี๋ยว는 현 랏따나꼬신 왕조 초기에 정부에서 장려하여 먹기 시작한 음식입니다. ก๋วยเตี๋ยว는 표기법에서 나타나듯이 중자음 에 4성부호가 붙은 것으로 보아 중국에서 건너 온 것으로 추정 됩니다. 쌀국수는 태국에서 뿐만 아니라 동남아 지역에서 즐겨 먹는 음식입니다.

문형연습

1. คุณทำอะไรอยู่	당신은 무엇을 하고 있습니까?
ดิฉันซักผ้าอยู่	저는 빨래하고 있어요.
ผมอ่านหนังสือพิมพ์อยู่	저는 신문읽고 있어요.
ดิฉันเตรียมอาหารอยู่	저는 음식 준비하고 있어요.
2. ตอนนี้คุณทำอะไร	지금 당신은 무엇을 하고 있어요?
ตอนนี้ผมอ่านหนังสือ	지금 저는 책을 읽고 있어요.
ตอนนี้ผมทานข้าว	지금 저는 밥 먹고 있어요.
ตอนนี้ผมไม่ได้ทำอะไร	저는 지금 아무것도 하지 않아요.
3. เขาตื่นตีห้า	그는 새벽 다섯 시에 일어난다.
เธอตื่นตีห้า	그녀는 새벽 다섯 시에 일어난다.
พวกเขาตื่นตีห้า	그들은 새벽 다섯 시에 일어난다.
4. ผมเสร็จงานแล้ว	저는 일을 끝냈어요.
คุณเสร็จงานแล้ว	당신은 일을 끝냈어요.
เราเสร็จงานแล้ว	우리는 일을 끝냈어요.
5. ดิฉันทำอาหารให้สามีทาน	저는 남편이 먹도록 음식을 만들었어요.
ดิฉันทำอาหารให้ลูกสาวทาน	저는 딸이 먹도록 음식을 만들었어요.
ดิฉันทำอาหารให้พวกเขาทาน	저는 그들이 먹도록 음식을 만들었어요.
6. ตอนเช้าดิฉันทานกาแฟ	아침에 저는 커피를 먹어요
ตอนเช้าผมทานกาแฟ	아침에 저는 커피를 먹어요
ตอนเช้าเราทานกาแฟ	아침에 우리는 커피를 먹어요

7. ใครเฝ้าบ้านคุณ	누가 당신 집을 봐주나요?
วินัยเฝ้าบ้านคุณ	위나이가 당신 집을 봐 줍니다.
ไม่มีคนเฝ้าบ้าน	집을 봐 주는 사람이 없습니다.
ใส่กุญแจไว้	자물쇠를 채워두었어요.
8. เขาไปทำงานหรือยัง	그는 출근했나요?
เขาไปทำงานแล้ว	그는 출근했어요.
ไปแล้ว	갔어요.
เขายังไม่ไปทำงาน	그는 아직 출근하지 않았어요.
ยังไม่ไป	아직 안 갔어요.
9. ลูกสาวไปโรงเรียนหรือเปล่า	딸은 학교 가나요?
ลูกสาวไปโรงเรียน	딸은 학교에 갑니다.
ไป	갑니다.
ไม่ไป	안 갑니다.
เปล่า ไม่ได้ไป	아니오, 안 갔습니다.
10. วันนี้คุณกวาดบ้านหรือเปล่า	오늘 당신 집안을 빗자루로 쓰시나요?
กวาด	씁니다.
กวาดแล้ว	쓸었습니다.
เปล่า ไม่ได้กวาด	아니오, 안 쓸었습니다.
11. คุณไม่ถูบ้านหรือ	당신은 집안을 닦지 않으세요?
ถู	닦아요.
ไม่ถู	안 닦아요.
ค่ะ ดิฉันไม่ถูบ้าน	네, 저는 닦지 않아요.
12. เขาไปดูหนังหรือยัง	그는 영화구경 갔나요?
ยังไม่ได้ไป	아직 안 갔어요.
ยัง	아직요.
ไปดูหนังแล้ว	영화 보러 갔어요.
ไปแล้ว	갔어요.

13. พวกคุณทานอะไร	당신들은 무얼 먹어요?
ผมทานข้าวกลางวัน	저는 점심을 먹어요.
ดิฉันทานข้าวกลางวัน	저는 점심을 먹어요.
เราทานข้าวกลางวัน	우리는 점심을 먹어요.
14. ไปดูหนังกันไหม	영화 보러 가실래요?
ไปสิ	가요.
ไม่ไป	안 가요.
ไปไม่ได้	갈 수 없어요.
15. ไปจ่ายตลาดกันไหม	장 보러 가시겠어요?
ไปสิ	가요.
ไม่ไป	안 가요.
ไปมาแล้ว	갔다 왔어요.
16. คุณทำอะไร	당신은 뭐 하세요?
ดิฉันทำอาหารเช้า	저는 아침식사 준비해요.
ดิฉันทำอาหารกลางวัน	저는 점심식사 준비해요.
ดิฉันทำอาหารเย็น	저는 저녁식사 준비해요.
17. คุณเสร็จงานแล้วหรือ	당신은 일을 끝냈나요?
ค่ะ ดิฉันเสร็จงานแล้ว	네, 저는 일을 끝냈어요.
ค่ะ เสร็จแล้ว	네, 끝냈어요.
ยังครับ ยังไม่เสร็จ	아직요, 아직 못 끝냈어요.
ยังไม่เสร็จครับ	아직 못 끝냈어요.
18. ใครยังไม่เสร็จงาน	누가 아직 일을 못 끝냈나요?
ผมยังไม่เสร็จงาน	제가 아직 일을 못 끝냈어요.
คุณยังไม่เสร็จงาน	당신이 아직 일을 못 끝냈어요.
เรายังไม่เสร็จงาน	우리가 아직 일을 못 끝냈어요.

줄거리

ปรานีเป็นเพื่อนบ้านของสุดา ขณะที่สุดากำลังซักผ้า ปรานีมาหาสุดาที่บ้าน ปรานีมีสมาชิกครอบครัว 3 คน มีสามีและลูกสาวคนหนึ่ง ปรานีตื่นตีห้าครึ่ง เตรียมอาหารเช้าให้สามีและลูกสาวทาน บางครั้งเป็นข้าวต้ม บางครั้งก็เป็นกาแฟ นมสด ไข่ลวก และขนมปัง เมื่อสามีไปทำงานและลูกสาวไปโรงเรียนแล้ว ปรานีมาหาสุดา ปรานีชวนไปดูหนัง สุดาตกลง สุดากับปรานีไปทานข้าวกลางวันข้างนอก แล้วดูหนัง เมื่อหนังเลิกแล้วจึงไปจ่าย ตลาด และกลับบ้านทำอาหารเย็น

제 5 과 ที่มหาวิทยาลัย 대학교에서

본 문

สมชาย ว่าไงวีระ วันนี้เรียนกี่ชั่วโมง
위라 요즘 어떠냐? 오늘은 수업이 몇 시간있어?

วีระ 4 ชั่วโมง แล้วคุณล่ะ
네 시간. 그럼 너는?

สมชาย 4 ชั่วโมงเหมือนกัน เอ ผู้ชายคนนั้นใครกันนะ ไม่เคยเห็น
나도 똑같이 네 시간이야. 어! 저 남자는 누구지?
못 보던 사람인데...

วีระ คนอ้วนๆ เตี้ยๆ น่ะหรือ
뚱뚱하고 키 작은 사람?

สมชาย ไม่ใช่ คนผอมๆ สูงๆ
아니. 마르고 키 큰 사람.

วีระ อ๋อ อาจารย์ชาญไงล่ะ สอนวิชาประวัติศาสตร์ ท่านเป็นเพื่อนกับคุณพ่อ
아, 찬 교수님이잖아. 역사학을 가르치셔.
그분은 우리 아버지 친구분이야.

สมชาย เพื่อนที่มหาวิทยาลัยหรือ
대학 친구이신가?

วีระ ไม่ใช่ เพื่อนที่โรงเรียนสวนกุหลาบ
아니. 쑤안꿀랍중고등학교 친구야.

สมชาย เข้าห้องสมุดกันไหม
도서관 들어갈래?

วีระ อย่าเลย คนเยอะเกินไป
그만둬. 사람이 너무 많아.

สมชาย งั้นไปเล่นเกมคอมพิวเตอร์กันไหม
그럼 컴퓨터 게임 하러 갈래?

วีระ ไม่ล่ะ ไม่ชอบเล่น
아니. 안 좋아해.

(นางสาวพิสมัย นักศึกษาหญิงเดินผ่านมา)
(여대생 핏싸마이양이 걸어온다)

วีระ พิสมัย ไปไหนครับ
핏싸마이, 어디가니?

พิสมัย เข้าห้องเรียนค่ะ ไม่มีเรียนหรือคะ
수업 들어가. (너희는) 수업 없어?

วีระ ชั่วโมงนี้ว่างครับ
이 시간은 비었어.

พิสมัย สมชายล่ะคะ
쏨차이는?

สมชาย บ่ายโมงเข้าห้องแล็บ เรียนภาษาอังกฤษครับ
오후 1시에 랩실에서 영어 수업이 있어.

พิสมัย ไปก่อนนะคะ
먼저 갈게.

วีระ แล้วพบกันใหม่ครับ
그럼 또 만나.

สมชาย สวยจังนะ
무척 예쁘지?

วีระ เรียนเก่งด้วย
공부도 잘 해.

단 어

ว่าไง	어떠냐	วันนี้	오늘
ชั่วโมง	시간	ล่ะ	~는요?
เหมือน	같다	คน	사람
ใคร	누구	เคย	~적이 있다
เห็น	보다	อ้วน	뚱뚱하다
เตี้ย	키가 작다	ผอม	마르다, 날씬하다
สูง	키가 크다	อาจารย์	교수
ไง	~잖아	สอน	가르치다
วิชา	과목	ประวัติศาสตร์	역사
เพื่อน	친구	มหาวิทยาลัย	대학교
สวน	정원	กุหลาบ	장미
ห้องสมุด	도서관	อย่า	~하지 마라
เยอะ	많은	เกินไป	지나치게
งั้น	그렇다면	เล่น	놀다(play)
เกม	게임(game)	คอมพิวเตอร์	컴퓨터(computer)
ชอบ	좋아하다	นางสาว	Miss
เดิน	걷다	ผ่าน	지나다
ห้องเรียน	교실	ว่าง	비다
ห้องแล็บ	실습실(Lab)	ภาษา	언어
อังกฤษ	영국	พบ	만나다
ใหม่	새로	สวย	예쁘다, 아름답다
เรียน	배우다, 공부하다	เก่ง	잘하다
ด้วย	~도		

문법설명

1 문장 끝머리에 오는 ล่ะ의 용법

문장의 끝머리에 사용되는 ล่ะ는 의문문을 나타냅니다. 이러한 경우에 대개는 우리말로 '~요?' 라고 해석합니다.

สมชายล่ะ	쏨차이는?
ถ้าเขาไม่มาล่ะ	만약에 그가 오지 않는다면?
ตกลงจะไปเมื่อไรล่ะ	그래 언제 갈 거야?

2 동사 เห็น의 의미

동사 เห็น은 '보다'의 의미를 지닌 동사입니다. เห็น이 단순히 시각적으로 인지하는 것을 나타내는 반면 유사한 의미를 지닌 ดู는 그 내용을 파악하면서 보는 것을 말합니다.

เห็นสมชายบ้างไหม	쏨차이 봤어?
ผมไม่เคยเห็นเขา	그를 본 적이 없어요.
แม่ดูโทรทัศน์	어머니는 텔레비전을 보신다.
เราไปดูหนังกันไหม	영화 구경 갈래요?

3 กับ의 의미와 기능

태국어에서는 กับ은 단어 연결 접속사와 '동반', '수단' 등의 의미를 나타내는 전치사의 기능을 합니다.

พ่อกับแม่	아버지와 어머니
ฉันกับเธอ	너와 나
เราจะไปกับพ่อ	우리는 아빠와 갈래요.
กินกับช้อน	숟가락으로 먹어요.

4 의문어조사 ไหม와 หรือ의 차이

의문어조사 ไหม는 사전 정보 없이 묻는 물음을 나타내고, หรือ는 어느 정도 이미 알고 있는 정보를 바탕으로 묻는 물음을 나타냅니다. 따라서 ไหม는 상대방의 의사를 타진하는 물음을 나타낼 때 주로 사용하고 หรือ는 알고 있는 사실에 대한 확인을 위한 물음을 나타낼 때 주로 사용합니다.

ทานข้าวหรือ	식사하세요?
ทานข้าวไหม	식사하시겠습니까?
กลับบ้านหรือ	집에 가세요?
กลับบ้านไหม	집에 가실래요?

보충설명

태국의 대학생들은 교복을 입습니다. 남학생은 흰색 와이셔츠에 대개 검은색 바지를 입고 여학생은 흰색 블라우스에 검은색 치마를 입습니다. 학기는 1학기가 6월 초에 시작하여 10월 초에 끝나고 2학기는 11월 초에 시작하여 이듬해 3월 초에 끝납니다. 따라서 방학은 3월 초부터 5월 말까지 석 달 간의 긴 방학이 있고 10월 초부터 시작하여 11월 초까지 한 달 간의 짧은 방학이 있습니다. 수업은 아침 9시에 시작하여 저녁 5시에 끝납니다.

문형연습

1. วันนี้ใครเรียน	오늘 누가 수업이 있어요?
วันนี้เขาเรียน	오늘 그가 수업이 있어요.
วันนี้เธอเรียน	오늘 그녀가 수업이 있어요.
วันนี้พวกเขาเรียน	오늘 그들이 수업이 있어요.
2. วันนี้เรียนกี่ชั่วโมง	오늘 수업이 몇 시간 있어요?
วันนี้เรียนสองชั่วโมง	오늘 수업이 두 시간 있어요.
วันนี้ไม่มีเรียน	오늘 수업이 없어요.
3. เคยเห็นคนนั้นไหม	그 사람 본 적 있어요?
เคย	있어요.
เคยเห็น	본 적이 있어요.
ไม่เคยเห็น	본 적이 없어요.
4. คนไหน	어느 사람?
คนนี้	이 사람.
คนนั้น	그 사람.
คนโน้น	저 사람.
5. คนอ้วน ๆ หรือ	뚱뚱한 사람?
ไม่ใช่ คนผอม ๆ	아니 날씬한 사람.
6. คนเตี้ย ๆ หรือ	키 작은 사람?
ไม่ใช่ คนสูง ๆ	아니, 키 큰 사람.
7. คนอ้วน ๆ เตี้ย ๆ หรือ	뚱뚱하고 키 작은 사람?
ไม่ใช่ คนผอม ๆ สูง ๆ	아니, 마르고 키 큰 사람.
8. อาจารย์สอนอะไร	교수님은 무엇을 가르치세요?
อาจารย์สอนภาษาไทย	교수님은 태국어를 가르치세요.
อาจารย์สอนภาษาอังกฤษ	교수님은 영어를 가르치세요.
อาจารย์สอนประวัติศาสตร์	교수님은 역사를 가르치세요.

9. อาจารย์เป็นเพื่อนคุณพ่อหรือ	교수님이 아버지 친구분이세요?
ใช่ ท่านเป็นเพื่อนคุณพ่อ	네, 그 분은 아버지와 친구분이세요.
ไม่ใช่ ท่านไม่ใช่เพื่อนคุณพ่อ	아니오, 그분은 아버지 친구분이 아니세요.
10. เพื่อนที่ไหน	어디 친구?
เพื่อนที่นี่	여기 친구.
เพื่อนที่นั่น	거기 친구.
เพื่อนที่โน่น	저기 친구.
11. เพื่อนคนไหน	어느 친구?
เพื่อนคนนี้	이 친구.
เพื่อนคนนั้น	그 친구.
เพื่อนคนโน้น	저 친구.
12. เพื่อนที่โรงเรียนใช่ไหม	학교친구지요?
ใช่ เพื่อนที่โรงเรียน	네, 학교친구예요.
ไม่ใช่ เพื่อนที่มหาวิทยาลัย	아니오, 대학친구예요.
13. เข้าห้องสมุดไหม	도서관에 들어갈래요?
เข้าซิ	들어가요.
ไม่เข้า	안 들어가요.
อย่าเข้าเลย	들어가지 마세요.
14. เล่นเกมคอมพิวเตอร์ไหม	컴퓨터 게임 할래요?
เล่นสิ	해요.
ไม่เล่น	안 해요.
เล่นไม่เป็น	할 줄 몰라요.
15. เล่นเกมคอมพิวเตอร์ไม่เป็นใช่ไหม	컴퓨터 게임 할 줄 모르죠. 그렇죠?
ใช่ เล่นไม่เป็น	그래요. 할 줄 몰라요.
ไม่ใช่ เล่นเป็น	아니오, 할 줄 알아요.
16. ชั่วโมงไหนว่าง	어느 시간이 비지요?
ชั่วโมงนี้ว่าง	이 시간이 비어요.

ชั่วโมงหน้าว่าง	다음 시간이 비어요.
17. ใครสวย	누가 예뻐요?
นักศึกษาหญิงสวย	여대생이 예뻐요.
เธอสวย	그녀가 예뻐요.
18. เธอเรียนเก่งใช่ไหม	그녀는 공부를 잘하지요?
ใช่	그래요.
เก่ง	잘해요.
ไม่เก่งหรอก	잘 못해요.

줄거리

วันนี้วีระมีเรียนจึงไปมหาวิทยาลัย วีระพบสมชายที่มหาวิทยาลัย เมื่อวีระคุยกับสมชาย มีผู้ชายเดินผ่านไป สมชายไม่รู้จักเขา จึงถามวีระว่าผู้ชายคนนั้นเป็นใคร วีระตอบว่า ท่านคืออาจารย์ชาญ เป็นเพื่อนของวินัยที่โรงเรียนสวนกุหลาบ สมชายชวนวีระเข้าห้องสมุดแต่วีระปฏิเสธเพราะที่ห้องสมุดคนแน่น สมชายชวนวีระเล่นเกมคอมพิวเตอร์ แต่วีระไม่เล่น เพราะไม่ชอบเล่น ขณะที่สองคนกำลังคุยกันอยู่ มีนักศึกษาหญิงเดินผ่านมาทักทายเขาทั้งสอง เธอชื่อพิสมัย พิสมัยกำลังจะเข้าห้องเรียน แต่วีระว่างชั่วโมงนี้ ส่วนสมชายมีเรียนวิชาภาษาอังกฤษตอนบ่ายโมง พิสมัยเป็นนักศึกษาที่สวยและเรียนเก่งด้วย

제 6 과

บนถนน
길에서

본 문

วินัย	เกือบโมงแล้ว ลูก มาขึ้นรถเร็ว 일곱 시가 거의 다 됐다. 얘들아 빨리 차에 타라.
สุดา	คุณพ่อจะรีบไปทำงานลูก เดี๋ยวสาย 아빠 서둘러 출근하셔야 한다. 늦으실라.
อารยา	ถนนกว้างขนาดนี้ แต่รถติดมาก 길이 이렇게 넓은데 차가 많이 막히네요.
วีระ	ไฟเหลืองที่สี่แยกครับ ต้องหยุดรอ 사거리에 노란불이에요. 기다려야 돼요.
วินัย	ลูกๆ จะสอบเมื่อไร 얘들아 시험 언제 보니?
วีระ	ผมสอบกลางเดือนตุลาคมครับ 저는 10월 중순에 봐요.
อารยา	หนูสอบวันที่ 9 สิงหาคมนี้ค่ะ 저는 이번 8월 9일에 봐요.
วินัย	อารยาสอบเสร็จ เราไปเที่ยวชายทะเลกันดีไหม 아라야 시험이 끝나면 우리 바닷가로 놀러 갈까?
วีระ	ไปหัวหินนะครับ 후아힌에 가요.
อารยา	ไปพัทยานะคะคุณพ่อ 팟타야로 가요, 아빠.

วินัย ไปบางแสนดีกว่า ไปกลับวันเดียว
방쌘으로 가는 게 더 좋아. 당일로 돌아올 수 있고.

วีระ ดีครับ
좋아요.

อารยา ไฟเขียวแล้วค่ะคุณพ่อ
파란불이에요, 아빠.

ตำรวจจราจร เลี้ยวซ้ายนะครับ ทางนี้มีรถชนกัน
좌회전 하세요. 이쪽에 자동차 충돌 사고가 났어요.

วินัย เลี้ยวขวาตรงนี้ ขึ้นสะพานข้ามแยกเร็วกว่า
여기서 우회전해서 고가도로를 타는 것이 더 빨라.

อารยา ดูรถเก๋งสีขาวคันนั้นสิคะ แซงซ้ายตรงทางโค้ง
저 흰색 승용차 좀 보세요. 굽은 데서 좌측으로 추월해요.

วินัย อันตรายมาก
매우 위험하구나.

วีระ จอดตรงนี้หน่อยครับ
여기 세워주세요.

วินัย ลงเร็วๆ ลูก ตรงนี้ห้ามจอด
빨리 내려라, 얘야. 여기는 주차금지야.

단 어

เกือบ	거의	ขึ้นรถ	차에 타다
เร็ว	빠르다	รีบ	서두르다
เดี๋ยว	잠깐, 잠시	สาย	늦다
ถนน	길	กว้าง	넓다
ขนาดนี้	이 정도	รถติด	차가 밀리다
ไฟเหลือง	노란불	สี่แยก	사거리
ต้อง	[의무조동사]	หยุด	멈추다
รอ	기다리다	สอบ	시험보다
เมื่อไร	언제	กลางเดือน	중순
ตุลาคม	10월	วันที่ 9	9일
สิงหาคม	8월	เสร็จ	끝나다
ไปเที่ยว	놀러가다	ชายทะเล	해변
หัวหิน	[지명] 후아힌	พัทยา	[지명] 팟타야
บางแสน	[지명] 방쌘	ไปกลับ	왕복
วันเดียว	하루, 1일	ไฟเขียว	녹색불
ตำรวจจราจร	교통경찰	เลี้ยวซ้าย	좌회전(하다)
ชน	충돌하다	ขวา	오른쪽
ตรงนี้	여기	สะพาน	다리
ข้าม	넘어가다	รถเก๋ง	승용차
สีขาว	흰색	คัน	[형태사] 대
แซง	추월하다	โค้ง	구부러지다
อันตราย	위험하다	จอด	주차하다
หน่อย	좀	ลง	내리다
ห้าม	금지하다		

문법설명

1 เดี๋ยว의 의미

태국어에서 เดี๋ยว는 아주 짧은 시간을 나타내는 말로, 지시형용사 นี้와 결합하면 '지금', '당장' 이라는 뜻을 나타냅니다.

รอเดี๋ยว	잠깐 기다려!
คุณคอยที่นี่นะ เดี๋ยวมา	여기서 기다리세요. 금방 올게요.
ออกไปเดี๋ยวนี้	지금 당장 나가세요!
เดี๋ยวนี้ เขามีลูกสองคนแล้ว	지금 그는 아이가 둘이다.

2 ที่의 의미와 기능

태국어의 ที่는 통사적 분포에 따라 다양한 기능을 합니다. 일반적으로 접속사로 기능하기도 하고 단어나 절을 명사화시켜 주기도 합니다. 또한 장소를 나타내기도 하고 숫자 앞에 오게 되면 서수로 만들어 주기도 합니다.

ฉันไม่ชอบเด็กที่มาหาเธอเมื่อเช้า
나는 아침에 너를 찾아온 아이를 좋아하지 않는다.
ที่เปิดขวด
병따개
ที่เขาพูด ผมไม่เข้าใจ
그가 말한 것을 나는 이해하지 못한다.
พ่อไปพบแม่ที่ตลาด
아버지는 시장에 가서 어머니를 만났다.
เขาถึงเส้นชัยเป็นคนที่สาม
그는 결승선에 세 번째로 들어 왔다.

3 ดีกว่า의 의미

ดีกว่า는 '~하는 것이 낫다'라는 뜻을 나타내지만 '~해야겠다'의 의미를 나타내기도 합니다. 일상생활에서 아주 많이 사용하는 표현입니다.

ไปเที่ยวชายทะเลดีกว่า	바닷가로 놀러 가는 게 낫다.
ฉันคิดว่าไม่ไปดีกว่า	나는 가지 않는 게 더 낫다고 생각한다.
ไปกินข้าวกันดีกว่า	식사하러 가야겠다.

4 ขึ้น과 ลง의 의미와 기능

일반동사 ขึ้น과 ลง은 각각 '오르다'와 '내리다'의 의미를 나타 냅니다. 그러나 부동사로 사용되는 경우에 본동사의 방향성을 나타내기도 하고 부피나 속도의 증가와 감소 등 여러 가지 의미를 표현합니다.

ขึ้นรถที่สถานีรถไฟโซล	서울역에서 차를 타세요.
ลงแท็กซี่ที่ไหนดี	택시를 어디서 내리면 좋을까요?
เธออ้วนขึ้น	그녀는 뚱뚱해졌다.
ภาษาไทยดีขึ้น	태국어가 좋아졌다.
อากาศหนาวลง	날씨가 추워졌다.
ปริมาณลดลง	양이 줄어들었다.

보충설명

태국의 방콕은 유난히 차가 많이 밀립니다. 그래서 약속 시간에 늦어도 รถติด하고 말하면 대개 양해가 됩니다. 또한 우리나라와 달리 자동차가 왼쪽으로 달립니다. 따라서 횡단보도를 건널 때 차가 오는 방향이 반대이므로 주의해야 합니다. 태국에서 사용하는 모든 자동차의 운전석이 좌측에 있습니다. 차를 타고 내릴 때 ขึ้น

과 ลง을 사용하는데 배를 타는 경우에는 반대가 됩니다. 즉, 배를 타는 경우에는 ขึ้นเรือ라고 하지 않고 ลงเรือ라고 합니다.

문형연습

1. ขึ้นรถไหม	차에 타시겠어요?
ขึ้นซิ	타요.
ไม่ขึ้นหรอก	안 타요.
2. ไม่ขึ้นรถหรือ	차에 안 타세요?
ค่ะ ไม่ขึ้น	네, 안타요.
ไม่ขึ้นค่ะ	안 탑니다.
ไม่ครับ	아니오.
3. รถติดมากใช่ไหม	차가 많이 밀리지요?
ใช่ รถติดมาก	네, 차가 많이 밀려요.
ไม่ใช่ รถไม่ติดหรอก	아니오, 차 안 밀려요.
4. รถไม่ติดมากใช่ไหม	차 많이 안 밀리지요?
ใช่ รถไม่ติดมาก	네, 차 많이 안 밀려요.
ไม่ใช่ รถติดมาก	아니오, 차가 많이 밀려요.
5. ไฟเหลืองไม่ใช่หรือ	노란불 아닌가요?
ใช่ ไฟเหลือง	네, 노란불이에요.
ไม่ใช่ไฟเหลือง ไฟเขียว	노란불 아니에요. 녹색불이에요.
ไม่ใช่ไฟเหลืองหรอก ไฟแดง	노란불 아니에요. 빨간불이에요.
6. คุณจะสอบเมื่อไร	언제 시험 보시죠?
ผมจะสอบวันที่ 5	저는 5일에 시험 봅니다.
ดิฉันจะสอบเดือนสิงหาคม	저는 8월에 시험 봅니다.

7. คุณจะไปเที่ยวที่ไหน	당신은 어디로 놀러 가세요?
ผมจะไปเที่ยวชายทะเล	저는 바닷가로 놀러 갈 겁니다.
ดิฉันจะไปเที่ยวบางแสน	저는 방쌘으로 놀러 갈 거예요.
8. ไปไหนดี	어디 가는 게 좋을까요?
ไปหัวหินดีกว่า	후아힌에 가는 게 좋겠어요.
ไม่ดี ไปบางแสนดีกว่า	좋아요. 방쌘에 가는 게 더 좋아요.
9. รถเมล์แน่นไหม	버스에 사람이 많아요?
แน่นมาก	아주 많아요.
ไม่แน่นหรอก	그리 많지 않아요.
10. คนยืนที่ไหน	사람이 어디에 서 있어요?
คนยืนที่บันได	사람이 계단에 서 있어요.
คนยืนที่ถนน	사람이 길에 서 있어요.
11. รถชนกันไม่ใช่หรือ	차가 충돌하지 않았나요?
ใช่ รถชนกัน	네, 차가 충돌했어요.
ไม่ใช่ รถไม่ได้ชนกัน	아니오, 차가 충돌하지 않았어요.
12. เลี้ยวขวาตรงไหน	어디서 우회전 해요?
เลี้ยวขวาตรงนี้	여기서 우회전 해요.
เลี้ยวขวาตรงนั้น	거기서 우회전 해요.
เลี้ยวขวาตรงโน้น	저기서 우회전 해요.
13. ขึ้นสะพานข้ามแยกเร็วกว่าไหม	고가도로를 타는 것이 더 빨라요?
เร็วกว่า	더 빨라요.
ไม่เร็วกว่าหรอก ช้ากว่า	더 빠르지 않아요. 더 느려요.
14. คุณกำลังดูอะไรอยู่	무엇을 보고 있어요?
ผมกำลังดูรถแท็กซี่อยู่	택시를 보고 있어요.
ดูรถเก๋งอยู่	승용차를 보고 있어요.

15. อันตรายมากใช่ไหม	매우 위험하지요?
ใช่ อันตรายมาก	네, 아주 위험해요.
ไม่ใช่ ไม่อันตรายหรอก	아니오, 위험하지 않아요.
16. จอดรถตรงนี้ได้ไหม	여기 세워주실 수 있어요?
ได้ ตรงนี้จอดรถได้	네, 여기 세울 수 있어요.
ไม่ได้ ตรงนี้จอดไม่ได้	안돼요, 여기 세울 수 없어요.
ตรงนี้ห้ามจอด	여기는 주차 금지예요.
17. ลงรถตรงนี้ได้ไหม	여기서 내릴 수 있어요?
ได้ ลงตรงนี้ได้	네, 여기서 내릴 수 있어요.
ไม่ได้ ลงตรงนี้ไม่ได้	안돼요, 여기서 내릴 수 없어요.
ลงไม่ได้	내릴 수 없어요.

줄거리

วันนี้วินัยไปส่งลูกๆ ที่โรงเรียนเช่นเคย แต่ตื่นสายจึงต้องรีบหน่อย เส้นทางไปโรงเรียนเป็นถนนกว้างแต่ช่วงเช้ารถติดมาก วินัยถามลูก ๆ ว่าจะสอบเสร็จเมื่อไร เพราะว่าอยากพาครอบครัวไปเที่ยวชายทะเล วีระสอบเสร็จเดือนตุลาคม ส่วนอารยาสอบเสร็จเดือนสิงหาคมนี้ วีระอยากไปเที่ยวหัวหิน ส่วนอารยาอยากไปเที่ยวพัทยา แต่วินัยคิดว่าไปบางแสนดีกว่า เพราะว่าไปกลับวันเดียวได้ ลูก ๆ ก็เห็นด้วย วันนี้มีอุบัติเหตุรถชนกัน วินัยจึงเลี้ยวขวา แล้วขึ้นสะพานข้ามแยก อารยาเห็นรถเก๋งสีขาวแซงซ้ายตรงทางโค้งด้วย น่าอันตรายมาก ที่กรุงเทพฯ รถติดมากขับรถไม่ง่าย

제 7 과

ไปเยี่ยมเพื่อน
친구 방문

본 문

สาวใช้ ขอโทษค่ะ คุณต้องการพบใครคะ
실례합니다. 누구를 만나러 오셨죠?

วินัย คุณปรีชาอยู่ไหม
쁘리차씨 계세요?

สาวใช้ อยู่ค่ะ เชิญข้างในสิคะ
계세요. 안으로 드시죠.

ปรีชา โอ ดีใจจังที่คุณมา
자네가 와서 아주 기쁘네.

วินัย นี่ภรรยาผม สุดา
이쪽은 우리 집사람 쑤다라네.

สุดา สวัสดีค่ะ คุณปรีชา
안녕하세요? 쁘리차씨.

ปรีชา สวัสดีครับ คุณสุดา นี่ภรรยาผม มาลินี
안녕하세요? 쑤다씨. 이쪽은 제 아내 말리니입니다.

มาลินี สวัสดีค่ะ เชิญนั่งสิคะ
안녕하세요? 앉으세요.

ปรีชา ลูก ๆ ล่ะ
애들은?

วินัย อารยาดูหนังสืออยู่ที่บ้าน วีระไปเล่นโบว์ลิ่ง
아라야는 책 보고 위라는 볼링하러 갔어.

มาลินี เด็กผู้ชายก็อย่างนั้นแหละค่ะ
남자애들은 그렇죠.

สุดา มีผลไม้มาฝากนิดหน่อยค่ะ
과일 조금 사왔어요.

มาลินี โอ ขอบคุณมากค่ะ (สาวใช้ถือถาดเครื่องดื่มคุกเข่าอยู่)
고맙습니다.(가정부가 음료수 쟁반을 들고 무릎을 꿇고 있다)
เชิญดื่มอะไรเย็น ๆ สิคะ เบียร์ก็มี น้ำส้มคั้นก็มีค่ะ
뭐 시원한 걸 드시죠. 맥주도 있고 오렌지 주스도 있어요.

สุดา ขอบคุณค่ะ ขอน้ำส้มคั้นค่ะ
고마워요. 오렌지 주스 주세요.

ปรีชา วินัยดื่มเบียร์ด้วยกันนะ
위나이는 맥주 같이 마시자.

วินัย อ๋อ แน่นอน
어, 그럼. 당연하지.

สุดา เชิญไปเที่ยวบ้านเราบ้างนะคะ
저희 집에도 좀 놀러 오세요.

มาลินี ยินดีค่ะ
좋아요.

สุดา บ้านดิฉันเล็กกว่าบ้านหลังนี้ค่ะ
저의 집은 이 집보다 작아요.

มาลินี บ้านนี้ก็ไม่ใหญ่นัก บ้านคุณอยู่ไหนคะ
이 집도 그다지 크지 않아요. 댁이 어디시죠?

สุดา สุขุมวิท 41 ค่ะ
쑤쿰윗 41번가에 있어요.

วินัย ไปดื่มเบียร์กันอีกนะปรีชา
가서 같이 또 맥주 마시자, 쁘리차.

단 어

ขอโทษ	미안/실례합니다	ต้องการ	원하다
พบ	만나다	ใคร	누구
เชิญ	please	ข้างใน	안
ดีใจ	기쁘다	นี่	이것, 이곳, 이 사람
ภรรยา	부인	นั่ง	앉다
เล่น	놀다(play)	โบว์ลิ่ง	볼링
เด็กผู้ชาย	남자아이	ฝาก	맡기다/주다
นิดหน่อย	조금	สาวใช้	가정부
ถือ	들다	ถาด	쟁반
เครื่องดื่ม	음료수	คุกเข่า	무릎 꿇다
ดื่ม	마시다	อะไร	무엇
เบียร์	맥주	น้ำส้มคั้น	오렌지주스
ด้วยกัน	함께	แน่นอน	물론이다, 확실하다
ไปเที่ยว	놀러가다	บ้าง	좀, 약간
ยินดี	즐겁다, 기쁘다	เล็ก	작다
หลัง	[형태사] 채	ใหญ่	크다
นัก	매우	สุขุมวิท	[지명] 쑤쿰윗
อีก	또		

문법설명

1 อะไรの 용법

태국어에서 อะไร는 '무엇'의 의미를 나타내면서 통사적 분포에 따라 의문대명사와 부정칭 대명사의 기능을 합니다.

แม่ทำอะไรคะ	어머니는 무엇을 하세요?
ท่านชอบอะไร	그분은 무엇을 좋아하세요?
คุณพูดอะไรครับ	무슨 말씀이세요?
เชิญดื่มอะไรเย็น ๆ สิคะ	뭐 시원한 것 좀 드세요.
อะไรก็ได้ค่ะ	아무거나 주세요.
ทานอะไรก่อนดีไหม	먼저 뭐 좀 먹는 게 어떨까요?

2 กว่า 의 용법

일반적으로 กว่า는 비교급을 만듭니다. 그러나 비교 대상이 뚜렷하게 나타나지 않는 상황에서 사용하는 경우도 있습니다.

เขาอายุมากกว่าฉัน 2 ปี	그는 나보다 나이가 두 살 더 많다.
บ้านดิฉันเล็กกว่าบ้านหลังนี้	저의 집은 이보다 작아요.
ไปทานข้าวกันดีกว่า	식사하러 가는 게 낫겠어요.
กลับบ้านดีกว่า	집에 가야겠어요.

3 บ้าง의 의미

태국어의 บ้าง은 '무엇무엇'의 의미를 나타내지만 문맥에 따라서는 '~도 좀 하고 그러세요'의 뜻을 나타내기도 합니다.

ตอนเช้าทานอะไรบ้าง	아침에 무엇 무엇을 드셨어요?
ที่บ้านมีใครบ้าง	집에 누구누구 있어요?
เชิญไปเที่ยวบ้านเราบ้างนะคะ	저희 집에도 좀 놀러 오세요.
พักผ่อนบ้าง	좀 쉬기도 하고 그러세요.

④ ฝาก의 의미

일반적으로는 '맡기다'의 의미를 나타내지만 남의 집을 방문하면서 무엇을 사가지고 가는 경우에도 ฝาก을 씁니다.

ขอฝากความคิดถึงถึงอารยาด้วยนะ	아라야에게 안부 전해주세요.
ขอฝากหนังสือหน่อย	책 좀 맡길게요.
มีผลไม้มาฝากนิดหน่อยค่ะ	과일 좀 사가지고 왔어요.

보충설명

태국어의 ไป는 본동사로 사용되는 경우에 '가다' 의 뜻을 나타냅니다. 그러나 방향성에 있어서 우리말과 반대로 나타나는 경우가 있습니다. 본문 중에서 쑤다가 말리니에게 자기 집에 놀러 오라고 권하는 말을 보면 เชิญไปเที่ยวบ้านเราบ้างนะคะ라고 말합니다. 글자 그대로 해석하면 '우리 집에 좀 놀러 가세요' 하는 말이지만 상황에 맞게 해석하자면 '우리 집에 좀 놀러 오세요' 해야 맞습니다. 태국의 언어문화는 청자 중심인 경우가 많습니다. 위의 문장에서도 쑤다 중심으로 하면 '놀러 오는' 것이지만 말리니 중심으로 보면 '놀러 가는' 것이 됩니다. 따라서 มา를 사용하지 않고 ไป를 사용한 것입니다.

문형연습

1. ขอโทษ	미안합니다.
ไม่เป็นไร	괜찮습니다
2. ขอบคุณ	고맙습니다.
ไม่เป็นไร	천만에요.
3. คุณต้องการพบใคร	누구를 만나기 원하십니까?
ผมต้องการพบคุณปรีชา	쁘리차씨를 만나기 원합니다.
ผมอยากพบคุณปรีชา	쁘리차씨를 만나고 싶습니다.
ผมขอพบคุณปรีชา	쁘리차씨 만나기를 청합니다.
4. คุณวินัยอยู่ไหม	위나이씨 계세요?
อยู่ค่ะ เชิญเข้ามาสิคะ	계세요. 들어오세요.
ไม่อยู่ค่ะ ออกไปข้างนอก	안 계세요. 외출하셨어요.
5. นี่ใคร	이 분은 누구신가?
นี่ภรรยาผม	이 사람은 제 아내입니다.
นี่สามีดิฉัน	이 사람은 제 남편입니다.
นี่ลูก ๆ ของเรา	얘들은 저희 아이들입니다.
6. คุณดีใจไหมที่เขามา	그가 와서 기쁘세요?
ดีใจสิ	기쁘지요.
ดีใจที่เขามา	그가 와서 기뻐요.
7. เขามีอะไรมาฝากคุณ	그는 무엇을 가져왔나요?
เขามีผลไม้มาฝากดิฉัน	그는 과일을 가져왔어요.
เขาไม่มีอะไรมาฝาก	그는 아무것도 안 가져왔어요.
8. เขามีผลไม้มากหรือ	그는 과일이 많나요?
ไม่มากหรอก	많지 않아요.
เขามีนิดหน่อย	그는 조금 있어요.

9. เชิญนั่งสิคะ	앉으세요.
ขอบคุณครับ	고맙습니다.
ไม่เป็นไรครับ	괜찮습니다.
10. เชิญดื่มอะไรเย็น ๆ สิครับ	차가운 것 좀 드시지요.
ขอบคุณมากค่ะ	고맙습니다.
ไม่เป็นไรครับ	괜찮습니다.
11. คุณจะดื่มอะไร	당신은 무엇을 드시겠습니까?
ผมขอเบียร์	저는 맥주 주세요.
ดิฉันขอน้ำส้มคั้น	저는 오렌지 주스 주세요.
12. ดื่มเบียร์ด้วยกันนะ	맥주 같이 드시지요.
อ๋อ แน่นอน	아, 그럼요.
ขอโทษครับ ผมไม่ดื่ม	미안합니다. 저는 안 마십니다.
13. เชิญไปเที่ยวที่บ้านบ้างนะคะ	저희 집에 좀 놀러 오세요.
ยินดีครับ	좋습니다.
ไปแน่นอนครับ	물론 가지요.
ไปสิครับ	가지요.
14. ลูก ๆ ไปไหน	애들은 어디 갔지요?
เขาอยู่บ้าน	그 애는 집에 있어요.
เขาดูหนังสืออยู่บ้าน	그는 집에서 책보고 있어요.
เขาไปเล่นโบว์ลิ่ง	그는 볼링하러 갔어요.
15. เด็กผู้ชายชอบเล่นโบว์ลิ่งหรือ	남자 아이들은 볼링을 좋아하나요?
ใช่ เขาชอบเล่น	네. 그는 좋아해요.
ใช่ เขาชอบอย่างนั้น	네. 그는 그렇게 좋아해요.
16. บ้านคุณอยู่ไหน	댁이 어디시지요?
บ้านผมอยู่สุขุมวิท 41	저의 집은 쑤쿰윗 41번가에 있어요.
บ้านดิฉันอยู่ที่นั่น	저의 집은 거기 있어요.

17. บ้านคุณใหญ่กว่าบ้านหลังนี้หรือ	댁이 이 집보다 큰가요?
ไม่ใหญ่กว่า เล็กกว่า	더 크지 않아요, 더 작아요.
บ้านดิฉันเล็กกว่าบ้านหลังนี้	저의 집이 이 집보다 작아요.
บ้านหลังนี้ใหญ่กว่าบ้านดิฉัน	이 집이 저의 집보다 커요.
18. โรงเรียนเล็กกว่ามหาวิทยาลัยหรือ	학교가 대학교보다 작아요?
ค่ะ โรงเรียนเล็กกว่ามหาวิทยาลัย	네, 학교가 대학교보다 작아요.
19. บ้านใหญ่กว่าโรงเรียนใช่ไหม	집이 학교보다 크지요?
ใช่ บ้านใหญ่กว่าโรงเรียน	네, 집이 학교보다 커요.
ไม่ใช่ บ้านเล็กกว่าโรงเรียน	아니오, 집이 학교보다 작아요.
ไม่ใช่ โรงเรียนใหญ่กว่าบ้าน	아니오, 학교가 집보다 커요.

줄거리

วันนี้วินัยจะพาครอบครัวไปเยี่ยมบ้านเพื่อน แต่อารยาใกล้สอบจึงต้องอยู่บ้านอ่านหนังสือ ส่วนวีระอยากไปเล่นโบว์ลิ่งมากกว่า วินัยจึงไปกับสุดา สุดาซื้อผลไม้ไปฝากนิดหน่อย ปรีชาต้อนรับวินัยและสุดา และแนะนำมาลินีผู้ที่เป็นภรรยาของตนให้รู้จักกับวินัยและสุดา วินัยดื่มเบียร์กับปรีชา ส่วนสุดาดื่มน้ำส้มคั้น สุดาชวนมาลินีไปเที่ยวบ้านของเธอ วินัยก็ชวนปรีชาไปดื่มเบียร์อีกที่บ้านของเขา

제 8 과

ไปเที่ยวบางแสน
방쌘에 놀러가기

본 문

สุดา วินัยคะ ตื่นเถอะค่ะ ตีห้าครึ่งแล้วค่ะ
위나이씨, 일어나세요. 새벽 다섯 시 반이에요.

วินัย ลูกๆ ตื่นหรือยังจ๊ะ
아이들은 일어났소?

สุดา ตื่นแล้วค่ะ กำลังเอาของใส่รถ
일어났어요. 지금 차에 짐을 싣고 있어요.

(ในรถระหว่างเดินทาง) (가는 길에 차 안에서)

วีระ ไปบางแสนขับรถกี่ชั่วโมงครับคุณพ่อ
방쌘 가는데 차로 몇 시간 걸려요? 아빠.

วินัย สักชั่วโมงครึ่งก็ถึง
한 시간 반이면 도착해.

อารยา หนูไม่ชอบนั่งรถเร็วๆ
저는 빨리 달리는 차에 타는 건 싫어요.

วีระ รถช้าเป็นเต่าก็เบื่อ
거북이처럼 느린 차는 지루해.

สุดา ขับไปสบายๆ ดีกว่าค่ะ
편안하게 운전하는 것이 좋아.

วินัย เราไปทางใหม่นะ ขึ้นทางด่วนยกระดับไปเลย
우리 새 도로로 가자. 고가 고속도로를 타고 가는 거야.

อารยา แหม รถเยอะแยะ
어머, 차가 굉장히 많네.

วีระ พวกเขาขับรถกันเร็วดีจัง
저 사람들은 정말로 빨리 달리네요.

อารยา แถวนี้มีแต่ที่ราบหรือคะ
이 부근에는 평지만 있나요?

วีระ ภูเขาอยู่ไกลๆ โน่นไง
산이 저 멀리 있잖아.

วินัย ทานอาหารเช้าที่เมืองชลไหม
촌부리에서 아침식사 할까?

สุดา ไปทานที่บางแสนดีกว่าค่ะ
방쌘에 가서 먹는 게 더 좋아요.

วินัย ดี รีบไปจองบังกะโลด้วย วันนี้วันหยุด คนมาเที่ยวกันมาก
좋아, 서둘러 가서 방갈로도 예약하자.
오늘 휴일이라 사람들이 많이 놀러 올 거야.

อารยา บังกะโลหลังนี้ดีค่ะ คุณพ่อ มีต้นมะพร้าวด้วย
이 방갈로가 좋아요. 아빠. 야자나무도 있어요.

วีระ ใกล้ทะเลด้วย
바다 가까이 있기도 해요.

อารยา คุณแม่ใส่เสื้อสวยจัง
엄마 옷을 너무 예쁘게 입으셨어요.

วีระ ไปว่ายน้ำกันเถอะ
수영하러 가자.

อารยา อุ๊ย น้ำทะเลเข้าปาก เค็มจัง
어머, 바닷물이 입에 들어갔어. 엄청 짜.

วินัย นั่งเล่นชายหาดสบายดีนะ

모래사장에 앉아 놀면 참 편안해.

สุดา พระอาทิตย์ตกสวยดีนะคะ

석양이 지는 것이 무척 아름다워요.

วินัย ค่ำแล้วกลับบ้านกันเถอะ

어두워졌네. 집에 돌아갑시다.

단 어

ไปเที่ยว	놀러 가다	บางแสน	[지명] 방쌘
ตื่น	깨다	เถอะ	어조사
ตีห้า	새벽 다섯 시	ครึ่ง	반
แล้ว	[완료조동사]	ลูกๆ	아이들
จ๊ะ	[어조사]	กำลัง	[진행조동사]
เอา	갖다, 취하다	ใส่	넣다, 입다
ระหว่าง	~사이, ~중간	เดินทาง	여행하다
ขับรถ	운전하다	กี่	몇
ชั่วโมง	시간	สัก	대략
ถึง	도착하다	หนู	저, 너
นั่งรถ	차를 타다	เร็ว	빠르다
ช้า	늦다, 느리다	เต่า	거북이
เบื่อ	지루하다	สบาย	편하다
กว่า	~보다 더	ทางใหม่	신도로
ขึ้น	타다, 오르다	ทางด่วน	고속도로
ยก	들다	ระดับ	수준
เลย	[어조사]	แหม	[감탄사]
เยอะแยะ	많다	พวกเขา	그들
แถวนี้	이 부근, 근처	แต่	단지, ~뿐, ~만
ที่ราบ	평지	ภูเขา	산
ไกล	멀다	โน่น	저
ไง	~잖아	เมืองชล	[지명] 촌부리

รีบ	서두르다	จอง	예약하다
บังกะโล	방갈로	วันหยุด	휴일
ต้นมะพร้าว	야자수	ด้วย	~도
ใกล้	가깝다	ทะเล	바다
เสื้อ	옷	สวย	예쁘다
ว่ายน้ำ	수영하다	อุ๊ย	[감탄사]
น้ำทะเล	바닷물	เข้าปาก	입에 들어가다
เค็ม	짜다	นั่งเล่น	앉아 놀다
ชายหาด	모래사장	พระอาทิตย์	태양
ตก	떨어지다	ค่ำ	어둡다

문법설명

1 '차를 타다' 의 표현

태국어에서 '차를 타다'와 관련된 표현에는 다음과 같은 것들이 있습니다.

ไปบางแสนขับรถกี่ชั่วโมง	방쌘 가는데 차로 몇 시간 걸려요?
นั่งรถเมล์ไปดีกว่า	버스 타고 가는 게 나아요.
ขึ้นรถไฟ 2 โมงเช้า	아침 여덟 시에 기차를 타세요.
ไปกับแท็กซี่เร็วกว่าครับ	택시 타고 가는 것이 더 빨라요.

2 ใส่ 의 용법

태국어의 ใส่는 '입다', '신다', '쓰다', '넣다', '싣다' 등의 여러 가지 의미로 사용됩니다.

วันนี้แม่ใส่เสื้อสีแดง	오늘 어머니는 빨간색 셔츠를 입으셨다.
ใส่รองเท้าคู่ใหม่	새 운동화를 신었어요.
คนใส่แว่นหรือครับ	안경 쓴 사람 말씀하시나요?
ใส่ถุงไปดีไหม	봉지에 넣어 가는 게 어떨까요?
กำลังเอาของใส่รถ	차에 물건을 싣고 있어요.

3 เป็นu의 용법

태국어의 เป็น은 지정사, 전치사, 조동사, 동사 등의 여러 가지 기능을 합니다.

พี่ชายเขาเป็นทนายความ	그의 형은 변호사예요.
ร้านอาหารนี้ขายเป็นชุด	이 식당에서는 세트 메뉴로 팔아요.
เขาขับรถเป็นไหม	그 사람 운전할 줄 알아요?
เรื่องเป็นเรื่องตาย	죽느냐 사느냐하는 문제예요.

4 '시간이 걸리다'의 표현

태국어에서 '시간이 걸리다'는 표현은 다음과 같이 여러 가지로 나타낼 수 있습니다.

ไปโรงเรียนนั่งรถไปกี่ชั่วโมง	학교까지 차로 몇 시간 걸려요?
จากที่นี่ไปถึงที่ทำงานใช้เวลานานเท่าไร	여기서 직장까지 얼마나 걸려요?
กว่าจะถึงบ้านกินเวลาสามสิบนาที	집에 도착하기까지는 30분이 걸려요.

보충설명

태국의 교통체계는 우리와 달리 차가 왼쪽으로 달립니다. 따라서 사람은 오른쪽으로 다니게 되어 있습니다. 그러므로 버스나 택시에서 내릴 때 주의해야 합니다. 중요한 교통수단으로는 버스와 택시 그리고 기차 외에 뚝뚝이 있습니다. 방콕의 뚝뚝은

바퀴가 세 개 달린 오토바이 형태로 되어 있지만 지방에 가면 픽업 차량을 개조해서 만든 뚝뚝이 있습니다. 택시는 미터제로 운영되고 있습니다. 장거리를 오가는 시외버스에는 รถธรรมดา(일반), รถเร็ว(고속), รถด่วน(급행), รถด่วนพิเศษ(특급) 등이 있습니다. 이 밖에 รถทัวร์라고 부르는 고속버스가 있습니다. 대개 밤새도록 달려 목적지에 아침에 도착하도록 되어 있습니다.

문형연습

1. เขากำลังทำอะไร	그는 무엇을 하고 있습니까?
เขากำลังแต่งตัว	그는 옷을 입고 있습니다.
เขากำลังเอาของใส่รถ	그는 차에 짐을 싣고 있습니다.
2. เขากำลังเอาของใส่อะไร	그는 어디에 짐을 싣고 있습니까?
เขากำลังเอาของใส่รถ	그는 차에 짐을 싣고 있습니다.
เขากำลังเอาของใส่กระเป๋า	그는 가방에 물건을 넣고 있습니다.
3. คุณชอบนั่งรถขับอย่างไร	당신은 어떻게 운전하는 차를 즐겨 탑니까?
ผมชอบนั่งรถขับช้า ๆ	저는 천천히 모는 차를 즐겨 탑니다.
ดิฉันชอบนั่งรถขับเร็ว ๆ	저는 빨리 모는 차를 즐겨 탑니다.
เราชอบนั่งรถขับสบาย ๆ	우리는 편하게 모는 차를 즐겨 탑니다.
4. รถช้าเป็นเต่าดีไหม	거북이처럼 느린 차가 좋습니까?
ดี รถช้าเป็นเต่านั่งสบายดี	좋아요. 거북이처럼 느린 차는 편안해요.
ไม่ดี รถช้าเป็นเต่าน่าเบื่อ	안 좋아요. 거북이처럼 느린 차는 지루해요.
5. เราจะไปทางไหน	우리 어느 길로 가지요?
เราจะไปทางนี้	우리는 이 길로 간다.
เราจะไปทางนั้น	우리는 그 길로 간다.
เราจะไปทางใหม่	우리는 새 길로 간다.
6. คุณขับรถกี่ชั่วโมง	당신은 몇 시간 운전했지요?

ผมขับรถชั่วโมงครึ่ง	저는 한 시간 반 운전했어요.
เขาขับรถสักสองชั่วโมง	그는 약 두 시간 운전했어요.
เราขับรถสักสองชั่วโมงครึ่ง	우리는 대략 두 시간 반 운전했어요.
7. แถวนี้มีอะไร	이 부근에 뭐가 있어요?
แถวนี้มีที่ราบ	이 부근에 평지가 있어요.
แถวนี้มีภูเขา	이 부근에 산이 있어요.
แถวนี้มีทะเล	이 부근에 바다가 있어요.
8. เธอจองบังกะโลหรือยัง	너는 방갈로를 예약했니?
หนูจองบังกะโลแล้วค่ะ	저는 방갈로를 예약했어요.
ผมยังไม่ได้จองบังกะโล	저는 아직 방갈로를 예약하지 않았어요.
ยังไม่ได้จอง	아직 예약하지 않았어요.
9. บังกะโลหลังไหนดี	어느 방갈로가 좋아요?
บังกะโลหลังนี้ดี	이 방갈로가 좋아요.
หลังโน้นดี	저것이 좋아요.
10. บ้านมีกี่หลัง	집이 몇 채 있어요?
บ้านมีหนึ่งหลัง	집이 한 채 있어요.
สองหลัง	두 채.
11. วันนี้วันอะไร	오늘 무슨 날이에요?
วันนี้วันหยุด	오늘은 휴일입니다.
12. คนมาทำงานกันมาก	사람들이 많이 일하러 왔어요.
คนมาเที่ยวกันมาก	사람들이 많이 놀러 왔어요.
คนมานั่งเล่นกันมาก	사람들이 많이 와서 앉아서 놀아요.
13. ริมทะเลมีอะไร	해변에 뭐가 있어요?
ริมทะเลมีชายหาด	해변에 모래사장이 있어요.
ริมทะเลมีต้นมะพร้าว	해변에 야자수가 있어요.

14. ไปว่ายน้ำกันเถอะ	수영하러 가자.
ไปสิ	가요.
ไม่ไปหรอก	안 가요.
15. น้ำทะเลเป็นอย่างไร	바닷물이 어때요?
น้ำทะเลสวยดี	바닷물이 예뻐요.
น้ำทะเลเค็ม	바닷물이 짜요.
16. อะไรสวยดี	무엇이 예뻐요?
ชุดว่ายน้ำสวยดี	수영복이 예뻐요.
พระอาทิตย์ตกดินสวยดี	석양이 지는 것이 예뻐요.
17.ทำไมกลับบ้าน	왜 집에 돌아 가요?
เพราะค่ำแล้ว	어두워졌기 때문에요.
เพราะมืดแล้ว	어둡기 때문에요.
เพราะเย็นแล้ว	저녁때가 되었기 때문에요.
18. พระอาทิตย์ตกหรือยัง	해가 졌나요?
พระอาทิตย์ตกแล้ว	해가 졌어요.
พระอาทิตย์ยังไม่ตก	아직 해가 지지 않았어요.

줄거리

วินัยต้องตื่นแต่เช้าเพราะว่าวันนี้จะพาครอบครัวไปเที่ยวบางแสน สุดาจึงปลุกวินัยตอนตีห้าครึ่ง จากบ้านไปถึงบางแสนใช้เวลาชั่วโมงครึ่ง วินัยตัดสินใจจะไปทางใหม่ ขึ้นทางด่วนยกระดับไป รถบนทางด่วนวิ่งเร็วมาก วินัยคิดว่าจะทานอาหารเช้าที่เมืองชล แต่สุดาเสนอว่าทานที่บางแสนดีกว่า เพราะว่าต้องรีบไปจองบังกะโลด้วย ทุกคนเล่นน้ำกันอย่างสนุกสนาน และกลับบ้านตอนหัวค่ำ

제 9 과

โทรศัพท์

전화

본 문

พรทิพย์	สวัสดีค่ะ นั่นที่ไหนคะ 안녕하세요? 거기 어디지요?
วีระ	สวัสดีครับ บ้านคุณวินัยครับ 안녕하세요? 위나이씨 집입니다.
พรทิพย์	ขอพูดกับอารยาหน่อยค่ะ 아라야 좀 바꿔 주세요.
วีระ	กรุณารอสักครู่นะครับ อารยา โทรศัพท์จ้ะ 잠깐 기다리세요. 아라야! 전화 왔다.
อารยา	สวัสดีค่ะ อารยาพูด 안녕하세요. 아라야입니다.
พรทิพย์	นี่พรทิพย์พูดจ้ะ กำลังทำอะไรอยู่จ๊ะ 나 펀팁인데 뭐하고 있니?
อารยา	อ่านหนังสืออยู่จ้ะ 책 읽고 있었어.
พรทิพย์	แหม ขยันจริงนะ พรุ่งนี้ว่างไหมจ๊ะ ไปซื้อของกันหน่อย 어머, 열심이구나. 내일 시간 있니? 쇼핑하러 가자.
อารยา	ไปสิ ที่ไหนล่ะ 그래, 가자. 어디로?
พรทิพย์	ห้างเซ็นทรัล ชิดลม 칫롬 센트랄 백화점.
อารยา	ไปกี่โมงจ๊ะ 몇 시에 갈까?

พรทิพย์ สี่โมงเช้าจ้ะ ตกลงไหม
아침 열 시. 어때?

อารยา ตกลง
좋아.

วีระ พี่ไปด้วยคนสิ
오빠도 같이 가자.

อารยา พรทิพย์ พี่วีระอยากไปด้วยแน่ะ
펀팁, 위라 오빠가 같이 가고 싶어하는데.

พรทิพย์ เขาจะสนุกหรือ
그가 재미있을까?

อารยา เขาชอบเดินดูสาวๆ
그는 여자 구경하는 걸 좋아해.

พรทิพย์ ไปสิ พรุ่งนี้พบกันยังไงล่ะ
(같이) 가지 뭐. 내일 어떻게 만나지?

อารยา เอาอย่างนี้ก็แล้วกัน เราจะมารับเธอที่บ้าน
이렇게 하자. 우리가 너네 집으로 데리러 갈게.

พรทิพย์ แหม ดีจัง แค่นี้นะ
아이 좋아라. 이만 (끊자).

อารยา จ้ะ พรุ่งนี้พบกัน สวัสดี
그래. 내일 만나자. 안녕!

พรทิพย์ สวัสดีจ้ะ
안녕!

단 어

โทรศัพท์	전화(하다)	นั่น	거기
ที่ไหน	어디	ขอ	요청하다
พูด	말하다	กับ	~와
กรุณา	please	รอ	기다리다
สักครู่	잠깐	จ้ะ	어조사
กำลัง	[진행조동사]	อยู่	[진행조동사]
อ่าน	읽다	หนังสือ	책
แหม	[감탄사]	ขยัน	부지런하다
จริง	정말	พรุ่งนี้	내일
ว่าง	비다, 한가하다	ไหม	의문어조사
ซื้อ	사다	กัน	서로
ล่ะ	~는요	ห้าง	백화점
เซ็นทรัล	센트랄 (Central)	ชิดลม	[지명] 칫롬
สี่โมงเช้า	아침 열 시	ตกลง	찬성하다
พี่	오빠, 형/언니, 누나	ด้วย	함께
อยาก	~고 싶다	แน่ะ	어조사
สนุก	재미있다	หรือ	의문어조사
สาวๆ	처녀들	ยังไง	어떻게
เอาอย่างนี้	이렇게	ก็แล้วกัน	하기로 하지
รับ	마중하다	แค่นี้	이만

문법설명

1 지시대명사와 지시형용사

우리말에 "이", "그", "저"에 해당되는 지시어가 태국어에는 지시대명사와 지시형용사 두 가지로 나타납니다. 지시대명사로 사용되는 경우에는 성조가 2성인 นี่, นั่น, โน่น으로 나타나며 문장 안에서 대개 주어의 기능을 합니다. 반면에 지시형용사로 사용되는 경우에는 성조가 3성인 นี้, นั้น, โน้น으로 나타나며 명사 뒤에 위치하여 그 선행명사를 한정하는 기능을 합니다.

นี่เท่าไรครับ	이거 얼마예요?
นั่นที่ไหนคะ	거기 어디예요?
โน่นอะไรคะ	저거 뭐예요?
คนนี้เป็นใคร	이사람 누구예요?
รู้จักคนนั้นไหม	그 사람 알아요?
บ้านหลังโน้นเป็นบ้านของใคร	저 집은 누구 집이에요?

2 ยังไง 의 용법

ยังไง는 อย่างไร의 축약형입니다. 보통 구어체에서 많이 사용되는데 발음상의 편의 때문입니다.

พบกันยังไงล่ะ	어떻게 만나지?
ว่าไงครับ	어떠세요?
เอายังไงก็ได้ ฉันไม่มีปัญหา	어떻게 하든 저는 문제 없어요.

3 ก็แล้วกัน 의 용법

ก็แล้วกัน은 어떤 제안을 할 때 '~하기로 하자'는 뜻으로 사용되는 어구입니다.

เอาอย่างนี้ก็แล้วกัน	이렇게 합시다.
คอยดูก็แล้วกัน	두고 봅시다.
สามสิบบาทก็แล้วกัน	삼십 바트에 합시다.

보충설명

태국에서 전화할 때는 보통 첫 마디에 สวัสดีครับ/ค่ะ 또는 ฮัลโหลา라고 한 다음 นั่นที่ไหนครับ/คะ하고 묻습니다. 누구를 바꾸어 달라고 하는 경우 에는 '누구와 말하게 해 주세요'라는 표현인 ขอพูดกับ...หน่อย를 사용하거나 ขอสาย...라고 말합니다. 찾는 사람이 없으면 ไม่มี라고 하고, 찾는 사람이 부재중일 때는 ไม่อยู่라고 합니다. '누구시지요?' 하는 표현은 '내가 누구와 말하고 있지요'하는 표현으로 ใครพูด 또는 ไม่ทราบว่าผมกำลังพูดกับใคร라고 말하며, '전화 드리라고 하겠습니다'라는 표현은 ให้เขาโทรกลับ이라고 합니다.

문형연습

1. สวัสดีค่ะ นั่นที่ไหนคะ	안녕하세요? 거기 어디지요?
บ้านคุณวินัยครับ	위나이씨 집입니다.
บ้านสุขุมวิทครับ	수쿰윗 집입니다.
2. ขอพูดกับอารยาหน่อยค่ะ	아라야 좀 바꾸어 주세요.
ขอโทษ ใครพูดครับ	실례지만 누구세요?
พรทิพย์พูดค่ะ	펀팁입니다.
3. กรุณาคอยสักครู่นะครับ	잠깐만 기다리세요.
กรุณารอสักครู่นะครับ	잠깐만 기다리세요.
ขอโทษครับ คุณอารยาไม่อยู่	미안합니다. 아라야씨 (지금) 없어요.
4. คุณจะพูดกับใครครับ	누구를 바꾸어 드리까요?
ขอพูดกับคุณสุดาหน่อยค่ะ	쑤다씨 좀 바꿔 주세요.
ขอพูดกับอาจารย์ชาญหน่อยค่ะ	찬교수님 좀 바꿔 주세요.
5. ใครโทรศัพท์มา	누구한테 전화 왔어요?

คุณแม่โทรศัพท์มา	어머니한테서 전화 왔다.
เพื่อนโทรศัพท์มา	친구한테서 전화 왔다.
6. เขาโทรศัพท์มาถึงใคร	그가 누구에게 전화했어요?
เขาโทรศัพท์มาถึงคุณ	그가 너한테 전화했다.
เขาโทรศัพท์มาถึงผม	그가 나에게 전화했다.
เขาโทรศัพท์มาถึงน้องสาว	그가 여동생에게 전화했다.
7. เขาโทรศัพท์มาทำไม	그가 왜 전화했어요?
เขาโทรศัพท์มาเฉย ๆ	그는 그냥 전화했다.
เขาโทรศัพท์มาชวนไปดูหนัง	그는 영화 보러 가자고 전화했다.
เขาโทรศัพท์มาชวนไปซื้อของ	그는 쇼핑하러 가자고 전화했다.
8. พรุ่งนี้ว่างไหม	내일 시간 있어요?
ว่างสิ	있어요.
ขอโทษ ไม่ว่าง	미안해요. 시간이 없어요.
9. ไปทำไม	왜 가지요?
ไปซื้อของ	물건 사러 가요.
ไปเล่นโบว์ลิ่ง	볼링 치러 가요.
ไปเดินดูสาว ๆ	아가씨들 구경하러 가요.
10. ไปกี่โมง	몇 시에 가요?
ไปสี่โมงเช้า	아침 열 시에 가요.
ไปเที่ยง	정오에 가요.
11. ไปซื้อของทำไม	왜 물건 사러 가지요?
ไปซื้อของให้คุณแม่	어머니께 드릴 물건 사러 가요.
ไปซื้อของให้พี่ชาย	오빠에게 줄 물건 사러 가요.
12. ตกลงไหม	좋아요?
ตกลง	좋아요.
ตกลงสิ	좋지요.
13. ไปด้วยคนได้ไหม	같이 가실래요?
ไปสิ	가지요.

ได้สิ	돼요.
ไม่ได้หรอก	안돼요.
14. คุณจะสนุกหรือ	(당신이) 재미있을까요?
สนุกสิ	재미있지요.
สนุกแน่นอน	당연히 재미있지요.
15. พรุ่งนี้พบกันยังไง	내일 어떻게 만나요?
เราจะมารับ	우리가 데리러 갈께요.
พบกันที่บ้าน	집에서 만나요.
พบกันที่มหาวิทยาลัย	대학교에서 만나요.
16. ไปเดินดูสาว ๆ ทำไม	아가씨들 구경은 왜 해요?
สวยดี	예쁘잖아요.
สนุกดี	재미있잖아요.
เขาชอบอย่างนั้น	그는 그런 걸 좋아해요.
17. แค่นี้นะ	이만 (끊자).
แค่นี้หรือ	이게 다야?
แล้วโทรมาอีกนะ	그럼 또 전화 할게.
18. สวัสดีนะ	안녕!
สวัสดี	안녕!
พรุ่งนี้พบกัน	내일 만나자.
พบกันใหม่นะ	또 만나요.

줄거리

วันนี้มีคนโทรศัพท์มาที่บ้านวินัย วีระเป็นคนรับสาย เพราะว่าอารยากำลังอ่านหนังสืออยู่ คนที่โทรมาคือพรทิพย์(ผู้ที่เป็น)เพื่อนของอารยา พรทิพย์โทรมาเพื่อชวนอารยาไปซื้อของด้วยกันพรุ่งนี้ ที่ห้างเซ็นทรัลชิดลม แต่วีระอยากไปด้วยคน พรทิพย์ก็ยินดี พรทิพย์ดีใจที่มีเพื่อนไปซื้อของด้วยกัน อีกทั้งวีระกับอารยาจะเอารถมารับเธอที่บ้านด้วย

제 10 과 ที่ห้างสรรพสินค้า 백화점에서

본 문

พนักงานต้อนรับ	สวัสดีครับ เชิญครับ 안녕하세요? 어서 오세요.
พรทิพย์	เสื้อผ้าอยู่ทางไหนคะ 옷은 어느 쪽에 있지요?
พนักงานต้อนรับ	ชั้นสามครับ 삼층에 있습니다.
อารยา	เครื่องสำอางล่ะคะ 화장품은요?
พนักงานต้อนรับ	ชั้นล่าง ซ้ายมือเลยครับ 아래층 왼쪽입니다.
พรทิพย์	ไปดูเครื่องสำอางก่อนนะ 화장품 먼저 보러 가자.
อารยา	ลิปสติกแท่งนี้ราคาเท่าไรคะ 이 립스틱 얼마예요?
คนขาย	740 บาทค่ะ 740바트예요.
อารยา	แพงเกินไป 너무 비싸네.
คนขาย	ถูกกว่านี้ก็มีนะคะ 이거보다 싼 것도 있어요.
อารยา	ไม่เป็นไรค่ะ เอ พี่วีระไปไหนนะ 괜찮아요. 어, 위라 오빠 어디 갔지?

พรทิพย์	เขาไปคุยกับสาวๆ แถวโน้นน่ะ 그는 저기서 아가씨들과 이야기하고 있어.
อารยา	ช่างเขาเถอะ นั้นเราไปดูเสื้อผ้ากัน 내버려둬. 우리는 옷 보러 가자.
พรทิพย์	ดีเหมือนกัน ฉันจะดูของใช้ส่วนตัว เสื้อผ้าและถุงเท้า 좋아. 나는 개인용품을 볼 거야. 옷하고 양말.
วีระ	ซื้ออะไรเยอะแยะ 무얼 그렇게 많이 샀어?
พรทิพย์	พวกเสื้อผ้าค่ะ 옷들이에요.
วีระ	ส่งถุงมาซิ พี่ช่วยถือ 봉지 이리 줘. 오빠가 들어 줄게.
พรทิพย์	ขอบคุณมากค่ะ 고마워요.
วีระ	พี่ไปคอยที่รถนะ 오빠는 차에 가서 기다릴게.
อารยา	ไปพร้อมกันก็ได้ค่ะ ซื้อเสร็จแล้ว 같이 가도 돼요. 다 샀어요.
วีระ	งั้นเราไปทานข้าวกลางวันกัน 그럼 우리 점심 먹으러 가자.

단 어

ห้างสรรพสินค้า	백화점	เชิญ	please
เสื้อผ้า	옷	อยู่	~에 있다
ทาง	길, 쪽	ไหน	어느
ชั้นสาม	3층	เครื่องสำอาง	화장품
ชั้นล่าง	아래층	ซ้ายมือ	왼쪽
ก่อน	먼저	ลิปสติก	립스틱
แท่ง	[형태사]	ราคา	가격
เท่าไร	얼마	บาท	바트(태국화폐단위)
แพง	비싸다	เกินไป	너무
ถูก	싸다	กว่า	~보다
คุย	이야기하다	แถวโน้น	저쪽
ช่าง	내버려두다	เถอะ	[어조사]
เหมือนกัน	마찬가지다	ของใช้	용품
ส่วนตัว	개인	เสื้อผ้า	옷
ถุงเท้า	양말	เยอะแยะ	많다
พวก	~들	ส่ง	보내다
ถุง	봉지	ช่วย	돕다
ถือ	들다	คอย	기다리다
พร้อม	함께	ก็ได้	~도 된다
เสร็จ	끝나다	งั้น	그러면
ข้าวกลางวัน	점심식사		

문법설명

1 ซ้ายมือ와 มือซ้าย

태국어에서 수식어는 피수식어의 앞에 위치합니다. 따라서 수식어와 피수식어의 위치가 바뀌면 의미도 달라지게 됩니다.

เขายกมือซ้ายขึ้น	그는 왼손을 들어 올렸다.
ห้องน้ำอยู่ทางซ้ายมือครับ	화장실은 왼쪽에 있습니다.
เขาเป็นมือขวาของประธนาธิบดี	그는 대통령의 오른손입니다.
คนที่อยู่ทางขวามือคือใครครับ	오른쪽에 있는 사람은 누구지요?

2 ส่ง...มา의 용법

ส่ง...มา에서 มา는 부동사로서 앞에 있는 본동사의 방향을 나타냅니다. 화자를 기준으로 멀어져 가면 ไป를 쓰고, 가까워져 오면 มา를 사용합니다.

ส่งถุงมาซิ	봉지 이리 주세요.
ส่งเงินมาให้ผมหน่อย	나한테 돈 좀 보내주세요.
ส่งลูกไปโรงเรียน	아이를 학교에 보냈습니다.
ส่งจดหมายไปแล้ว	편지를 보냈습니다.

3 พร้อม의 의미

พร้อม은 '~와 함께' 또는 '준비하다'의 의미가 있습니다. '~와 함께'의 의미로 사용될 때는 전치사 กับ또는 부사 กัน과 같이 사용하기도 합니다.

ไปพร้อมกันก็ได้ค่ะ	같이 가도 돼요.
ฉันจะไปพร้อมกับคุณสมชาย	나는 쏨차이 씨와 같이 갈래요.
รอเดี๋ยวนะคะ ดิฉันยังไม่พร้อม	잠깐 기다려요. 저는 아직 준비가 안 됐어요.
พร้อมแล้วครับ ไปได้เลย	준비됐습니다. 가시지요.

보충설명

태국어에서 เหมือน은 '같다' 또는 '닮았다'는 의미입니다. เหมือนกัน하면 '마찬가지입니다'라는 뜻이며 หน้าเหมือนพ่อ하면 '얼굴이 아빠 닮았다'는 뜻입니다. 그런데 어떤 때는 특정한 비교 대상이 나타나지 않으면서 เหมือนกัน을 사용하여 우리말로 해석하기 어려운 경우가 있습니다. 예컨대 ภาษาไทยยากเหมือนกัน은 '태국어도 어려워요' 라는 뜻이며 เรื่องนี้พูดยากเหมือนกัน은 '이 이야기는 말하기 쉽지 않아요' 라는 뜻입니다.

เหมือนกัน과 비슷한 것으로는 เท่ากัน이 있는데 주로 형태가 같거나 비슷하면 เหมือนกัน을 쓰고 수량이 같으면 เท่ากัน을 사용합니다. 두 사람이 얼굴이 닮았다는 표현은 สองคนนี้หน้าเหมือนกัน이라고 하고 두 사람 나이가 같다는 표현은 สองคนนี้อายุเท่ากัน이라고 합니다.

문형연습

1. นั่นใคร	그 사람 누구예요?
นั่นพนักงานต้อนรับ	그는 (손님을 맞이하는) 종업원이에요.
นั่นคนขายของ	그는 판매원이에요.
นั่นคนซื้อของ	그는 물건 사는 사람이에요.
2. คนขายของพูดอะไร	판매원이 뭐라고 해요?
เขาเชิญชมสินค้า	그가 상품 구경하래요.
เขาเชิญซื้อของ	그가 물건 사래요.
3. เสื้อผ้าอยู่ชั้นไหน	옷은 몇 층에 있어요?

เสื้อผ้าอยู่ชั้นหนึ่ง	옷은 일 층에 있어요.
อยู่ชั้นหนึ่ง	일 층에 있어요.
อยู่ชั้นสอง	2층에 있어요.
4. เครื่องสำอางอยู่ชั้นไหน	화장품은 몇 층에 있어요?
เครื่องสำอางอยู่ชั้นล่าง	화장품은 아래층에 있어요.
อยู่ชั้นล่าง	아래층에 있어요.
อยู่ชั้นบน	윗층에 있어요.
5. ห้องสมุดอยู่ทางไหน	도서관이 어느 쪽에 있어요?
ห้องสมุดอยู่ทางนี้	도서관은 이쪽에 있어요.
อยู่ทางซ้ายมือ	왼쪽에 있어요.
อยู่ขวามือ	오른쪽에 있어요.
6. คุณแวะดูอะไร	당신은 무엇을 볼 건가요?
แวะดูเสื้อผ้า	옷을 보려고 해요.
แวะดูเครื่องสำอาง	화장품을 보려고 해요.
แวะดูสาว ๆ	아가씨들을 보려고 해요.
7. คุณจะซื้อลิปสติกแท่งไหน	어느 립스틱을 사시겠어요?
ฉันจะซื้อลิปสติกแท่งนี้	이 립스틱을 살거예요.
ฉันจะซื้อลิปสติกแท่งนั้น	그 립스틱을 살거예요.
ฉันจะซื้อแท่งโน้น	저 립스틱을 살거예요.
8. ราคาเท่าไร	가격이 얼마예요?
ราคา 740 บาท	740 바트예요.
ราคา 980 บาท	980 바트예요.
ราคา 1,200 บาท	1,200 바트예요.
9. หนังสือเล่มนี้เท่าไร	이 책 얼마예요?
100 บาท	100 바트
126 บาท	126 바트

270 บาท	270 바트
10. ของที่ราคาถูกมีไหม	값이 싼 것 있어요?
มี แต่ไม่สวย	있어요, 그런데 예쁘지 않아요.
มี แต่ไม่ดี	있어요, 그런데 좋지 않아요.
ไม่มี มีแต่ของแพง	없어요. 비싼 것 밖에 없어요.
11. ทำไมไม่ซื้อ	왜 안 사세요?
แพงเกินไป	너무 비싸요.
ยังไม่ชอบ	아직 좋아하지 않아요.
ไม่สวย	예쁘지 않아요.
12. วีระไปไหน	위라 어디 갔지요?
เขาไปคุยกับสาว ๆ	그는 아가씨들과 이야기하러 갔어요.
เขาไปเดินซื้อของ	그는 물건 사러 갔어요.
เขาไปคอยที่รถ	그는 차에 기다리러 갔어요.
13. ไปดูเสื้อผ้ากันเถอะ	옷 보러 가요.
ไปสิ	가지요.
ดีเหมือนกัน	좋아요.
ไม่ไปได้ไหม	안 가면 안돼요?
14. คุณจะซื้ออะไร	당신은 무엇을 살 건가요?
ฉันจะซื้อเสื้อชั้นใน	나는 속옷을 살 거예요.
ฉันจะซื้อถุงเท้า	나는 양말을 살 거예요.
ฉันจะซื้อชุดว่ายน้ำ	나는 수영복을 살 거예요.
15. คุณซื้ออะไรเยอะแยะ	무엇을 그렇게 많이 사셨어요?
ซื้อผลไม้เยอะแยะ	과일을 많이 샀어요.
ซื้อเสื้อผ้าเยอะแยะ	옷을 많이 샀어요.
ซื้อของใช้ส่วนตัวเยอะแยะ	개인용품을 많이 샀어요.
16. ซื้อของเสร็จหรือยัง	쇼핑 끝났어요?

เสร็จแล้ว	끝났어요.
ยังไม่เสร็จ	아직 안 끝났어요.
จะเสร็จแล้ว	끝날 거예요.
17. ผมจะช่วยถือถุง	내가 봉지 들어 줄게요.
ขอบคุณ	고마워요.
ไม่เป็นไร	괜찮아요.
ไม่ต้องก็ได้	그렇게 하지 않아도 돼요.
18. คุณจะคอยที่ไหน	당신은 어디서 기다릴 거예요?
ฉันจะคอยที่รถ	나는 차에서 기다릴게요.
ผมจะคอยที่มหาวิทยาลัย	나는 대학교에서 기다릴게요.
เราจะคอยที่บ้าน	우리는 집에서 기다릴게요.
ดิฉันจะคอยที่ตลาด	저는 시장에서 기다릴게요.

줄거리

วันนี้วีระกับอารยาขับรถไปรับพรทิพย์ไปห้างเซ็นทรัลชิดลมตามที่นัดไว้ พรทิพย์อยากซื้อเสื้อผ้าและเครื่องสำอาง เสื้อผ้าอยู่ชั้นสาม ส่วนเครื่องสำอางอยู่ชั้นล่าง พรทิพย์กับอารยาไปดูชั้นล่างก่อนเพื่อซื้อเครื่องสำอาง ของในห้างสรรพสินค้ามีคุณภาพแต่ราคาแพง และราคาตายตัวไม่ลดให้ เมื่อพรทิพย์กับอารยาจะไปซื้อเสื้อผ้า วีระกำลังคุยกับสาวๆ อยู่ พรทิพย์ซื้อของใช้ส่วนตัว เสื้อชั้นในและถุงเท้า หลังจากซื้อของเสร็จแล้วทั้งสามคนก็ไปทานข้าวกลางวันด้วยกัน

제 11 과

ไปดูหนัง
영화구경

본 문

วินัย เย็นนี้ไปดูหนังกันไหม
오늘 저녁에 영화 보러 갈까?

วีระ ไปครับ
가요.

อารยา ไปที่ไหนดีล่ะคะ
어디로 가는 게 좋을까요?

วินัย แล้วแต่คุณแม่เขาสิ
엄마가 가자는 대로 가야지.

สุดา เดี๋ยวก่อน ลูก ๆ ทำการบ้านเสร็จแล้วหรือ
잠깐! 너희들 숙제는 다 끝냈니?

อารยา เสร็จแล้วค่ะ
끝냈어요.

วีระ ของผมค่อยทำตอนดึกก็ได้ครับ เหลือนิดหน่อยเท่านั้นเอง
제 것은 이따가 밤에 해도 돼요. 조금 밖에 안 남았어요.

สุดา ถ้างั้นไปสยาม พารากอนดีกว่า มีโรงหนังหลายโรง
그렇다면 싸얌 파라곤으로 가요. 극장이 여러 개 있어요.

วินัย แล้วลูก ๆ เขาว่าไง
그래 너희들은 어떠냐?

อารยา ตกลงค่ะ
좋아요.

วีระ ผมคิดว่าคนแน่น เพราะเพิ่งเข้าฉาย
제 생각에는 사람이 많을 것 같아요. 이제 막 개봉했으니까요.

วินัย งั้นลูกโทรศัพท์ไปจองตั๋วสิ เย็นนี้รอบสี่โมงครึ่ง
그럼 네가 전화로 예매해라. 오늘 저녁 4시 반 걸로.

(ที่โรงหนัง) (극장에서)

วีระ หนังตัวอย่างสนุกจัง

예고편이 무척 재미있구나.

อารยา แต่หนูไม่อยากดูหนังตัวอย่างแล้ว

그렇지만 저는 예고편 보기 싫어요.

สุดา จุ๊ๆ อย่าเสียงดัง

쉿! 시끄럽게 하지 마라.

วินัย แน่ะ หนังฉายแล้ว

자, 영화가 시작되었다.

วีระ อ้าว น้องร้องไห้ทำไม

어, 너는 왜 우니?

อารยา สงสารนางเอกค่ะ พระเอกมีแฟนใหม่

여주인공이 불쌍해요. 남자 주인공에게 새 애인이 생겼어요.

วีระ หนังเศร้าไม่สนุก หนังตลกสนุกกว่า

슬픈 영화는 재미 없어. 코믹영화가 더 재미 있어.

วินัย อย่าร้องไห้อารยา หนังจบแล้ว เดี๋ยวพ่อจะพาไปกินไก่ย่าง

아라야, 울지 마라. 영화 끝나고 아빠가 바베큐 치킨 사 줄게.

อารยา จริงๆ หรือคะ ไชโย ดีใจจัง

정말이에요? 만세! 아이 좋아라.

วีระ น้ำตายังไม่ทันแห้งเลย หัวเราะได้แล้ว

눈물이 채 마르기도 전에 웃는군.(울다가 웃는군)

단 어

หนัง	영화	เย็นนี้	오늘 저녁
ที่ไหน	어디	ดีล่ะ	좋을까?
แล้วแต่	~뜻대로	เดี๋ยวก่อน	잠깐
การบ้าน	숙제	เสร็จ	끝내다
ตอนดึก	밤에	ก็ได้	~도 된다.
เหลือ	남다	นิดหน่อย	조금
เท่านั้น	~밖에	เอง	단지
ถ้างั้น / งั้น	그렇다면	สยาม พารากอน	싸얌 파라곤
โรงหนัง	극장	โรง	[형태사] 개소
ว่าไง	어때	ตกลง	찬성하다
คิด	생각하다	ว่า	~라고
แน่น	붐비다	เพราะ	왜냐하면
เพิ่ง	방금	ฉาย	상영하다
โทรศัพท์	전화, 전화하다	จอง	예약하다
ตั๋ว	표	รอบ	회
หนังตัวอย่าง	예고편	สนุก	재미있다
จุ๊ๆ	[의성어] 쉿!	อย่า	~지 마라
เสียง	소리	ดัง	(소리가) 크다
อ้าว	[감탄사]	ร้องไห้	울다
ทำไม	왜	สงสาร	불쌍하다
นางเอก	여주인공	พระเอก	남자 주인공
แฟน	애인	ใหม่	새로운
หนังเศร้า	슬픈 영화	หนังตลก	코믹영화
จบ	끝나다	พาไป	데리고 가다

ไก่ย่าง	구운 닭고기	ไชโย	만세!
น้ำตา	눈물	ยัง	아직
ไม่ทัน	제때 ~못하다	แห้ง	마르다
หัวเราะ	웃다	ได้	되다

문법설명

1 แล้วแต่의 의미

แล้วแต่는 '~에게 달려 있다'는 의미로 주로 결정을 다른 사람에게 유보시킬 때 사용하는 표현입니다. 비슷한 표현으로 สุดแต่가 있습니다.

ไปไม่ไปก็แล้วแต่คุณ
가고 안 가고는 당신 뜻대로입니다.
ทำอย่างไรก็แล้วแต่ แต่ว่าคุณต้องรับผิดชอบ
어떻게 해도 좋지만 당신이 책임져야 합니다.
สุดแต่ท่านครับ
귀하의 뜻대로 하십시오.

2 เดี๋ยวก่อน의 의미

เดี๋ยว는 '잠깐'의 뜻입니다. 비슷한 표현으로 다음과 같은 것들이 있습니다.

เดี๋ยวก่อน เราจะไปไหน	잠깐, 우리 어디로 가지?
รอเดี๋ยวนะครับ	잠깐 기다리세요.
คอยสักครู่	잠깐 기다리세요.
แป๊บเดียวนะครับ	잠깐만요.

③ ทันの 용법

ทัน은 '제 시간에 대다'의 뜻입니다. 통사적 분포가 다양하게 나타나므로 용법을 익혀두는 것이 좋습니다.

> ไปถึงสถานีรถไฟทันไหม
>
> 기차역에 제 시간에 도착할 수 있을까요?
>
> ตื่นสายหน่อย จึงทานข้าวไม่ทัน
>
> 늦게 일어나 밥을 먹지 못했어요.
>
> เรื่องนี้ ฉันไม่ทันทราบ
>
> 이 일은 제가 미처 몰랐어요.

보충설명

태국의 영화관은 우리와 다소 다릅니다. 표를 예매하면서 좌석을 지정할 수 있는 것은 우리와 같지만 티켓의 가격은 앞쪽보다 뒤쪽이 조금 더 비쌉니다. 외국 영화의 경우 방콕에서는 태국어 자막을 넣는 것이 보통이지만 지방에 가면 성우가 더빙을 합니다. 자막을 넣는 경우에 태국어 문자표기 특성상 세로 자막은 넣지 못합니다. 예고편은 태국어로 หนังตัวอย่าง이라 하고, 본영화는 หนังเรื่อง이라고 합니다. 또 영화를 ภาพยนตร์이라고도 합니다. 극장은 โรงละคร이라고 하는데 본래 ละคร은 연극이라는 뜻입니다. 우리가 영화관을 극장이라고 하는 것과 마찬가지입니다. 태국에서 영화가 상영되기 전에 국왕찬가가 울려 퍼지는데 이때는 모두 기립하여 예를 표해야 합니다.

문형연습

1. ไปไหน	어디 가세요?
ไปดูหนัง	영화 보러 가요.
ไปเที่ยว	놀러 가요.
ไปซื้อของ	물건 사러 가요.
2. ไปโรงหนังไหน	어느 극장으로 가요?
แล้วแต่คุณแม่	엄마 가자는 데로.
แล้วแต่คุณพ่อ	아빠가 가자는 데로.

แล้วแต่ลูก ๆ	너희들이 가자는 데로
3. ไปสยาม พารากอน ดีไหม	싸얌 파라곤 좋아요?
ดี ตกลง	좋아요. 찬성이에요.
ไม่ดีหรอก คนแน่น	안 좋아요. 사람이 많아요.
4. คุณคิดว่าที่โรงหนังคนแน่นไหม	극장에 사람이 많을 거라고 생각하세요?
ผมคิดว่าคนแน่น	제 생각에는 많을 거예요.
ผมคิดว่าคนไม่แน่น	제 생각에는 많지 않을 거예요.
5. ทำการบ้านเสร็จหรือยัง	숙제 끝냈니?
เสร็จแล้ว	끝냈어요.
ยังไม่เสร็จ	아직 안 끝냈어요.
เหลือนิดหน่อยเท่านั้นเอง	조금밖에 안 남았어요.
6. จะไปดูหนังรอบไหน	어느 시간대 영화를 보러 갈까요?
จะไปดูหนังรอบเย็น	저녁 시간대 영화를 보러 가요
จะไปดูหนังรอบค่ำ	밤 시간대 영화를 보러 가요.
จะไปดูหนังรอบดึก	심야영화를 보러 가요.
7. คุณจะซื้อตั๋วอย่างไร	당신은 어떻게 표를 살거예요?
ผมจะโทรศัพท์ไปจองตั๋ว	전화로 예매 할 거예요.
ผมจะไปซื้อตั๋วที่โรงหนัง	극장에 가서 살 거예요.
8. หนังอะไรกำลังฉายอยู่	어떤 영화가 상영 중이지요?
หนังตัวอย่างกำลังฉายอยู่	예고편이 상영 중입니다.
หนังโฆษณากำลังฉายอยู่	광고 영화가 상영 중입니다.
9. ใครเสียงดัง	누가 시끄럽게 하지요?
อารยาเสียงดัง	아라야가 시끄럽게 해요.
ลูก ๆ เสียงดัง	아이들이 시끄럽게 해요.
นักศึกษาเสียงดัง	대학생들이 시끄럽게 해요.
10. คุณร้องไห้หรือปล่า	당신 울었어요?
ค่ะ ดิฉันร้องไห้	네, (제가) 울었어요.
เปล่าค่ะ ดิฉันหัวเราะ	아니오, 저는 웃었어요.
11. ทำไมร้องไห้สงสารนางเอก	왜 여주인공이 불쌍해서 울었어요?
เพราะพระเอกมีแฟนใหม่	남자 주인공이 새 애인이 생겨서요.
เพราะพระเอกไม่รักนางเอก	남자 주인공이 여주인공을 사랑하지 않아서요.

12. คุณมีคู่รักหรือยัง	애인 있어요?
ยังไม่มีคู่รักเลย	아직 애인 없어요.
มีคู่รักแล้ว	애인 있어요.
ยังไม่อยากมี	아직 생각 없어요.
13. หนังอะไรสนุกดี	무슨 영화가 재미있어요?
หนังตลกสนุกดี	코믹영화가 재미있어요.
หนังเศร้าสนุกดี	슬픈 영화가 재미있어요.
หนังตัวอย่างสนุกดี	예고편이 재미있어요.
14. หนังเลิกหรือยัง	영화 끝났어요?
หนังเลิกแล้ว	영화 끝났어요.
หนังยังไม่เลิก	영화 아직 안 끝났어요.
15. หนังเลิกแล้วจะไปไหน	영화 끝나고 어디 가시겠어요?
หนังเลิกแล้วจะไปบ้าน	영화 끝나고 집에 갈래요.
หนังเลิกแล้วจะไปกินไก่ย่าง	영화 끝나고 바베큐 치킨 먹으러 갈래요.
16. จริง ๆ หรือ	정말이에요?
จริง ๆ สิ	정말이지.
17. ใครน้ำตายังไม่ทันแห้ง	누가 아직 눈물이 마르지 않았어요?
อารยาน้ำตายังไม่ทันแห้ง	아라야가 아직 눈물이 마르지 않았어요.

줄거리

วันนี้วินัยอยากไปดูหนังจึงชวนครอบครัวไป ทุกคนชอบใจ แต่สุดาเป็นห่วงว่าวีระกับอารยาทำการบ้านเสร็จหรือยัง อารยาทำการบ้านเสร็จเรียบร้อยแล้ว แต่วีระยังเหลืออีกนิดหน่อย สุดาตัดสินใจจะไปดูหนังที่สยาม พารากอน วินัยสั่งให้วีระโทรไปจองตั๋วรอบสี่โมงครึ่ง เพราะหนังเพิ่งเข้าฉาย กลัวว่าคนจะแน่น ครอบครัววินัยดูหนัง อารยาร้องไห้ วีระไม่ชอบหนังเศร้า เขาชอบหนังตลก เมื่อหนังเลิกแล้ววินัยพาครอบครัวไปทานไก่ย่าง

제 12 과

ที่ร้านอาหาร

식당에서

본 문

พนักงานต้อนรับ	สวัสดีค่ะ เชิญด้านในสิคะ 안녕하세요, 안으로 들어 오세요.
วินัย	ชั้นบนมีโต๊ะว่างไหม 윗층에 빈 자리 있어요?
พนักงานต้อนรับ	ว่างค่ะ แต่ชั้นล่างสะดวกกว่าค่ะ 있어요. 하지만 아랫층이 더 편리합니다.
สุดา	ดีเหมือนกัน 좋아요.
พนักงานเสิร์ฟ	(ส่งรายการอาหารให้วินัย) จะรับอะไรครับ (위나이에게 차림표를 준다) 무엇을 드시겠습니까?
วินัย	ขอลาบเนื้อจานหนึ่ง 랍느아 한 접시 주세요.
สุดา	อารยาจะทานอะไรจ๊ะ 아라야는 뭘 먹을래?
อารยา	ขอไก่ย่างค่ะ 바베큐 치킨이요.
วีระ	มีอะไรบ้างครับ 무엇 무엇이 있어요?
สุดา	นี่จ้ะ เมนู 여기 있어. 메뉴.
วีระ	ผมขอแกงเผ็ดเนื้อกับไข่เจียว 저는 깽펫느아하고 카이찌아우 주세요.
สุดา	ดิฉันขอส้มตำ เนื้อเค็มทอด แล้วก็ข้าวเหนียว 저는 쏨땀, 느아켐텃, 그리고 카우니아우 주세요.

พนักงานเสิร์ฟ	เครื่องดื่มล่ะครับ 음료수는요?
วินัย	รีเจนซี่หนึ่ง โซดาสองขวด 리젠시 하나하고 소다수 두 병 주세요.
สุดา	ขอโอเลี้ยงแก้วหนึ่ง หวานหน่อย 올리앙 한 잔, 좀 달게 해주세요.
อารยา	น้ำอ้อยขวดหนึ่ง 사탕수수즙 한 병 주세요.
วีระ	น้ำแข็งเปล่าแก้วหนึ่งครับ 얼음물 한 잔 주세요.
วินัย	ร้านนี้สะอาดดี จึงมีลูกค้าเยอะ 이 가게는 깨끗해서 손님이 많은가 봐.
สุดา	ต่อไปคงจะเจริญมาก 앞으로 많이 번창할 거예요.
อารยา	ไก่ย่างร้านนี้ อร่อยมากค่ะ นุ่มดี 이 집 바베큐 치킨은 참 맛있어요. 연해요.
วินัย	ลาบเนื้อก็อร่อย 랍느아도 맛있어.
วีระ	แต่แกงเผ็ดเนื้อ คุณแม่ทำอร่อยกว่า 그렇지만 깽펫느아는 엄마가 더 맛있게 해요.
วินัย	พ่อก็ว่าอย่างนั้นแหละ 아빠도 그렇게 생각한다.
สุดา	น่าปลื้มใจจริง ๆ 정말 기쁘구나.

단 어

ร้านอาหาร	식당	เชิญ	please
ข้างใน	안쪽	ชั้นบน	윗층
โต๊ะว่าง	빈 테이블	ไหม	[의문어조사]
เลย	[어조사]	สะดวก	편리하다
ส่ง	보내다	รายการอาหาร	차림표, 메뉴(Menu)
ให้	~주다	รับ	잡수시다
ขอ	청하다	ลาบเนื้อ	소고기무침
จาน	접시	ทาน	잡수시다
อะไร	무엇	จ๊ะ	[어조사]
ไก่ย่าง	구운 닭고기	บ้าง	무엇 무엇
เมนู	차림표, 메뉴	แกงเผ็ดเนื้อ	소고기 매운탕
ไข่เจียว	계란부침	ส้มตำ	쏨땀
เนื้อเค็มทอด	고기 튀김	ข้าวเหนียว	찹쌀밥
เครื่องดื่ม	음료수	รีเจนซี่	리젠시
โซดา	소다수	ขวด	병
โอเลี้ยง	올리양	หวาน	(맛이) 달다
น้ำอ้อย	사탕수수즙	น้ำแข็งเปล่า	얼음물
สะอาด	깨끗하다	ลูกค้า	손님, 고객
เยอะ	많다	ต่อไป	앞으로
คง	아마도	เจริญ	발전하다
นุ่ม	부드럽다	ว่า	~라고
อย่างนั้น	그렇게	แหละ	[어조사]
น่า	~함직한	ปลื้มใจ	기쁘다

문법설명

1 '먹다'의 의미를 지닌 동사

태국도 농경사회였던 만큼 대우법이 발달하였습니다. '먹다'의 의미를 지닌 동사의 예를 보면 다음과 같습니다.

แดงกินข้าวแล้ว	댕은 밥을 먹었습니다.
พ่อจะทานขนมไหมคะ	아버지 과자를 드시겠어요?
ท่านจะรับประทานอะไรครับ	당신은 무엇을 드시겠습니까?
พระฉันอาหารหลังเที่ยงไม่ได้	스님은 정오 이후에 음식을 드실 수 없다.

2 조리방법을 나타내는 타동사

태국어에서 조리방법을 나타내는 타동사에는 다음과 같은 것들이 있습니다.

ต้ม	끓이다	ย่าง	굽다
ปิ้ง	(빵 등을) 굽다	นึ่ง	찌다
ทอด	튀기다	หุง	(밥을) 짓다
ตุ๋น	고다	ลวก	데치다

3 ก็ว่าอย่างนั้นแหละ와 ก็เป็นอย่างนั้นแหละ

ก็ว่าอย่างนั้นแหละ는 '나도 그렇게 생각한다'는 뜻이며 ก็เป็นอย่างนั้นแหละ는 '~는 다 그런 거야'라는 뜻입니다. 여기서 แหละ는 어조사로 특별한 의미를 지니고 있지 않습니다.

ฉันก็ว่าอย่างนั้นแหละ	나도 그렇게 생각해.
ผู้ชายก็เป็นอย่างนั้นแหละ	남자는 다 그래.
เด็ก ๆ ก็เป็นอย่างนั้นแหละ	아이들은 다 그래요.

보충설명

태국의 음식은 일반적으로 맵고 달고 신 맛을 지니고 있습니다. 음식문화가 다양한 만큼 음식에 관한 어휘와 표현이 많이 발달되어 있습니다. 태국인의 주식은 쌀과 생선으로 ข้าวปลาอาหาร은 '음식' 또는 '먹을거리'라는 뜻입니다. กินข้าวกินปลา는 '식사하다'의 태국적 표현입니다. 생선이 그만큼 중요한 반찬임을 말해줍니다. 람캄행대왕의 비문에 보면 ในน้ำมีปลาในนามีข้าว라는 문장이 나오는데 그 당시 쑤코타이가 풍요로웠음을 나타내주는 말입니다. 돼지고기와 닭고기는 또 하나의 중요한 음식이어서 หมูไปไก่มา라는 말은 우리말에 '가는 정이 있어야 오는 정이 있다'는 속담과 같은 뜻입니다.

문형연습

1. คุณจะทานอาหารที่ไหน	어디서 식사하시겠어요?
ผมจะทานที่นี่	저는 여기서 먹겠어요.
ดิฉันจะทานที่ร้านนี้	저는 이 식당에서 먹겠어요.
เราจะทานอาหารที่ร้านนี้	우리는 이 식당에서 먹겠어요.
2. ที่ไหนมีโต๊ะว่าง	어디에 빈 테이블이 있지요?
ชั้นบนมีโต๊ะว่าง	윗층에 빈 테이블이 있어요.
ชั้นล่างมีโต๊ะว่าง	아래층에 빈 테이블이 있어요.
ข้างในมีโต๊ะว่าง	안쪽에 빈 테이블이 있어요.
3. มีโต๊ะว่างหรือเปล่า	빈 테이블 있어요?
ไม่มีโต๊ะว่างเลย	빈 테이블이 없어요.
มีโต๊ะว่างสองสามโต๊ะ	빈 테이블이 두 세 개 있어요.
4. ใครเชิญคุณ	누가 당신에게 권했나요?
พนักงานต้อนรับเชิญผม	(손님 맞는) 종업원이 권했어요.
บ๋อยเชิญผม	보이가 나에게 권했어요.
คนขายของเชิญผม	판매원이 나에게 권했이요.
5. เขาเชิญคุณไปไหน	그가 어디 가자고 권하던가요?
เขาเชิญเราขึ้นไปข้างบน	그는 우리에게 위층에 가자고 권했어요.

เขาเชิญเราเข้าไปข้างใน	그는 우리에게 안쪽으로 가자고 권했어요.
เขาเชิญไปที่โต๊ะว่าง	그는 빈 테이블로 가자고 권했어요.
6. คุณจะรับอะไร	무엇을 드시겠습니까?
ขอข้าวเหนียว	찹쌀밥 주세요.
ขอลาบเนื้อ	소고기 무침 주세요.
ขอส้มตำ	쏨땀 주세요.
ขอไก่ย่าง	바베큐 치킨 주세요.
7. มีอาหารอะไรบ้าง	어떤 음식들이 있어요?
มีแกงเผ็ด	매운탕이 있어요.
มีเนื้อเค็มทอด	소고기 튀김 있어요.
มีไข่เจียว	계란부침 있어요.
8. คุณพ่อจะดื่มอะไร	아버지께서는 무엇을 드시겠어요?
คุณพ่อจะดื่มรีเจนซี่	아버지께서는 리젠시를 드실 거예요.
ท่านจะดื่มรีเจนซี่กับโซดา	그분은 리젠시와 소다수를 드실 거예요.
ท่านจะดื่มเบียร์	그분은 맥주를 드실 거예요.
9. คุณแม่จะดื่มอะไร	어머니께서는 무엇을 드실 거예요?
คุณแม่จะดื่มโอเลี้ยง	어머니께서는 올리양을 드실 거예요.
ท่านจะดื่มน้ำอ้อย	그분은 사탕수수즙을 드실 거예요.
ท่านจะดื่มน้ำแข็งเปล่า	그분은 얼음물을 드실 거예요.
10. คุณจะดื่มแค่ไหน	얼마나 드실 거예요?
ดิฉันจะดื่มโอเลี้ยง 1 แก้ว	저는 올리양 한 컵 마실 거예요.
หนูจะดื่มน้ำอ้อย 1 ขวด	저는 사탕수수즙 1병 마실래요.
ผมจะดื่มรีเจนซี่ 1 ขวด และโซดา 2 ขวด	나는 리젠시 1병, 소다수 2병을 마실겁니다.
11. ทำไมคุณชอบอาหารร้านนี้	왜 이 집 음식을 좋아하세요?
เพราะอาหารร้านนี้อร่อยดี	이 집 음식이 맛있어서요.
เพราะร้านนี้สวยดี	이 집이 예뻐서요.
เพราะร้านนี้สะอาดดี	이 집이 깨끗해서요.
12. ทำไมไก่ย่างอร่อย	바베큐 치킨이 왜 맛있어요?

เพราะนุ่มดี	연해서요.
เพราะร้อนดี	뜨거워서요.
เพราะนุ่มและร้อนดี	연하고 뜨거워서요.
13. ร้านนี้จะเจริญมากเพราะอะไร	이 집은 왜 번창할 건가요?
ร้านนี้จะเจริญมากเพราะสะอาดดี	이 집은 깨끗하기 때문에 번창할 겁니다.
ร้านนี้จะเจริญมากเพราะลูกค้าแยะ	이 집은 손님이 많아서 번창할 겁니다.
ร้านนี้จะเจริญมากเพราะราคาถูกดี	이 집은 가격이 저렴해서 번창할 겁니다.
14. คุณแม่ทำอาหารอร่อยกว่าใคร	어머니는 누구보다 음식을 맛있게 합니까?
คุณแม่ทำอาหารอร่อยกว่าร้านอาหาร	어머니는 음식점보다 음식을 맛있게 합니다.
ท่านทำอาหารอร่อยกว่าร้านนี้	그분은 이 음식점보다 음식을 맛있게 합니다.
15. คุณชอบอาหารแบบไหน	당신은 어떤 음식을 좋아합니까?
ผมชอบอาหารหวาน ๆ	저는 단 음식을 좋아합니다.
ผมชอบอาหารเค็ม ๆ	저는 짠 음식을 좋아합니다.
16. ผมว่าคุณแม่ทำแกงเผ็ดเก่ง	저는 어머니께서 매운탕을 잘 하신다고 생각합니다.
พ่อก็ว่าอย่างนั้นแหละ	아빠도 그렇게 생각해.

줄거리

หลังจากดูหนังแล้ว วินัยก็ไปทานข้าว วินัยสั่งลาบเนื้อ สุดาสั่งส้มตำ เนื้อเค็มทอดและข้าวเหนียว ส่วนวีระสั่งแกงเผ็ดเนื้อกับไข่เจียว และอารยาสั่งไก่ย่าง พวกเขาสั่งเครื่องดื่มด้วย วินัยสั่งรีเจนซี่ขวดหนึ่ง สุดาสั่งโอเลี้ยง วีระสั่งน้ำแข็งเปล่า และอารยาสั่งน้ำอ้อย ทุกคนทานอาหารอย่างเอร็ดอร่อย และพอใจที่ร้านสะอาดและอาหารก็อร่อยด้วย แต่วีระคิดว่าแกงเผ็ดเนื้อนั้น คุณแม่ทำอร่อยกว่า วินัยก็เห็นด้วย สุดาปลื้มใจที่ทุกคนชมตัวเอง

제 13 과 ที่ที่ทำการไปรษณีย์ 우체국에서

본 문

วีระ บ่ายนี้ว่างไหม สมชาย ไปไปรษณีย์กันหน่อย
오늘 오후에 시간있어? 쏨차이. 우체국에 같이 가자.

สมชาย ไปสิ ผมจะไปส่งธนาณัติด้วย
가자. 나도 가서 우편환을 보낼 거야.

วีระ ผมจะไปรับพัสดุ พอดีวันที่ไปรษณีย์ไปส่ง ไม่มีคนอยู่บ้าน
나는 소포를 받으러 가. 우체국에서 배달해 온 날 마침 집에 아무도 없었어.

สมชาย ใครส่งมาให้ล่ะ
누가 보내 온 거야?

วีระ เพื่อนที่ฝรั่งเศส
프랑스에 있는 친구.

(ที่โต๊ะประชาสัมพันธ์ ที่ทำการไปรษณีย์) (우체국의 안내데스크에서)

วีระ รับพัสดุต่างประเทศที่ไหนครับ
외국소포를 어디에서 받습니까?

พนักงาน ชั้น 2 ขวามือค่ะ
2층 오른쪽입니다.

วีระ ผมมารับของตามใบแจ้งจากไปรษณีย์นี้ครับ
저는 이 우체국의 통지서에 따라 물건을 받으러 왔습니다.

พนักงาน คุณต้องเสียภาษี 150 บาทนะคะ
당신은 150 바트의 세금을 내야 합니다.

วีระ นี่ครับ ผมเตรียมเงินมาแล้ว
여기요. 저는 돈을 준비해 왔습니다.

สมชาย ผมไปส่งธนาณัติก่อนนะ
난 먼저 가서 우편환을 보낼게.

วีระ รอเดี๋ยว ผมจะไปส่งอีเอ็มเอสด้วย
잠깐 기다려. 나도 가서 EMS(국제특급우편)를 보낼 거야.

สมชาย คุณมีโปสการ์ดไหม ผมจะเขียนถึงเพื่อนต่างประเทศหน่อย
너 엽서 있니? 나 외국인친구한테 좀 쓸려고.

วีระ นี่ไงล่ะ เขียนซิ
여기 있잖아. 써.

(ที่แผนกจดหมายลงทะเบียนด่วนพิเศษ) (특급등기우편부서에서)

พนักงาน ค่าส่ง 35 บาทค่ะ
송료가 35 바트입니다.

สมชาย ส่งโปสการ์ดไปเกาหลี ติดแสตมป์เท่าไรครับ
한국에 엽서를 보내려면 우표를 얼마나 붙이나요?

พนักงาน 15 บาท ค่ะ
15 바트요.

สมชาย ทีนี้เราไปส่งธนาณัติกัน
이제 우리 우편환 보내러 가자.

วีระ เราน่าจะส่งธนาณัติก่อนนะ
우리 우편환 먼저 보낼 걸 그랬다.

สมชาย เสร็จธุระแล้วกลับกันเถอะ
볼 일이 끝났으니 돌아가자.

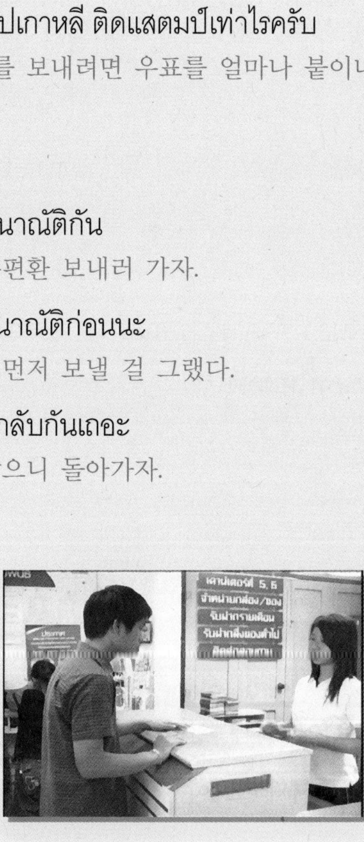

단어

ที่ทำการไปรษณีย์	우체국	บ่าย	오후
ส่ง	보내다	ธนาณัติ	우편환
รับ	받다	ว่าง	한가하다
พัสดุ	소포	ใคร	누구
เพื่อน	친구	ฝรั่งเศส	프랑스
โต๊ะ	탁자, 책상	ประชาสัมพันธ์	안내
ต่างประเทศ	외국	ที่ไหน	어디
พนักงาน	직원	ชั้น	층
ขวามือ	오른편	ตาม	~에 따라
ใบแจ้ง	통지서	เสีย	(세금, 벌금을) 내다
ภาษี	세금	เตรียม	준비하다
รอ	기다리다	อีเอ็มเอส(EMS)	국제특급우편
โปสการ์ด	엽서	เขียน	쓰다
แผนก	부, 부서	จดหมายลงทะเบียน	등기우편
ด่วน	급하다	พิเศษ	특별한
ค่าส่ง	송료	เกาหลี	한국
ติด	붙이다	แสตมป์	우표
เท่าไร	얼마	น่าจะ	~함 직하다, ~해야하다
เสร็จ	끝나다	ธุระ	일, 용무

문법설명

1 기수와 서수

기수는 단순하게 수량을 나타내는 데 비해, 서수는 순서를 나타냅니다. 태국어에서 기수는 수사와 형태사의 결합으로 나타나며, 서수는 형태사와 ที่ 그리고 수사가 결합된 형태로 나타납니다. 이때 ที่는 생략되는 경우가 있습니다. 기수에 있어서 수사가 1인 경우에는 그 수사가 생략되거나 형태사와의 도치가 가능합니다.

ชั้นที่ 2	두 번째 층	2 ชั้น	이층(짜리)
ชั้น 2	두 번째 층	อาคาร 5 ชั้น	오층 건물

2 조동사 ต้อง 의 용법

태국어의 조동사 ต้อง은 의무 또는 당연의 의미를 나타내는 전치조동사 로, 부정소 ไม่의 앞과 뒤에 모두 나타날 수 있습니다.

คุณต้องเสียภาษี 150 บาทครับ	당신은 150 바트의 세금을 내야 합니다.
ผมต้องไปทำงาน	나는 일하러 가야만 합니다.
ผมไม่ต้องไปทำงาน	나는 일하러 갈 필요가 없습니다.
ผมต้องไม่ไปทำงาน	나는 일하러 가지 않아야 합니다.

3 동사선행어 ไป/มา와 รับ의 결합

태국어의 ไป와 มา가 또 다른 동사와 결합하여 동사구를 이루는 경우가 있습니다. 이때 ไป와 มา는 동사선행어로 뒤에 나오는 주동사 혹은 본동사 의 동작을 행하기 위하여 움직이는 방향을 나타내며, 주된 의미가 주동 사에 있기 때문에 ไป와 มา는 상대적으로 약하게 발음됩니다. รับ은 일반적으로 '받다'의 의미이나 목적어를 사람으로 취하는 경우에는 '마중하다'의 의미를 나타냅니다.

ผมมารับของ	저는 물건을 받으러 왔습니다.
คุณไปรับหนังสือที่ไหน	당신은 어디로 책을 받으러 갑니까?
เขาไปรับเพื่อนที่สนามบิน	그는 공항에 친구를 마중하러 갑니다.
มีคนจะมารับคุณไหม	당신을 마중 나올 사람이 있습니까?

4 의문사를 이용한 의문문

태국어에서 의문문은 의문어조사 หรือ, ไหม 등을 사용하거나 ใคร, อะไร, ที่ไหน와 같은 의문사를 사용하여 나타낼 수 있습니다. 또한 ไหน와 같은 의문형용사에 의해서 나타나기도 합니다.

คุณเป็นคนเกาหลีหรือ	당신은 한국사람입니까?
จะไปดูหนังด้วยกันไหม	같이 영화 보러 갈래요?
คนไหนเป็นน้องของคุณ	어떤 사람이 당신의 동생입니까?
ใครส่งมาให้	누가 보내 왔습니까?
รับพัสดุต่างประเทศที่ไหน	외국소포를 어디에서 받습니까?
ติดแสตมป์เท่าไร	우표를 얼마나 붙입니까?

보충설명

태국의 우체국은 업무와 서비스 제공형태에 따라 여러 종류로 나뉩니다. 일반적으로 태국 우체국은 오전 8 시부터 오후 4 시 30 분까지 업무를 합니다. 한편 짜오프라야 강변에 있는 짜른끄룽로드에 위치한 태국중앙우체국의 경우 일반우체국과는 달리 업무시간이 더 길고, 주말에도 문을 엽니다. 월요일부터 금요일까지는 오전 8 시~오후 8 시, 그리고 주말에는 오전 8 시~오후 1 시까지 이용이 가능합니다. 중앙우체국에서는 인터넷 이용 서비스를 24 시간 제공합니다. 이용요금은 분당 1 바트이고, 100, 300 바트짜리 선불카드로 이용할 수 있습니다. 외국과의 화상회의 서비스도 제공합니다. 태국 우체국의 이용에 관한 자세한 사항은 www.thailandpost.co.th 에서 볼 수 있습니다.

문형연습

1. บ่ายนี้คุณว่างไหม

   오늘 오후에 한가하세요?

   บ่ายนี้ไม่ว่าง มีธุระ

   오늘 오후에 한가하지 않습니다. 볼일이 있습니다.

   บ่ายนี้ไม่ว่าง บ่ายพรุ่งนี้ว่าง

   오늘 오후에는 시간이 없습니다. 내일 오후에는 한가합니다.

   บ่ายนี้ว่าง คุณจะไปไหน

   오늘 오후에 시간이 빕니다. 당신은 어디 갈 거예요?

2. ไปไปรษณีย์กันหน่อย

   우체국에 같이 좀 갑시다.

   ไปสิ ผมก็อยากไปที่นั่น

   갑시다. 나도 거기 가고 싶어요.

   ขอโทษ ผมมีธุระ

   죄송합니다. 나는 볼일이 있어요.

3. คุณจะไปไปรษณีย์ทำไม

   당신 우체국에 왜 가요?

   ผมจะไปรับเงิน

   나는 돈을 받으러 가요.

   ผมจะไปส่งเงิน

   나는 돈을 보내러 가요.

4. ใครส่งธนาณัติมาให้คุณ

   누가 당신에게 우편환을 보냈어요?

   คุณพ่อส่งธนาณัติมาให้ผม

   아버지가 저에게 우편환을 보냈습니다.

   คุณแม่ส่งธนาณัติมาให้ผม

   어머니가 저에게 우편환을 보냈습니다.

   เพื่อนส่งธนาณัติมาให้ผม

   친구가 저에게 우편환을 보냈습니다.

5. ใครส่งพัสดุมาให้คุณ
누가 당신에게 소포를 보냈습니까?
เพื่อนที่ฝรั่งเศสส่งพัสดุมาให้
프랑스에서 친구가 소포를 보냈습니다.
เพื่อนที่ต่างประเทศส่งมาให้
외국에서 친구가 소포를 보냈습니다.

6. ขอรับพัสดุต่างประเทศที่ไหน
외국소포를 어디에서 받을 수 있습니까?
ชั้นที่สาม ขวามือ
3층 오른쪽입니다.
ชั้นบน ซ้ายมือ
위층 왼쪽입니다.
ชั้นล่าง ตรงไป
아래층(일층)입니다. 똑바로 가세요.

7. คุณมีใบแจ้งจากไปรษณีย์หรือเปล่า
당신 우체국의 통지서 가지고 있습니까?
มีครับ ใบแจ้งจากไปรษณีย์อยู่นี่
있습니다. 우체국의 통지서 있어요, 여기.
ไม่มีครับ ผมไม่มีใบแจ้งจากไปรษณีย์
없습니다. 저는 우체국의 통지서가 없어요.

8. คุณต้องเสียภาษีเท่าไร
당신은 세금을 얼마나 내야만 합니까?
ผมต้องเสียภาษี 50 บาท
저는 세금을 50 바트 내야만 합니다.
ผมต้องเสียภาษีแพงมาก
저는 매우 비싼 세금을 내야만 합니다.
ผมไม่ต้องเสียภาษีเลย
저는 세금을 낼 필요가 없습니다.

9. ทำไมคุณต้องเสียภาษี
왜 당신은 세금을 내야만 합니까?
เพราะเป็นของต่างประเทศ

왜냐하면 외국물건이기 때문입니다.

เพราะเป็นพัสดุต่างประเทศ

왜냐하면 외국소포이기 때문입니다.

10. คุณเตรียมเงินมาเสียภาษีหรือเปล่า

당신은 세금 낼 돈을 준비해 오셨습니까?

ผมเตรียมเงินมาแล้ว

저는 돈을 준비해 왔습니다.

ขอโทษ ผมไม่ได้เตรียมเงินมา

죄송합니다. 저는 돈을 준비해 오지 않았습니다.

ผมเตรียมเงินมานิดหน่อยเท่านั้น

저는 돈을 조금 밖에 안 가지고 왔어요.

11. คุณจะส่งอีเอ็มเอสไหม

당신 EMS 보낼 거예요?

ผมจะส่งอีเอ็มเอส

저는 EMS를 보낼 거예요.

ผมจะส่งจดหมายธรรมดา

저는 보통우편을 보낼 거예요.

12. คุณซื้อโปสการ์ดทำไม

당신은 왜 엽서를 사요?

ผมจะเขียนโปสการ์ดถึงเพื่อน

저는 친구에게 엽서를 쓸 거예요.

ผมจะส่งไปต่างประเทศ

저는 외국에 보낼 거예요.

13. คุณเขียนจดหมายถึงใคร

당신은 누구에게 편지를 씁니까?

ผมเขียนจดหมายถึงเพื่อน

나는 친구에게 편지를 씁니다.

ผมเขียนจดหมายถึงอาจารย์

나는 교수님께 편지를 씁니다.

ผมเขียนจดหมายถึงคู่รัก

나는 애인에게 편지를 씁니다.

14. ติดแสตมป์เท่าไร
우표를 얼마나 붙여요?
ติดแสตมป์ 3 บาท
우표를 3 바트 붙여요.
ติดแสตมป์ 15 บาท
우표를 15 바트 붙여요.
ติดแสตมป์ 35 บาท
우표를 35 바트 붙여요.

15. ส่งจดหมายอย่างไรเร็วกว่า
어떻게 편지를 부치면 더 빠릅니까?
ส่งอีเอ็มเอสเร็วกว่า
EMS로 보내면 더 빠릅니다.
ส่งอีเอ็มเอสเร็วกว่าจดหมายธรรมดา
EMS로 보내면 보통우편보다 더 빠릅니다.

16. เสร็จธุระหรือยัง
볼일 끝났나요?
เสร็จแล้ว
끝났습니다.
กลับกันเถอะ
돌아갑시다.

줄거리

วีระชวนสมชายไปที่ทำการไปรษณีย์ด้วยกันตอนบ่าย เขาจะไปรับพัสดุที่เพื่อนที่ฝรั่งเศสส่งมาให้ สมชายตกลงเพราะเขาจะไปส่งธนาณัติด้วย ที่ที่ทำการไปรษณีย์วีระไปรับพัสดุและเสียภาษีพัสดุต่างประเทศ 150 บาท จากนั้นเขาไปส่งอีเอ็มเอสและสมชายไปส่งโปสการ์ดไปหาเพื่อนที่เกาหลี ก่อนกลับบ้าน วีระไปส่งธนาณัติเป็นเพื่อนสมชาย

제 14 과

ที่โรงพยาบาล
병원에서

본 문

วีระ อ้าว คุณมาทำอะไรที่นี่
어! 너 여기 뭐 하러 왔어?

สมชาย มาหาหมอ ไม่สบาย
의사 선생님 만나러 왔어. 아파서

วีระ (แตะหน้าผากสมชาย) ตัวร้อนด้วยนี่
(쏨차이의 이마를 만져보며) 몸도 뜨겁구나, 이거.

สมชาย ปวดหัวมากด้วย อาจจะเป็นไข้หวัดใหญ่
머리도 많이 아파. 아마도 독감인 것 같아.

วีระ พบหมอหรือยัง
의사 선생님은 만났어?

สมชาย พบแล้ว หมอฉีดยาและให้ยามาทานด้วย
만났어. 의사 선생님이 주사 놔 주고, 먹을 약도 주셨어.

สมชาย คุณล่ะ มาโรงพยาบาลทำไม
근데 넌? 병원에 왜 왔어?

วีระ มาเยี่ยมเพื่อนคุณพ่อ
아버지 친구분을 찾아왔어.

สมชาย ท่านป่วยเป็นอะไร
그분이 어떻게 편찮으신데?

วีระ รถชนขาหัก
차에 부딪치서 다리가 부러졌어.

สมชาย ขอให้ท่านหายไวๆ นะ
그분이 빨리 쾌차하시길 바래.

วีระ ขอให้คุณหายเร็วๆ ด้วย
너도 빨리 낫기를 바래.

วีระ　คุณรีบกลับไปนอนพักเถอะ
넌 얼른 돌아가서 쉬어.
(ที่ห้องคนไข้ ครอบครัววินัยอยู่ด้วย) (병실에 위나이 가족들이 같이 있다)

วินัย　ไงปรีชา เจ็บมากไหม
어때, 쁘리차. 많이 아파?

ปรีชา　เจ็บซิ ไม่น่าถาม วีระไม่ได้มาด้วยหรือ
아프지. 물으나 마나지. 위라는 같이 안 왔어?

วีระ　(โผล่เข้ามาพอดี) มาครับ ผมจะมาชวนคุณลุงไปเตะฟุตบอล
(마침 들어오고 있다) 왔습니다. 제가 아저씨께 축구하러 가자고 권하러 왔어요.

ปรีชา　เอาซิ งั้นหลานไปเอาสนามมานี่นะ
그러자꾸나. 그럼 네가 가서 운동장을 이리로 가지고 오렴.

วีระ　ถ้าคุณลุงวิ่งได้ ผมจะไปแบกสนามมาเดี๋ยวนี้เลย
아저씨가 달릴 수 있다면 제가 가서 지금 당장 운동장을 짊어지고 올게요.

วินัย　ทำไมถึงถูกรถชนล่ะปรีชา
왜 차에 치인 거야, 쁘리차.

ปรีชา　ก็รถมันวิ่งขึ้นมาบนทางเท้าน่ะสิ
차가 달려서 보도 위로 올라왔어.

สุดา　ดิฉันมีดอกไม้มาเยี่ยมค่ะ
제가 꽃을 가져왔어요.

ปรีชา　หอมจังครับ ผมชอบดอกกุหลาบสีแดง
정말 향기롭습니다. 저는 빨간 장미를 좋아합니다.

อารยา　คุณลุงจะกลับบ้านได้เมื่อไรคะ
아저씨 언제 집에 돌아가실 수 있어요?

ปรีชา　อีกประมาณเดือนหนึ่งจ้ะ
약 한 달 정도 더 있다가.

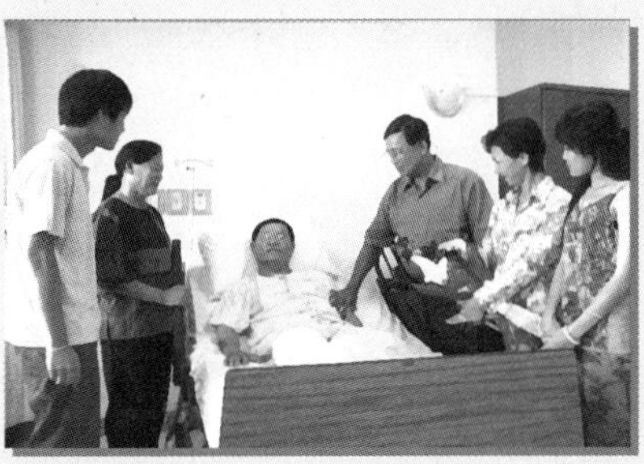

단 어

โรงพยาบาล	병원	หมอ	의사
สบาย	편안하다	แตะ	만지다
หน้าผาก	이마	ตัว	몸
ร้อน	뜨겁다	ปวด	아프다
หัว	머리	อาจ(จะ)	[미래조동사]
ไข้หวัดใหญ่	독감	พบ	만나다
ฉีด	주사 놓다	ยา	약
เยี่ยม	방문하다	ป่วย	편찮다
ชน	부딪치다	ขา	다리
หัก	부러지다	หาย	사라지다
ไว ๆ	신속하다, 빠르다	เร็ว	빠르다
รีบ	서두르다	กลับ	돌아가다
นอน	눕다	พัก	쉬다
ห้องคนไข้	병실	เจ็บ	아프다
ถาม	묻다	โผล่	나타내다, 출현하다
พอดี	마침	ชวน	권하다
คุณลุง	아저씨	เตะ	차다
ฟุตบอล	축구	หลาน	조카
สนาม	운동장	วิ่ง	달리다
แบก	짊어지다	ทำไม	왜
ทางเท้า	보도, 인도	ดอกไม้	꽃
หอม	향기롭다	ชอบ	좋아하다
ดอกกุหลาบ	장미꽃	สีแดง	빨간색
เมื่อไร	언제	ประมาณ	약, 대략
เดือน	달, 개월		

문법설명

1 หรือ를 사용한 선택 의문문

태국어의 의문어조사 หรือ는 선택 의문문을 만들기도 합니다. 이때 หรือ는 선행문과 후행문 중간에 위치합니다. 또 หรือ가 ยัง과 결합하는 경우에 후행문은 생략될 수 있습니다.

คุณจะไปเที่ยวพัทยาหรือบางแสน
당신은 팟타야에 놀러갈 거예요, 방쌘에 놀러갈 거예요?
คุณทานข้าวแล้วหรือยังไม่ทานข้าว
당신은 식사를 하셨나요, 아직 안 하셨나요?
คุณไปหาหมอหรือยัง
당신은 의사 선생님을 찾아 뵈었나요, 아직인가요?

2 ปวด, ป่วย, เจ็บ

ปวด과 เจ็บ은 신체부위를 목적어로 취하는 타동사인데 비해서 ป่วย는 목적어를 필요로 하지 않는 자동사입니다. 모두 아프다는 뜻이나 의미가 조금씩 다릅니다. ปวด은 일반적으로 통증을 수반하는 경우에 사용되고, ป่วย는 '(병을) 앓다'의 의미에 가까우며, เจ็บ은 (상처나 수술 등으로) 특정 부위가 아픈 것을 나타냅니다.

เขาป่วยอยู่โรงพยาบาล	그는 아파서 병원에 입원해 있습니다.
ผมปวดหัวมาก	저는 두통이 심합니다.
คุณเจ็บตรงไหน	당신은 어디가 아픕니까?

3 가지고 가다/오다의 표현

태국어에서 เอา는 '갖다, 취하다'의 의미를 지닌 타동사입니다. 이 เอา가 방향동사 ไป, มา와 결합하는 경우 '가져가다, 가져오다'의 의미를 나타냅니다. 이때 목적어는 실체성

명사가 주로 사용되고, ไป와 มา는 목적어가 이동하는 방향을 나타냅니다.

เอาหนังสือคืนมา	책 돌려주세요.
เธอไปเอาสนามมานี่นะ	네가 가서 운동장을 여기로 가져와.
เย็นนี้ คุณจะเอารถมาหรือเปล่า	오늘 저녁 당신은 차를 가지고 올 겁니까?

4 가능의 의미를 나타내는 조동사 ได้

태국어에서 ได้가 동사와 결합하여 가능의 의미를 나타내는 경우가 있습니다. 이때 ได้는 동사 뒤에 나타나면서 선행동사의 실행가능성을 나타냅니다. 부정문에서 사용되는 경우에는 부정소 ไม่가 선행동사와 ได้ 사이에 위치하게 됩니다.

จอดรถที่นี่ได้ไหม	여기 주차할 수 있어요?
ถ้าคุณลุงวิ่งได้	만약에 아저씨가 달릴 수 있다면요.
คุณลุงจะกลับบ้านได้เมื่อไรคะ	아저씨는 언제 집에 돌아가실 수 있나요?

보충설명

일반적으로 태국의 의료수준은 상당한 수준에 있으며, 시설면 에서는 과히 세계적인 수준이라 할 수 있습니다. 그러나 세계적인 의료서비스와 시설수준이라 함은 주로 방콕과 방콕 인근에 위치한 대규모 유명 종합병원들의 경우로 이러한 의료서비스와 시설을 이용하기 위해서는 많은 비용을 지불해야 합니다. 왜냐하면 외국인의 경우 의료보험이 적용되지 않기 때문입니다. 물론 노동허가서가 있는 외국인 및 가족들의 경우 의료보험 적용이 가능한 병원이 있기는 하나 의료보험 혜택이 적용되는 병원의 수준은 높지 않은 편입니다.

태국인의 경우 โครงการประกันสุขภาพถ้วนหน้า (전면의료보험계획) 또는 30 บาทรักษาทุกโรค 이라 하여 30 바트의 진료비로 기본적인 모든 질병들을 치료할 수 있는 국민의료보험제도가 있습니다. 하지만 이것 역시 제도 시행에 참여하는 국공립 병원에 한정되어 있습니다. 한국인 및 외국인이 주로 이용하는 병원은 밤룽랏병원

(โรงพยาบาลบำรุงราษฎร์), 방콕병원(โรงพยาบาลกรุงเทพ), 싸밋띠웻병원(โรงพยาบาลสมิติเวช), 방콕크리스찬병원 (โรงพยาบาลกรุงเทพคริสเตียน) 등입니다. 이들 유명 종합병원에는 한국인 통역이 있어 현지어나 영어를 할 줄 몰라도 진료를 받는데 별 어려움이 없으나 진료비가 비싼 것이 단점입니다.

문형연습

1. คุณมาทำอะไรที่นี่
   당신 여기 뭐 하러 왔어요?
   ผมมาหาหมอ
   저는 의사를 만나러 왔어요.
   ผมมาหาเพื่อน
   저는 친구를 찾아 왔어요.
2. ทำไมคุณมาหาหมอ
   왜 의사를 찾아 왔어요?
   ผมไม่สบาย
   제가 아파서요.
   ผมปวดหัว
   저는 머리가 아파요.
   ผมตัวร้อน
   저는 몸에 열이 납니다.
   ผมเป็นไข้
   저는 감기입니다.
3. คุณป่วยเป็นอะไร
   당신은 어떻게 아픕니까?
   ผมป่วยเป็นไข้หวัด
   저는 감기로 아픕니다.
   ผมป่วยเป็นไข้หวัดใหญ่
   저는 독감으로 아픕니다.
   ผมปวดหัวบ่อย ๆ

저는 머리가 자주 아픕니다.

ผมปวดหัวและตัวร้อน

저는 머리가 아프고 열이 납니다.

4. ทำไมเขาไม่มา

   왜 그가 오지 않습니까?

   เขาอาจไม่สบาย

   그는 아마도 아플 겁니다.

   เขาอาจมีธุระ

   그는 용무가 있을 겁니다.

   เขาอาจไม่ว่าง

   그는 한가하지 않을 겁니다.

5. คุณมาเยี่ยมใครที่โรงพยาบาล

   당신은 병원에 누구를 찾아 왔습니까?

   ผมมาเยี่ยมคุณลุงที่โรงพยาบาล

   저는 병원에 아저씨를 찾아 왔습니다.

   ผมมาเยี่ยมเพื่อนที่นี่

   저는 여기에 친구를 찾아 왔습니다.

6. คุณลุงเป็นอะไร

   아저씨가 어떻게 된 거예요?

   ท่านถูกรถชน

   그분은 차에 치였어요.

   ท่านถูกรถชนขาหัก

   그분은 차에 부딪혀서 다리가 부러졌어요.

7. เขารีบไปไหน

   그는 급히 어디에 갑니까?

   เขารีบไปหาหมอ

   그는 급히 의사를 찾아 갑니다.

   เขารีบกลับไปพักผ่อน

   그는 급히 돌아가 휴식합니다.

8. ทำไมเขาต้องพักผ่อน

왜 그는 쉬어야 합니까?

เพราะเขาเหนื่อยมาก

왜냐하면 그는 매우 피곤하기 때문입니다.

เพราะเขาไม่สบายมาก

왜냐하면 그는 많이 아프기 때문입니다.

9. หมอฉีดยาเจ็บไหม

의사가 주사 놓는 것이 아픕니까?

หมอฉีดยาเจ็บมาก

의사가 주사 놓는 것이 많이 아픕니다.

หมอฉีดยาไม่เจ็บเลย

의사가 주사 놓는 것은 아프지 않아요.

10. ไปหาหมอกันไหมล่ะ

의사 만나러 갈까?

ไม่ไปหรอก ไม่น่าไปเลย

안 갈 거야. 갈 정도는 아니야.

ไปสิ ไม่น่าถามเลย

가자. 물을 필요 없어.

11. ไปดูหนังกันไหม

영화 보러 갈까요?

ไปสิ ไม่น่าถามเลย

갑시다. 물을 필요 없어요.

ไม่ไปหรอก หนังไม่น่าดูเลย

안 가요. 영화가 볼만 하지 않아요.

12. รถชนคุณได้ยังไง

차가 어떻게 당신을 칠 수 있었어요?

รถมันวิ่งขึ้นมาบนทางเท้า

차가 보도 위로 달려 들었어요.

รถมันวิ่งขึ้นมาบนทางเดิน

차가 인도 위로 달려 들었어요.

13. วีระชวนคุณลุงไปไหน

위라가 아저씨에게 어디에 가자고 권합니까?

เขาชวนท่านไปเตะฟุตบอล

그는 그분에게 축구하러 가자고 권합니다.

เขาชวนท่านไปเล่นฟุตบอล

그는 그분에게 축구하러 가자고 권합니다.

14. เราเล่นฟุตบอลที่ไหน

우리 어디에서 축구를 합니까?

เราเล่นฟุตบอลที่สนาม

우리는 운동장에서 축구를 합니다.

เราเล่นฟุตบอลที่สนามฟุตบอล

우리는 축구장에서 축구를 합니다.

15. ถ้าคุณลุงวิ่งได้ วีระจะทำอะไร

만약 당신이 뛸 수 있다면 위라는 무엇을 할까요?

ถ้าคุณลุงวิ่งได้ วีระจะแบกสนามมา

만약 아저씨가 달릴 수 있다면 위라는 운동장을 짊어지고 올 거예요.

ถ้าคุณลุงวิ่งได้ วีระจะชวนไปเล่นฟุตบอล

만약 아저씨가 달릴 수 있다면 위라는 축구하러 가자고 권할 거예요.

ถ้าคุณลุงวิ่งได้ วีระจะหัวเราะ

만약 아저씨가 달릴 수 있다면 위라는 웃을 거예요.

16. ถ้าไม่สบาย คุณจะทำอย่างไร

만약 아프다면 당신은 어떻게 하겠습니까?

ถ้าไม่สบาย ผมจะไปหาหมอ

만약 아프다면 저는 의사를 찾아 가겠습니다.

ถ้าไม่สบาย ผมจะซื้อยามาทาน

만약 아프다면 저는 약을 사와서 먹겠습니다.

ถ้าไม่สบาย ผมจะนอนพักผ่อน

만약 아프다면 저는 누워서 쉬겠습니다.

ถ้าไม่สบาย ผมจะไปฉีดยา

만약 아프다면 저는 가서 주사를 맞겠습니다.

줄거리

วีระกับครอบครัวไปเยี่ยมปรีชาเพื่อนของวินัยที่โรงพยาบาล วีระพบสมชายที่โรงพยาบาลด้วย สมชายไปหาหมอเพราะตัวร้อน และปวดหัวมาก อาจจะเป็นไข้หวัดใหญ่ เขาอวยพรให้สมชายหายหวัดเร็วๆ ที่ห้องคนไข้ ครอบครัวของวินัยสนทนาอยู่กับปรีชา เขาถูกรถชนขาหัก เพราะรถวิ่งขึ้นมาบนทางเท้า สุดานำดอกกุหลาบสีแดงไปเยี่ยมเขา เขาต้องรักษาตัวในโรงพยาบาลอีกประมาณหนึ่งเดือน วีระพูดล้อเล่นว่าจะชวนปรีชาไปเตะฟุตบอล

제 15 과 ไปเยี่ยมคุณปู่คุณย่าที่ต่างจังหวัด
친할아버지 할머니 방문

본 문

(ที่บ้าน) (집에서)

สุดา รีบหน่อยค่ะ รถไฟออกเจ็ดโมงตรง
좀 서둘러요. 기차가 7시 정각에 출발해요.

วินัย ไปกันได้แล้วนี่
갈 수 있겠다, 이제.

(ที่สถานีรถไฟ) (기차역에서)

วินัย ขอตั๋วชั้น 2 กรุงเทพฯ - บ้านไผ่ 4 ใบครับ
방콕-반파이 2등표 4장 주세요.

คนขายตั๋ว นี่ครับ ตั๋ว 4 ใบ
여기 있습니다. 표 4장.

(บนรถไฟ) (기차에서)

อารยา หนูขอนั่งติดหน้าต่างนะคะ นี่หรือคะ ทุ่งนา แหม กว้างสุดสายตานะคะ
제가 창가에 앉을 게요. 이건가요? 평야가. 어머! 끝이 안 보이게 넓어요.

วีระ เราถึงสระบุรีแล้ว เราทานข้าวเช้าที่นี่เถอะ
우리 싸라부리에 도착했어요. 우리 여기서 아침 먹어요.

อารยา ซื้อข้าวห่อดีไหมคะ โอเลี้ยงอีก 4 ถุง ทางนี้มีแต่ภูเขานะคะ
도시락 사는 거 좋아요? 올리양도 4 봉지. 이쪽에는 산만 있어요.

วีระ จ้ะ แต่เป็นภูเขาเตี้ยๆ ไม่สูงเหมือนทางภาคเหนือ
그래. 하지만 낮은 산들이지. 북쪽처럼 높지 않아.

สุดา ถึงบ้านไผ่แล้ว
반파이에 도착했어요.

วีระ บ่ายโมงครึ่งพอดีครับ
마침 1시 반이에요.

วินัย สามล้อ ช่วยขนกระเป๋าหน่อย

삼륜자전거(쌈러)! 가방 좀 옮겨 주십시오.

อารยา นั่งสามล้อสนุกดีจังนะคะ กรุงเทพฯไม่เห็นมีสามล้อเลย

삼륜자전거 타는 것이 정말로 재미있어요.
방콕에선 삼륜자전거 있는 거 못 봤어요.

วินัย เมื่อก่อนก็มีนะ

예전에는 있었단다.

(ที่บ้านคุณปู่ในเขตชนบท) (시골의 할아버지 집에서)

วินัย สวัสดีครับคุณพ่อคุณแม่ ผมพาครอบครัวมาเยี่ยมครับ

안녕하세요, 아버지, 어머니. 제가 가족들을 데리고 왔어요.

ปู่ โอ้โฮ วีระเป็นหนุ่มแล้ว

와! 위라는 청년이 다 됐구나.

ย่า อารยาก็เป็นสาวแล้ว

아라야도 아가씨가 다 됐어.

วีระ คุณปู่คุณย่ายังแข็งแรงอยู่ คุณอาล่ะครับ

할아버지 할머니도 여전히 건강하시네요. 삼촌은요?

ปู่ ให้อาหารหมูอยู่หลังบ้าน

집 뒤쪽에서 돼지 밥을 주고 있어.

อารยา คุณย่าเลี้ยงเป็ดด้วยหรือคะ

할머니는 오리도 키우시나요?

ย่า ใช่ลูก เลี้ยงทั้งเป็ด ไก่ หมู

그래, 얘야. 오리, 닭, 돼지 모두 키워.

วีระ ที่บ้านของผมมีแต่หมากับแมวเท่านั้นล่ะครับ

우리 집에는 개하고 고양이만 있어요.

단 어

เยี่ยม	방문하다	ปู่	(친)할아버지
ย่า	(친)할머니	ต่างจังหวัด	지방
รีบ	서두르다	รถไฟ	기차
ออก	출발하다	ตรง	정각, 정시
สถานีรถไฟ	기차역	ซื้อ	사다
ตั๋ว	표	ชั้น	급, 칸
ใบ	[형태사] 장	คนขายตั๋ว	매표원
หนู	저(1인칭 대명사)	นั่ง	앉다
ติด	붙다	หน้าต่าง	창문
ทุ่งนา	평야	กว้าง	넓다
สายตา	시선	ถึง	도착하다
ข้าวเช้า	아침식사	ข้าวห่อ	도시락
โอเลี้ยง	태국식 냉커피	ถุง	봉지
ภูเขา	산	เตี้ย	낮다
สูง	높다	เหมือน	마찬가지다
ภาคเหนือ	북부(北部)	บ่ายโมง	오후 1시
ครึ่ง	반	สามล้อ	삼륜자전거
ขน	옮기다	กระเป๋า	가방
สนุก	재미있다	เห็น	보다
เขต	지역	ชนบท	시골
พา	데려가다(오다)	ครอบครัว	가족
หนุ่ม	청년	สาว	아가씨
แข็งแรง	건강하다	อา	삼촌

ให้	주다	อาหาร	음식
หมู	돼지	หลัง	뒤
เลี้ยง	기르다	เท่านั้น	단지, ~만

문법설명

1 형태사와 형상명사 ใบ / ถุง

태국어의 형태사는 선행명사의 단위뿐만 아니라 그 명사의 형태를 드러내 주기도 합니다. 또한 문장 맨 앞머리에 선행명사가 생략되고 형태사만 나타나는 경우가 있는데, 이때의 형태사는 형상명사로 기능 합니다.

นี่ครับ ตั๋ว 4 ใบ	여기요. 표 4장
(ตั๋ว)ใบนี้เท่าไร	이 표는 얼마입니까?
โอเลี้ยง 4 ถุง	올리양 4 봉지
(โอเลี้ยง)ถุงละเท่าไร	(올리양) 한 봉지에 얼마예요?

2 ขอ의 용법

태국어에서 ขอ는 요청의 의미를 나타내며 명사와 결합하기도 하고, 동사와 결합하기도 합니다.

ขอน้ำแก้วหนึ่ง	물 한 잔 주세요.
ขอปากกาหน่อย	펜 좀 주세요.
ขอซื้อตั๋ว	표 사고자 합니다.
หนูขอนั่งติดหน้าต่าง	제가 창가에 앉을 게요.

3 ดีไหม의 용법

태국어에서 ดีไหม가 문장의 끝머리에 나타나는 경우에 문장 내용 전체에 대한 의사를 타진하거나 동의를 구하는 내용을 표현합니다.

ซื้อข้าวห่อดีไหมคะ	도시락 사는 거 좋아요?
ไปทานอาหารเกาหลีดีไหม	한국음식 먹으러 가는 거 좋아요?

4 부사 ยัง의 용법

태국어의 ยัง은 일반적으로 '아직' 또는 '여전히'의 의미를 지닌 부사어 입니다. 또한 방향의 의미를 나타내는 전치사로 사용되기도 합니다.

คุณปู่คุณย่ายังแข็งแรงอยู่	할아버지와 할머니는 여전히 건강하십니다.
เขายังไม่ได้ตื่น	그는 아직 안 일어났습니다.
รถคันนี้ไปยังเชียงใหม่	이 버스는 치양마이로 갑니다.

5 데리고 가다/오다의 용법

태국어에서 พา는 ไป, มา와 결합하여 데리고 가다, 데리고 오다의 의미를 나타내는 부동사입니다. พา가 타동사이기 때문에 목적어를 취하는데, 이때 목적어는 주로 생명체의 속성을 지니며, 본동사 พา와 부동사 ไป, มา의 사이에 위치하게 됩니다.

ผมพาครอบครัวมาเยี่ยมครับ
제가 가족을 데리고 방문했습니다.
โอกาสหน้า ผมจะพาพวกคุณไปเที่ยวอีก
다음에 제가 또 당신들을 데리고 놀러가도록 하겠습니다.

보충설명

태국어의 형태사는 단위로서의 기능 뿐만 아니라 명사의 형태를 드러내주는 기능을 하기도 합니다. 일상 생활에서 자주 사용하는 형태사에는 다음과 같은 것들이 있습니다.

คัน	자동차, 우산, 숟가락 (대, 개)	ชั้น	건물의 층, 등급 (층, 급)
เครื่อง	기계류, 라디오, 전화 (대)	ห้อง	방 (개, 실)
ก้อน	돌, 비누, 덩어리로 된 것 (개, 덩어리)	ครั้ง	회수 (회, 번, 차)
เล่ม	책, 공책, 칼 (권, 자루)	อย่าง	물건의 종류 (가지, 종류)
ขบวน	열차, 대열 (대, 열)	ที่	인원수 (~인분, 자리, 좌석)
คน	사람 (사람, 명)	แก้ว	컵, 유리잔 (잔, 컵)
คู่	짝으로 이루어진 것 (켤레, 쌍)	ถ้วย	커피잔, 찻잔, 그릇 (잔, 공기)
ฉบับ	신문, 잡지, 편지, 서류 (장, 통)	ขวด	병 (병)
ชิ้น	일부분 (조각, 쪽, 토막)	ชาม	대접, 그릇 (그릇)
ชุด	한 벌 또는 세트로 된 것 (벌, 세트)	จาน	접시 (접시)
ซอง	봉투, 담배 (장, 갑)	ลูก	과일, 공 등 둥글게 생긴 것 (개)
ต้น	나무 (그루)	หลัง	집, 건물 (채, 동)
เชือก	코끼리 (마리)	ตัว	동물, 의자, 옷 (마리, 개)
ดอก	꽃 (송이)	อัน	형태가 뚜렷하지 않은 물건 (개)
ดวง	우표, 전구, 달 , 별 (장, 구, 개)	ผืน	옷감, 담요, 수건 (장)
แท่ง	연필, 양초 (자루, 개)	แผ่น	종이, 유리, 레코드, CD (장)
ใบ	접시, 종이, 나뭇잎, 모자 (개, 잎, 장)	เม็ด	알약, 보석, 단추 (알, 개, 정)
ฟอง	계란, 알 (개)	รูป	사진, 그림, 승려 (장, 점, 분)
ลำ	비행기, 배 (대, 척)	โรง	극장, 병원, 영화관 (군데, 곳, 관)

문형연습

1. ทำไมคุณจึงรีบ

   왜 당신은 서두릅니까?

   ผมรีบเพราะรถไฟออกแต่เช้า

   기차가 아침 일찍 출발하기 때문에 저는 서두릅니다.

   ผมรีบเพราะรถไฟออกเจ็ดโมงตรง

   기차가 정각 7시에 출발하기 때문에 저는 서두릅니다.

2. คุณไปต่างจังหวัดอย่างไร

   당신은 지방에 어떻게 가십니까?

   ผมไปรถไฟ

   저는 기차로 갑니다.

   ผมไปรถทัวร์

   저는 (시외)버스로 갑니다.

3. ไปกันได้หรือยัง

   가도 되겠니?

   ไปกันได้แล้ว

   가도 됩니다.

   ไปกันได้แล้วนี่

   가도 된다. 이제.

   เดี๋ยวก่อน ยังไปไม่ได้

   잠시만요. 아직 갈 수 없어요.

4. คุณจะซื้อตั๋วอะไร

   당신은 무슨 표를 살 거예요?

   ผมจะซื้อตั๋วรถไฟ

   저는 기차표를 살 거예요.

   ผมจะซื้อตั๋วโดยสารรถไฟ

   저는 기차 승차권을 살 거예요.

   ผมจะซื้อตั๋วหนัง

   저는 영화표를 살 거예요.

5. คุณจะซื้อตั๋วโดยสารชั้นไหน

   당신은 어느 등급 승차권을 살 거예요?

   ผมจะซื้อตั๋วโดยสารชั้นที่หนึ่ง

   저는 일등칸 승차권을 살 거예요.

   ผมจะซื้อตั๋วโดยสารชั้นหนึ่ง

   저는 일등칸 승차권을 살 거예요.

6. ทุ่งนากว้างมากไหม

   평야가 많이 넓습니까?

   กว้างมาก

   매우 넓습니다.

   กว้างสุดสายตา

   끝이 안보이게 넓습니다.

   กว้างจริง ๆ

   정말로 넓어요.

7. ถึงไหนแล้ว

   어디에 도착했어요?

   ถึงสระบุรีแล้ว

   싸라부리에 도착했어요.

   ถึงบ้านคุณปู่แล้ว

   할아버지 댁에 도착했어요.

8. คุณจะทานข้าวเช้าอย่างไร

   당신은 아침식사를 어떻게 드실 거예요?

   ผมจะทานบนรถไฟ

   저는 기차에서 먹겠습니다.

   ดิฉันจะซื้อข้าวห่อทาน

   저는 도시락을 사서 먹겠습니다.

9. คุณชอบดื่มโอเลี้ยงหรือน้ำส้ม

   당신은 올리앙 마시는 것을 좋아합니까, 아니면 오렌지주스 마시는 것을 좋아합니까?

ผมชอบดื่มโอเลี้ยง

저는 올리양 마시는 것을 좋아합니다.

หนูชอบดื่มน้ำส้ม

저는 오렌지주스 마시는 것을 좋아합니다.

10. ทางนี้มีแต่อะไร

이쪽은 무엇만 있습니까?

ทางนี้มีแต่ภูเขา

이쪽은 산만 있습니다.

ทางนี้มีแต่ที่ราบ

이쪽은 평지만 있습니다.

11. รถไฟถึงบ้านไผ่กี่โมง

기차는 몇 시에 반파이에 도착합니까?

รถไฟถึงบ้านไผ่บ่ายโมงครึ่งพอดี

기차는 마침 오후 한 시 반에 반파이에 도착합니다.

รถไฟถึงบ้านไผ่บ่ายสองโมงพอดี

기차는 마침 오후 두 시에 반파이에 도착합니다.

12. ใครช่วยขนกระเป๋า

누가 가방 옮기는 것을 도와줍니까?

สามล้อช่วยขนกระเป๋า

삼륜자전거가 가방 옮기는 것을 도와줍니다.

คนขับสามล้อช่วยขนกระเป๋า

삼륜자전거 운전사가 가방 옮기는 것을 도와줍니다.

คนขับรถช่วยขนกระเป๋า

운전사가 가방 옮기는 것을 돕습니다.

13. นั่งสามล้อเป็นอย่างไร

삼륜자전거 타는 것이 어때요?

นั่งสามล้อสนุกดี

삼륜자전거 타는 것이 재미있어요.

นั่งสามล้อสบายดีจัง

삼륜자전거 타는 것이 정말 편안해요.

นั่งสามล้อช้าเป็นเต่า

삼륜자전거 타는 것은 거북이처럼 느려요.

14. วินัยพาใครมาเยี่ยมคุณปู่คุณย่า

위나이가 누구를 데리고 할아버지와 할머니를 방문했습니까?

วินัยพาครอบครัวมาเยี่ยมท่าน

위나이는 가족을 데리고 그분들을 방문했습니다.

วินัยพาภรรยาและลูก ๆ มาเยี่ยม

위나이는 아내와 자녀들을 데리고 방문했어요.

15. ใครเป็นหนุ่มแล้ว

누가 청년이 되었습니까?

วีระเป็นหนุ่มแล้ว

위라가 청년이 되었습니다.

ลูกชายของวินัยเป็นหนุ่มแล้ว

위나이의 아들이 청년이 되었습니다.

16. ใครเป็นสาวแล้ว

누가 아가씨가 되었습니까?

อารยาเป็นสาวแล้ว

아라야가 아가씨가 되었습니다.

ลูกสาวของวินัยเป็นสาวแล้ว

위나이의 딸이 아가씨가 되었습니다.

เธอเป็นสาวแล้ว

그녀가 아가씨가 되었습니다.

17. ใครยังแข็งแรงอยู่

누가 여전히 건강합니까?

คุณปู่ยังแข็งแรงอยู่

할아버지가 여전히 건강합니다.

คุณย่ายังแข็งแรงอยู่

할머니가 여전히 건강합니다.

ท่านทั้งสองยังแข็งแรงอยู่

두 분 모두 여전히 건강합니다.

18. คุณอาทำอะไรอยู่หลังบ้าน

삼촌은 집 뒤편에서 무엇을 하고 있습니까?

คุณอาให้อาหารหมูอยู่หลังบ้าน

삼촌은 집 뒤편에서 돼지에게 밥을 주고 있습니다.

คุณอาให้อาหารไก่อยู่หลังบ้าน

삼촌은 집 뒤편에서 닭에게 모이를 주고 있습니다.

19. คุณปู่เลี้ยงอะไร

할아버지는 무엇을 기릅니까?

คุณปู่เลี้ยงเป็ด

할아버지는 오리를 기릅니다.

คุณปู่เลี้ยงไก่

할아버지는 닭을 기릅니다.

คุณปู่เลี้ยงหมู

할아버지는 돼지를 기릅니다.

ท่านเลี้ยงเป็ด ไก่ และหมู

그분은 오리, 닭, 그리고 돼지를 기릅니다.

20. ที่บ้านวีระมีแต่อะไรเท่านั้น

위라네 집에는 무엇만 있습니까?

ที่บ้านวีระมีแต่หมาเท่านั้น

위라네 집에는 개만 있습니다.

ที่บ้านเขามีแต่แมวเท่านั้น

그의 집에는 고양이만 있습니다.

ที่บ้านเขามีแต่หมากับแมวเท่านั้น

그의 집에는 개와 고양이만 있습니다.

줄거리

วินัยกับสุดาพาลูก ๆ ขึ้นรถไฟไปเยี่ยมปู่กับย่าที่บ้านไผ่ พวกเขาทานข้าวห่อกับโอเลี้ยงเป็นอาหารเช้าบนรถไฟ เมื่อถึงสถานีบ้านไผ่ วินัยพาครอบครัวขึ้นสามล้อไปบ้านพ่อแม่ พ่อแม่ของวินัยยังแข็งแรงอยู่ และดีใจที่ได้พบหลาน ๆ ที่โตเป็นหนุ่มเป็นสาวแล้ว ที่บ้านนั้นเลี้ยงทั้งเป็ด ไก่ และหมู น้องของวินัยกำลังให้อาหารหมูอยู่หลังบ้าน

제 16 과

เที่ยวชนบท
시골 구경

본 문

ปู่ ตื่นแต่เช้าเชียวนะหลาน
아침 일찍부터 일어났구나, 손자야

วีระ ได้ยินเสียงไก่ขันแล้วนี่ครับคุณปู่
닭이 우는 소리를 들었어요, 할아버지.

ปู่ ไปนาด้วยกันไหมล่ะ
논에 같이 갈래?

วีระ ไปครับ ผมอยากไปช่วยทำนา
갈게요. 저는 가서 논농사를 돕고 싶어요.

ปู่ ทำเป็นหรือ
할 줄 알아?

วีระ ไม่เป็นครับ แต่อยากลองดู
몰라요. 그렇지만 해 보고 싶어요.

(ที่ท้องนา) (논에서)

วีระ อากาศสดชื่นดีจังครับ ผมอยากมาอยู่กับคุณปู่
날씨가 정말로 상쾌하니 좋아요. 저는 와서 할아버지하고 살고 싶어요.

ปู่ เอาสิ ถ้าอยากมา ต้องเรียนเกษตร แต่งานหนักนะ ตากแดดตากฝนน่ะ
그러렴. 만일 오고 싶다면 농사를 배워야만 한다.
그런데 일이 힘들다다. 뙤약볕에 쐬이고, 비노 맞아야 해.

วีระ ฝนตกหรือแดดร้อน ผมก็ไม่กลัวหรอกครับ
비가 와도 햇살이 뜨거워도 전 두렵지 않아요.

ปู่ ทำนาเสร็จแล้ว ก็ทำสวนทำไร่ ไม่มีวันหยุด

논일이 끝나고 나서는 과수원 일도 해야 하고, 밭일도 해야 하고 휴일이 없어.

วีระ คุณปู่ทำสวนอะไรครับ

할아버지는 무슨 농장을 하세요?

ปู่ สวนผลไม้ มีกล้วย มะพร้าวกับพืชผักต่างๆ ด้วย

과수원이야. 바나나, 야자와 각종 채소들이 있단다.

วีระ ไร่คุณปู่ปลูกอะไรบ้างครับ

할아버지 밭에는 어떤 것들을 심으셨어요?

ปู่ ปลูกแตงโม สับปะรด กับข้าวโพด

수박, 파인애플과 옥수수를 심었지.

วีระ ได้ผลเป็นยังไงบ้างครับ

수확이 어떤가요?

ปู่ แต่ละปีไม่เหมือนกัน ขึ้นอยู่กับดินฟ้าอากาศ

해마다 다르단다. 날씨에 달려있지.

วีระ บ้านของคุณปู่มีของกินเยอะแยะ อารยาคงชอบแน่

할아버지 댁에는 먹을 게 많아요. 아라야가 좋아할 게 확실해요.

단어

เที่ยว	놀러가다, 오다	ต่อ	계속하다
จาก	~로부터	ตื่น	일어나다
ได้ยิน	듣다	ขัน	(닭이) 울다
นา	논	อยาก	~하고 싶다
ช่วย	돕다	ทำนา	논농사짓다
ลอง	~해 보다	อากาศ	날씨
สดชื่น	상쾌하다	ถ้า	만약에
ต้อง	~해야 한다	เรียน	배우다
เกษตร	농사, 농업	งาน	일
หนัก	무겁다	ฝน	비
ตก	떨어지다, 내리다	แดด	햇살
เสร็จ	끝내다	สวน	과수원, 농장
ไร่	밭	วันหยุด	휴일
ผลไม้	과일	กล้วย	바나나
มะพร้าว	야자, 코코넛	พืชผัก	채소, 야채
ปลูก	심다	แตงโม	수박
สับปะรด	파인애플	ข้าวโพด	옥수수
ได้	얻다	ผล	열매, 과실
ดินฟ้าอากาศ	기후	ของกิน	먹을거리
เยอะแยะ	많다	แน่	확실하다

문법설명

1 가능을 나타내는 เป็น 과 ได้

태국어의 เป็น과 ได้는 모두 '~할 수 있다'는 가능의 의미를 나타 내지만 약간의 의미 차이가 있습니다. 모두 동사의 뒤에 위치하며, เป็น은 선행동사의 수행능력, ได้는 선행동사의 실행의 가부를 나타냅니다. 불가능의 의미를 나타낼 경우 부정소 ไม่가 선행동사와 เป็น, ได้ 사이에 위치하게 됩니다.

ทำเป็นหรือ – ไม่เป็นครับ	할 줄 아느냐? – 할 줄 모릅니다.
ทำได้ไหม	할 수 있습니까?
ผมขับรถได้	저는 운전을 할 수 있습니다.
ผมขับรถไม่ได้	저는 운전을 할 수 없습니다.
ผมขับรถเป็น	저는 운전을 할 줄 압니다.
ผมขับรถไม่เป็น	저는 운전을 할 줄 모릅니다.

2 접속사 ถ้า의 용법

태국어의 ถ้า는 문장 접속사로 사용되며, 조건절을 유도하는 기능을 합니다. 이때 조건절은 선행문으로 나타날 수도 있고, 후행문으로 나타날 수도 있습니다.

ถ้าอยากมา ต้องเรียนเกษตร
만약 오고 싶다면 농업을 배워야만 한다.
ถ้าผมมีเงิน 1 ล้านบาท ผมจะซื้อรถคันใหม่
만약 내가 백만 바트를 가지고 있다면 나는 새 차를 살 것이다.
ผมจะซื้อรถคันใหม่ ถ้าผมมีเงิน 1 ล้านบาท
나는 새 차를 살 것이다. 만약에 내가 백만 바트를 가지고 있다면.

③ 본동사 ได้의 용법

태국어의 ได้가 본동사로 사용되는 경우에 '얻다', 또는 '득하다', 그리고 '~하게 되다'의 의미를 나타냅니다.

ได้ผลเป็นยังไงบ้างครับ
수확은 어떤가요?
น้องได้อั่งเปาจากคุณปู่
동생은 할아버지로부터 세뱃돈이 든 빨간 봉투를 받았다.
ปีหน้าจะได้ไปเรียนต่อที่ประเทศไทย
내년에 태국으로 유학가게 될 것이다.

④ แต่ละ + 형태사의 용법

태국어에서 แต่ละ+형태사로 나타나는 경우에 '각각의, ~마다' 등의 의미를 나타냅니다.

แต่ละปีไม่เหมือนกัน	해마다 다르다.
แต่ละกลุ่ม มีสีของตัวเอง	각각의 그룹은 자신들의 색이 있다.

⑤ ขึ้นอยู่กับ +명사

ขึ้นอยู่กับ에 명사가 결합하여 '~에 달려 있다'의 의미를 나타냅니다. 이때 명사는 실체성 명사 및 비 실체성 명사 모두 올 수 있습니다. 유사한 의미를 나타내는 표현으로서 สุดแต่가 있는데, 이는 ขึ้นอยู่กับ보다 정중한 표현입니다.

ขึ้นอยู่กับดินฟ้าอากาศ
기후에 달려 있다.
มาทันหรือไม่นั้น ขึ้นอยู่กับสภาพจราจร
제 때에 오느냐 마느냐는 교통상황에 달려 있다.
สุดแต่ท่าน
당신에게 달려 있습니다.

보충설명

태국은 망고, 두리얀, 망고스틴, 파인애플, 수박, 파파야, 바나나 등 수많은 열대 과일을 연중 즐길 수 있는 과일의 천국입니다. 이 중 에서도 과일의 왕이라 불리는 두리얀은 지옥의 냄새, 천국의 맛으로 잘 알려져 있습니다. 냄새가 강해 태국의 호텔에서는 반입이 금지 되어 있으므로 이 점을 주의하여야 합니다. 또한 과일의 여왕이라 불리는 망고스틴이 유명합니다. 이 외에도 망고, 람부탄, 구아바, 파인애플 등 우리나라에서는 흔히 볼 수 없는 열대과일이 사시사철 풍부합니다. 태국에서 1년을 꼬박 머문다면 일년내내 신선한 과일이 넘쳐나는 것을 실감할 수 있을 것입니다. 특히 5월과 6월에 이르는 여름철이 최고의 과일시즌이라 할 수 있는데, 이 시기에 짠타부리나 라영, 뜨랏 도 등에 위치한 태국 동부지방에서는 많은 과수원들이 관광객들에게 과수원을 개방하여 과수원 관광 뿐만 아니라 과일 수확, 과일 시식 등에 참여할 수 있는 다양한 이벤트를 제공합니다. 또한 저렴한 가격에 직접 수확한 과일을 모두 가져갈 수 있는 행사도 엽니다.

문형연습

1. เพราะอะไรคุณจึงตื่นแต่เช้า

   무엇 때문에 당신은 아침 일찍부터 일어났어요?

   เพราะไก่ขันผมจึงตื่นแต่เช้า

   닭이 울어서 제가 아침 일찍부터 일어났어요.

   เพราะมีธุระผมจึงตื่นแต่เช้า

   볼일이 있어서 제가 아침 일찍부터 일어났어요.

   เพราะอากาศร้อนผมจึงตื่นแต่เช้า

   날씨가 더워서 제가 아침부터 일어났어요.

2. คุณจะไปช่วยทำนาหรือ

   당신 가서 논농사 도우려구요?

   ใช่ ผมจะไปช่วยทำนา

   네, 저는 가서 논농사를 돕겠습니다.

   ไม่ใช่ ผมทำนาไม่เป็นหรอก

   아니오, 저는 논농사를 할 줄 몰라요.

ไม่ใช่ ผมจะไปดูเขาทำนา

아니오, 저는 가서 그가 논농사 짓는 것을 보겠어요.

ไม่ใช่ ผมจะไปดูเขาเฉยๆ

아니오, 저는 가서 그냥 그를 볼 거예요.

3. เพราะอะไรคุณจึงสดชื่น

무엇 때문에 당신은 상쾌합니까?

เพราะอากาศดีผมจึงสดชื่น

날씨가 좋기 때문에 저는 상쾌합니다.

เพราะอากาศสบายผมจึงสดชื่น

날씨가 좋기 때문에 저는 상쾌합니다.

เพราะอากาศสดชื่นผมจึงสดชื่น

날씨가 신선해서 저는 상쾌합니다.

4. คุณเรียนอะไร

당신은 무엇을 배웁니까?

ผมเรียนเกษตร

나는 농업을 배웁니다.

ผมเรียนภาษาอังกฤษ

나는 영어를 배웁니다.

ผมเรียนประวัติศาสตร์

나는 역사를 배웁니다.

5. ถ้าอยากทำนาคุณต้องเรียนอะไร

만약 논농사를 짓고 싶다면 당신을 무엇을 배워야 합니까?

ถ้าอยากทำนาผมต้องเรียนเกษตร

만약 논농사를 짓고 싶다면 나는 농업을 배워야만 합니다.

ถ้าอยากทำนาผมต้องเรียนการทำนา

만약 논농사를 짓고 싶다면 나는 논농사 짓는 것을 배워야만 합니다.

6. งานอะไรเป็นงานหนัก

무슨 일이 힘든 일입니까?

งานเกษตรเป็นงานหนัก

농사일이 힘든 일입니다.

งานทำนาเป็นงานหนัก

논경작하는 일이 힘든 일입니다.

งานธนาคารเป็นงานหนัก

은행일이 힘든 일입니다.

7. คุณกลัวฝนตกหรือแดดร้อน

당신은 비가 내리거나 햇살이 뜨거운 것이 무섭습니까?

หนูกลัวฝนตก

저는 비 오는 것이 무섭습니다.

หนูกลัวแดดร้อน

저는 햇살이 뜨거운 것이 무섭습니다.

ฝนตกหรือแดดร้อนผมไม่กลัวทั้งนั้น

비가 오거나 햇살이 뜨거운 것이 저는 전혀 두렵지 않습니다.

8. คุณชอบทำอะไร

당신은 무엇을 하는 것을 좋아합니까?

ผมชอบทำนา

저는 논경작 하는 것을 좋아합니다.

ผมชอบทำสวน

저는 과수원 하는 것을 좋하합니다.

ผมชอบทำไร่

저는 밭경작 하는 것을 좋아합니다.

ผมชอบทำงานเกษตร

저는 농사일 하는 것을 좋아합니다.

9. งานอะไรไม่มีวันหยุด

어떤 일이 휴일이 없습니까?

งานทำนาไม่มีวันหยุด

논 경작하는 일은 휴일이 없습니다.

งานทำสวนไม่มีวันหยุด

과수원 경작하는 일은 휴일이 없습니다.

งานทำไร่ไม่มีวันหยุด

밭 경작하는 일은 휴일이 없습니다.

งานเกษตรไม่มีวันหยุด

농사일은 휴일이 없습니다.

10. คุณทำสวนอะไร

당신은 어떤 과수원을 합니까?

ผมทำสวนกล้วย

저는 바나나농장을 합니다.

ผมทำสวนมะพร้าว

저는 야자농장을 합니다.

ผมทำสวนพืชผักต่าง ๆ

저는 각종 채소농장을 합니다.

11. ไร่คุณย่าปลูกอะไร

할머니 밭은 무엇을 심었어요?

ไร่คุณย่าปลูกแตงโม

할머니 밭은 수박을 심었어요.

ไร่คุณย่าปลูกสับปะรด

할머니 밭은 파인애플을 심었어요.

ไร่คุณย่าปลูกข้าวโพด

할머니 밭은 옥수수를 심었어요.

12. คุณปู่ทำสวนได้ผลเป็นอย่างไร

할아버지 과수원 경작에서 수확이 어때요?

ถ้าดินฟ้าอากาศดี ก็ได้ผลดี

만약 기후가 좋다면 좋은 결실을 얻는다.

ขึ้นอยู่กับดินฟ้าอากาศ

날씨에 달려있다.

แล้วแต่ดินฟ้าอากาศ

날씨에 달려있다.

13. เพราะอะไรอารยาจึงชอบบ้านคุณปู่

무엇 때문에 아라야가 할아버지 집을 좋아합니까?

เพราะมีของกินเยอะแยะ

먹을거리가 많이 있기 때문입니다.

เพราะอากาศสดชื่น

날씨가 쾌청하기 때문입니다.

14. คุณคิดว่าเขาทำนาได้ผลดีไหม

당신은 그가 논농사에서 좋은 결실을 얻을 것이라 생각합니까?

ผมคิดว่าเขาคงทำนาได้ผลดีแน่

저는 그가 논농사에서 확실하게 좋은 결실을 얻을 것이라 생각합니다.

ผมคิดว่าเขาคงทำนาได้ผลไม่ดีแน่

저는 그가 논농사에서 확실히 좋지 않은 결실을 얻을 것이라 생각합니다.

ผมคิดว่าขึ้นอยู่กับดินฟ้าอากาศ

저는 기후에 달려있다고 생각합니다.

줄거리

ที่บ้านปู่กับย่าที่บ้านไผ่ วีระตื่นแต่เช้า ปู่ชวนวีระไปท้องนาด้วยกัน เขาตกลงเพราะอยากช่วยปู่ทำนา ที่ท้องนาอากาศสดชื่นวีระจึงอยากมาอยู่กับปู่ ปู่บอกว่างานของเกษตรกรเป็นงานหนัก ต้องตากแดดตากฝน และทำงานไม่มีวันหยุด ทั้งทำนา ทำสวน ทำไร่ อีกทั้งยังได้ผลผลิตไม่แน่นอน เพราะขึ้นอยู่กับดินฟ้าอากาศอีกด้วย แต่อย่างไรก็ตามบ้านปู่ปลูกผลไม้หลายอย่าง วีระคิดว่าอารยาคงชอบที่มีของกินเยอะ

제 17 과

งานวันเกิดลูกสาว
딸의 생일 파티

본 문

สุดา　วันนี้วันเกิดอายุครบ 15 ปี ลูกไม่ใช่เด็กหญิงอารยา แต่เป็นนางสาวอารยาแล้วนะจ๊ะ

오늘이 만 열 다섯 살 생일이네. 넌 소녀 아라야가 아니야. 아가씨 아라야가 된 거야.

อารยา　หนูไม่อยากเป็นผู้ใหญ่เลย เป็นเด็กสบายกว่า อวยพรหนูหน่อยซิคะ

전 어른이 되고 싶지 않아요. 아이가 더 편해요. 저에게 축하해 주세요.

วินัย　ขอให้ลูกเรียนเก่ง เป็นเด็กดี

공부 잘 하고, 착한 아이가 되거라.

สุดา　และเป็นที่รักของทุกคนด้วยจ้ะ

그리고 모두에게 사랑 받는 사람이 되거라.

อารยา　ขอบพระคุณค่ะ

감사합니다.

สุดา　พ่อกับแม่มีของขวัญให้ลูกจ้ะ

아빠와 엄마가 너에게 줄 선물이 있어.

อารยา　นาฬิกาข้อมือกับแหวนทองสวยมากค่ะ

손목시계하고 금반지가 너무 예뻐요.

สุดา　ลูกจะแต่งตัวชุดไหนจ๊ะ

넌 무슨 옷 입을 거야?

อารยา　ตอนเช้าใส่ชุดไทยตักบาตร ตอนบ่ายใส่กระโปรงชุดสีแดงค่ะ

아침에는 태국전통의상을 입고 탁발을 하고, 오후에는 빨간색 치마를 입을 거예요.

วีระ　คุณแม่ครับ อารยาอยู่ไหนครับ

엄마! 아라야 어디 있어요?

สุดา กำลังตักบาตรจ้ะ
탁발공양 중이야.

วีระ พี่มีของขวัญวันเกิดให้น้อง
오빠가 너에게 줄 생일선물이 있단다.

อารยา โอ้โฮ ซีดีเพลง พี่วีระเลือกเก่งจังค่ะ คงเคยซื้อให้แฟนบ่อยๆ
와, 노래CD다. 위라 오빠가 정말 잘 골랐네. 애인에게 자주 사 줬었나 봐.

วีระ พี่ไม่เคยมีแฟนสักคน
오빠는 애인이 있었던 적이 없어.

(ในงานตอนบ่าย)(오후 파티에서)

สุดา เพื่อนๆ มากันหลายคนแล้ว ออกไปรับแขกสิลูก
친구들이 여러 명 왔다. 나가서 손님을 맞이하렴, 얘야.

อารยา คุณแม่ขา นี่พรทิพย์เพื่อนหนูค่ะ
엄마! 여기 제 친구 펀팁이예요.

สุดา พรทิพย์หรือจ๊ะ อารยาพูดถึงหนูบ่อยๆ
펀팁이니? 아라야가 네 얘기를 자주 했어.

วีระ ขออนุญาตเต้นได้ไหมครับ คุณพ่อ
춤을 춰도 될까요, 아버지?

วินัย เอาสิ จะเปิดเพลงเต้นหรือจะร้องคาราโอเกะก็ได้ บ้านเรามีซีดีนี่นา
그러렴. 댄스곡을 틀어도 되고, 가라오케를 불러도 된단다.
우리집에는 CD가 있으니까.

สุดา เมื่อลูกๆ สนุก เราก็มีความสุข
자식들이 즐거우면 우리도 행복해요.

단 어

งาน	일, 행사	วันเกิด	생일
ลูกสาว	딸	อายุ	나이
เด็กหญิง	소녀	นางสาว	아가씨(Miss)
ผู้ใหญ่	어른, 성인	เด็ก	아이, 아동
สบาย	편안하다	พร	축복
เรียน	배우다	เก่ง	잘 하다
ที่รัก	사랑하는 것	ทุก	모든
ของขวัญ	선물	นาฬิกาข้อมือ	손목시계
แหวนทอง	금반지	สวย	예쁘다
แต่งตัว	옷을 차려 입다	ตอนเช้า	아침에
ใส่	(옷을) 입다	ตักบาตร	탁발(공양)하다
ตอนบ่าย	오후에	กระโปรง	치마
สีแดง	빨간색	ซีดี	CD
เพลง	노래	เลือก	고르다
เคย	~한 적이 있다	แฟน	애인, 연인
บ่อยๆ	자주	เพื่อน	친구
รับ	받다, 맞이하다	แขก	손님
อนุญาต	허락하다	เต้นรำ	춤추다
ร้อง	(노래) 부르다	คาราโอเกะ	가라오케
สนุก	재미있다	ความสุข	행복

문법설명

① 부정소 ไม่와 ใช่의 결합

태국어에서 부정소 ไม่가 ใช่와 결합하여 지정사 เป็น 또는 คือ구문의 부정문을 만듭니다.

ลูกไม่ใช่เด็กหญิงอารยา	넌 소녀 아라야가 아니다.
แต่เป็นนางสาวอารยาแล้วนะจ๊ะ	그렇지만 아가씨 아라야가 된 거야.
ผมไม่ใช่คนไทย เป็นคนเกาหลี	저는 태국사람이 아닙니다. 한국사람입니다.

② ขอให้의 용법

태국어에서 요청의 의미를 나타내는 ขอ가 ให้와 직접 결합하는 경우에 기원 또는 축원의 의미를 나타냅니다.

ขอให้ลูกเรียนเก่ง	네가 공부를 잘 하기 바래.
ขอให้คุณมีความสุข	행복하세요.
ขอให้เดินทางโดยสวัสดิภาพ	안전한 여행 되세요.

③ 경험의 조동사 เคย

태국어의 เคย는 전치조동사로 경험의 의미를 나타내며, 부정소 ไม่의 앞과 뒤 모두에 위치할 수 있다.

คงเคยซื้อให้แฟนบ่อยๆ	아마도 애인에게 자주 사 줬었나 봐.
พี่ไม่เคยมีแฟนสักคน	오빠는 애인이 있었던 적이 없다.
พี่เคยไม่มีแฟน	오빠는 애인이 없었던 적이 있다.

보충설명

태국어로 ตักบาตร이라고 하는 탁발공양은 승려들이 걸식으로 의식 (衣食)을 해결하는 방법으로, 불교에서 출가 수행자들이 지켜야 할 규율인 12두타행 중 걸식과 같은 뜻으로 쓰입니다. 발(鉢)이란 음식을 담는 그릇인 발우를 가리키는 것으로, 따라서 탁발이란 걸식하여 얻은 음식을 담은 발우에 목숨을 기탁한다는 의미입니다. 널리 알려진 바와 같이 태국은 국민의 93.5%가 불교신자이며, 태국 전역에 35,000개 이상의 사원이 있습니다. 따라서 불교는 태국 사람들의 일상생활 속에 매우 깊이 들어와 있고, 불교의식과 각종 전통과 풍습은 불가분의 관계에 있다고 할 수 있습니다. 태국인들은 일반적으로 아침식사 이전에 먼저 탁발공양으로 하루일과를 시작합니다. 또한 관혼상제를 비롯한 모든 통과의례, 각종 축일에도 제일 먼저 하는 의식이 바로 탁발공양입니다.

문형연습

1. วันนี้วันเกิดของใคร

   오늘은 누구의 생일입니까?

   วันนี้วันเกิดของอารยา

   오늘은 아라야의 생일입니다.

   วันนี้วันเกิดของเธอ

   오늘은 그녀의 생일입니다.

2. วันเกิดปีนี้คุณอายุเท่าไร

   올해 생일에 당신은 몇 살이 됩니까?

   วันเกิดปีนี้ผมอายุครบ 20 ปี

   올해 생일에 저는 만 20세가 됩니다.

   วันเกิดปีนี้หนูอายุครบ 15 ปี

   올해 생일에 저는 만 15세가 됩니다.

3. เมื่ออายุ 14 ปี คุณเป็นอะไร

   14살 때 당신은 무엇이었습니까?

   เมื่ออายุ 14 ปี ผมเป็นเด็กชาย

   14살 때 저는 소년이었습니다.

เมื่ออายุ 14 ปี หนูเป็นเด็กหญิง

14살 때 저는 소녀였습니다.

4. เมื่ออายุ 15 ปี คุณเป็นอะไร

15살 때 당신은 무엇이었습니까?

เมื่ออายุ 15 ปี ผมเป็นนาย

15살 때 저는 청년이었습니다.

เมื่ออายุ 15 ปี ดิฉันเป็นนางสาว

15살 때 저는 아가씨가 되었습니다.

5. เธอคือเด็กหญิงอารยาหรือ

그녀가 소녀 아라야입니까?

ไม่ใช่ เธอไม่ใช่เด็กหญิงอารยา

아니오, 그녀는 소녀 아라야가 아닙니다.

เธอคือนางสาวอารยา

그녀는 아가씨 아라야입니다.

6. เขาคือเด็กชายวีระหรือ

그는 소년 위라입니까?

ไม่ใช่ เขาไม่ใช่เด็กชายวีระ

아니오, 그는 소년 위라가 아닙니다.

เขาคือนายวีระ

그는 청년 위라입니다.

7. เราให้พรเมื่อไร

우리는 언제 축복을 해 줍니까?

เราให้พรในวันเกิดของเขา

우리는 그의 생일에 축복을 해 줍니다.

เราให้พรในวันเกิดของอารยา

우리는 아랴야의 생일에 축복을 해 줍니다.

8. สุดาให้พรอารยาว่าอย่างไร

쑤다는 아라야에게 어떻게 축복을 해 주었습니까?

สุดาให้พรอารยาว่าขอให้เรียนเก่ง เป็นเด็กดี

쑤다는 아라야에게 공부를 잘 하고, 착한 아이가 되라고 축복해 주었습니다.

สุดาให้พรว่าขอให้เป็นที่รักของทุก ๆ คน

쑤다는 모든 사람의 사랑이 되라고 축복해 주었습니다.

9. คุณอยากเป็นที่รักของทุก ๆ คนไหม

당신은 모든 사람의 사랑이 되고 싶습니까?

เราอยากเป็นที่รักของทุก ๆ คน

우리는 모든 사람의 사랑이 되고 싶습니다.

เราอยากให้ทุก ๆ คนรักเรา

우리는 모든 사람들이 우리를 사랑하기를 바랍니다.

10. ทำอย่างไรทุก ๆ คนจึงจะรักเรา

어떻게 하면 모든 사람들이 우리를 사랑할까요?

เราต้องทำดี ทุก ๆ คนจึงจะรักเรา

우리는 선행을 해야 합니다. 그러면 모든 사람들이 우리를 사랑할 겁니다.

เราต้องเป็นคนดี ทุก ๆ คนจึงจะรักเรา

우리는 착한 사람이 되어야 합니다. 그러면 모든 사람들이 우리를 사랑할 겁니다.

11. เขาให้อะไรเป็นของขวัญแก่เธอ

그는 그녀에게 생일선물로 무엇을 줍니까?

เขาให้นาฬิกาข้อมือเป็นของขวัญแก่เธอ

그는 그녀에게 생일선물로 손목시계를 줍니다.

เขาให้แหวนทองเป็นของขวัญแก่เธอ

그는 그녀에게 생일선물로 금반지를 줍니다.

เขาให้ซีดีเพลงเป็นของขวัญแก่เธอ

그는 그녀에게 생일선물로 노래CD를 줍니다.

12. ตอนเช้าและตอนบ่าย เธอจะแต่งตัวชุดไหน

아침과 오후에 그녀는 무슨 옷을 입을 것입니까?

ตอนเช้าเธอจะแต่งชุดไทย

아침에 그녀는 태국옷을 입을 거예요.

ตอนบ่ายเธอจะแต่งชุดกระโปรงสีแดง

오후에 그녀는 빨간색 치마를 입을 거예요.

13. คุณชอบสีอะไร

당신은 무슨 색을 좋아합니까?

ดิฉันชอบสีฟ้า

저는 하늘색을 좋아합니다.

ผมชอบสีเขียว

저는 초록색을 좋아합니다.

เขาชอบสีแดง

저는 빨간색을 좋아합니다.

เธอชอบสีเหลือง

저는 노란색을 좋아합니다.

14. ในวันเกิดคุณทำอะไร

생일에 당신은 무엇을 합니까?

ในวันเกิดผมตักบาตร

생일에 저는 탁발공양을 합니다.

ในวันเกิดผมสนุกกับเพื่อน ๆ

생일에 저는 친구들과 즐깁니다.

ในวันเกิดผมไปเที่ยวกับเพื่อน ๆ

생일에 저는 친구들과 놀러 갑니다.

15. คุณเคยตักบาตรเมื่อไร

당신은 언제 탁발공양을 한 적이 있습니까?

ผมเคยตักบาตรในวันเกิด

저는 생일에 탁발공양을 한 적이 있습니다.

ผมเคยตักบาตรทุก ๆ เช้า

저는 매일 아침 탁발공양을 한 적이 있습니다.

16. คุณเคยมีแฟนไหม

당신은 애인이 있었던 적이 있습니까?

ผมยังไม่เคยมีแฟนเลย

저는 아직 애인이 있어본 적이 없습니다.

ผมยังไม่เคยมี แต่อยากมีสักคน

저는 아직 없었습니다. 그러나 한 명쯤 갖고 싶습니다.

17. วีระขออนุญาตอะไรคุณพ่อ

위라는 아버지에게 무엇을 허락해 달라고 합니까?

เขาขออนุญาตเต้น

그는 춤추는 것을 허락해 달라고 했습니다.

เขาขออนุญาตร้องคาราโอเกะ

그는 가라오케로 노래 부르는 것을 허락해 달라고 했습니다.

18. เมื่อเต้นหรือร้องคาราโอเกะต้องมีอะไร

춤을 출 때나 가라오케로 노래를 부를 때 무엇이 있어야 합니까?

เมื่อเต้นหรือร้องคาราโอเกะ ต้องมีซีดี

춤을 출 때나 가라오케로 노래를 부를 때는 CD가 있어야 합니다.

เมื่อเต้นหรือร้องคาราโอเกะ ต้องมีดนตรี

춤을 출 때나 가라오케로 노래를 부를 때는 음악이 있어야 합니다.

19. เมื่อลูก ๆ สนุก พ่อแม่เป็นอย่างไร

자식들이 즐거울 때 부모는 어떠합니까?

เมื่อลูก ๆ สนุก พ่อแม่ก็มีความสุข

자식들이 즐거울 때 부모 역시 행복합니다.

เมื่อลูก ๆ สนุก พ่อแม่ก็ปลื้มใจ

자식들이 즐거울 때 부모 역시 흐뭇합니다.

เมื่อลูก ๆ สนุก พ่อแม่ก็ดีใจ

자식들이 즐거울 때 부모 역시 기쁩니다.

줄거리

วันนี้เป็นวันเกิดอายุครบ 15 ปีของอารยา เธอต้องเปลี่ยนคำนำหน้านามจากเด็กหญิงเป็นนางสาว วินัยกับสุดาอวยพรเธอและให้นาฬิกาข้อมือกับแหวนทองเป็นของขวัญวันเกิด ส่วนวีระให้ซีดีเพลงเธอเป็นของขวัญ ตอนเช้าอารยาใส่ชุดไทยตักบาตร ส่วนตอนบ่ายเธอใส่กระโปรงชุดสีแดงในงานเลี้ยง พรทิพย์เพื่อนของอารยามาร่วมงานด้วย วีระขออนุญาตเปิดเพลงเต้น พวกเด็ก ๆ เต้นกันอย่างสนุกสนาน วินัยกับสุดามีความสุขที่ได้เห็นลูก ๆ สนุก

제 18 과

งานอดิเรก (1)
취미 (1)

본 문

สุดา อ้อ สมชาย เชิญข้างในสิ วีระกำลังรออยู่ทีเดียว
어, 쏨차이! 안으로 들어오렴. 위라가 기다리고 있어.

สมชาย วีระชวนผมมาเฝ้าบ้านครับ ทราบว่าคุณป้าจะออกไปข้างนอก
위라가 저보고 와서 집을 보자고 했어요. 아주머니께서 외출을 하신다고 알고 있어요.

สุดา จ้ะ เราจะไปว่ายน้ำกัน
그래. 우리는 수영하러 갈 거야.

สมชาย หวังว่าคงจะสนุกนะครับ
즐거우시길 바랍니다.

อารยา พี่สมชายไม่ชอบว่ายน้ำหรือคะ
쏨차이오빠는 수영 안 좋아해요?

สมชาย ครับ ผมชอบเล่นฟุตบอลมากกว่า
응. 난 축구하는 걸 더 좋아해.

วีระ คุณแม่กับอารยาชอบว่ายน้ำมาก ต้องไปกันทุกอาทิตย์
어머니하고 아라야는 수영을 무척 좋아해. 매주 가야만 하지.

สมชาย คุณลุงก็จะไปว่ายน้ำด้วยหรือครับ
아저씨도 같이 수영하러 가세요?

วินัย เปล่า ลุงจะไปตีกอล์ฟต่างหาก
아니야. 난 따로 골프 치러 갈 거야.

สุดา วีระ เดี๋ยวชวนเพื่อนทานข้าวกลางวันที่นี่ก็แล้วกัน

위라! 친구에게 여기서 점심을 먹자고 하려무나.

วีระ ไม่เป็นไรครับ ไม่ต้องห่วงพวกผม

괜찮아요. 저희들 걱정할 필요 없으세요.

วินัย สายแล้ว เราไปกันเถอะ

늦었다. 우리는 가자.

สมชาย วีระ คุณได้แสตมป์ไทยชุดใหม่หรือยัง

위라, 너 태국우표 새로운 시리즈 구했니?

วีระ ชุดไหนล่ะ มันออกใหม่ทุกเดือน

어떤 시리즈? 그건 매달 새로 나오잖아.

สมชาย ชุดผลไม้ไทย สวยมากนะ

태국과일시리즈. 아주 아름다워.

วีระ ผมว่าสู้เครื่องแต่งกายหญิงไทยไม่ได้

เขาให้นางสาวไทยเป็นนางแบบ

내 생각엔 태국여성복식을 따라가지 못해.
미스 타일랜드들이 모델이야.

สมชาย ชุดสัตว์ต่างๆ ก็ไม่เลว

각종 동물시리즈도 나쁘지 않아.

วีระ หมู่นี้แสตมป์ไทยสวยขึ้นมาก

요즘 태국우표가 많이 예뻐졌어.

สมชาย ผมเพิ่งเริ่มสะสมแสตมป์สัก 5 ปีมานี่เอง

나는 우표수집한 지 한 5년밖에 안 됐어.

วีระ ผมเริ่มตั้งแต่อายุ 8 ขวบ

나는 8살 때부터 시작했어.

สมชาย น้องสาวคุณสะสมอะไรหรือเปล่า

네 여동생은 뭐 좀 수집하니?

วีระ อารยาชอบสะสมรูปภาพ

아라야는 사진 모으는 걸 좋아해.

สมชาย ดีแล้ว ผมจะหามาให้บ้าง

좋아. 내가 좀 찾아다 줘야겠다.

ลูกชาย คิดจะจีบน้องสาวผมละสิ

내 동생 꼬시려고 그러는구나.

สมชาย อ้าว ไม่ยักรู้ว่าหวงน้องสาวแฮะ

아, 여동생을 보호하려 드는지는 몰랐는 걸.

단 어

งานอดิเรก	취미	ข้างใน	안쪽
รอ	기다리다	ชวน	권하다
เฝ้า	지키다	ทราบ	알다
ป้า	아주머니	ออก	나가다
ข้างนอก	바깥	ว่ายน้ำ	수영하다
ก็	~도	หวัง	희망하다
สนุก	재미있다	ชอบ	좋아하다
เล่น	운동하다	ฟุตบอล	축구
อาทิตย์	주(week)	ลุง	아저씨
ตี	치다, 때리다	กอล์ฟ	골프
ต่างหาก	별도로	พา	데리고 가다
ข้าวกลางวัน	점심(식사)	ห่วง	걱정하다
สาย	늦다	แสตมป์	우표
ชุด	세트, 묶음	ใหม่	새로운
ผลไม้	과일	สวย	아름답다, 예쁘다
สู้	대항하다	เครื่องแต่งกาย	의복, 복장
นางสาวไทย	미스타일랜드	นางแบบ	(여자)모델
สัตว์	동물	เลว	나쁘다
หมู่นี้	요즘	สะสม	수집하다
เพิ่ง	[조동사] 막~하다	เริ่ม	시작하다
ตั้งแต่	~부터	น้องสาว	여동생
รูปภาพ	사진, 그림	ให้	주다
จีบ	유혹하다, 꼬시다	หวง	아끼다, 보호하다

문법설명

1 ว่าの 용법

태국어의 ว่า는 동사로 기능하는 경우에 '말하다', '생각하다', '나무라다' 의 뜻이 있으며, 접속사로 기능하는 경우에는 목적절을 유도하는 보문소 기능을 합니다.

> ผมก็ว่าอย่างนั้น
> 저도 그렇다고 봅니다.
> เธอทำผิดเอง แล้วว่าผมทำไม
> 네가 잘못해 놓고, 왜 나 보고 뭐라고 하니?
> คุณแม่บอกว่าจะไปตลาดพรุ่งนี้เช้า
> 어머니는 내일 아침에 시장에 갈 거라고 말씀하셨다.

2 부정의 의미를 나타내는 เปล่า

태국어의 เปล่า는 '비어 있는, 공허한'의 의미를 가지고 있는 형용사이나 때로는 대화문에 있어서 앞에 나오는 내용 전체를 부정하는 뜻으로 사용됩니다.

น้ำเปล่า	(맹)물
ข้าวเปล่า	(맨)밥, 흰쌀밥
เมื่อวานไปดูหนังหรือเปล่า	어제 영화 보러 갔니, 안갔니?
เปล่า	아니

3 เพิ่ง + 동사

태국어의 เพิ่ง은 전치조동사로 후행 동사와 결합하여 완료의 의미를 나타냅니다. 특히 동사의 행위가 발화의 시점에서 가까운 과거에 일어났음을 강조합니다.

ผมเพิ่งเริ่มสะสมแสตมป์สัก 5 ปีมานี่เอง	나는 우표수집한 지 한 5년 밖에 안 됐어.
เขาเพิ่งไป	그는 방금 갔습니다.
เราเพิ่งทานข้าวมา	우리는 막 밥을 먹고 왔습니다.

4 목적어의 기능을 하는 동명사

태국어에서 동사가 두 개 이상 연속하여 나타나는 경우가 있는데, 이때 후행 동사가 목적어의 기능을 하는 경우가 있습니다. 이때 후행 동사는 동명사라고 볼 수 있습니다.

เริ่มสะสม	수집하기 시작하다.
ชอบสะสม	수집하는 것을 좋아한다.

보충설명

미스타일랜드선발대회(การประกวดนางสาวไทย)는 1934 년 12 월 10 일에 헌법제정을 경축하는 행사로 시작된 태국 최초의 미인선발대회로 그 후에는 태국의 미를 세계에 알릴 미스유니버스에 출전할 태국대표를 선발하는 장이 되었습니다. 현재 미스타일랜드는 전세계에 태국의 문화와 관광명소를 알리는 홍보대사의 역할을 수행하고 있습니다. 태국대표로서 미스유니버스선발대회에 참가하여 왕관을 쓴 미인은 아팟싸라 홍싸꾼(อาภัสรา หงสกุล, 1965 년)과 펀팁 낙히란야까녹(ภรณ์ทิพย์ นาคหิรัญกนก, 1988 년) 2 명으로 태국의 미를 전세계에 알렸습니다.

문형연습

1. คุณต้องการพบใคร

   낭신은 누구를 만나기 원하십니까?

   ผมต้องการพบคุณลุง

   저는 아저씨를 뵙기 원합니다.

ผมต้องการพบคุณป้า

저는 아주머니를 뵙기 원합니다.

2. คุณลุงคุณป้าคือใคร

아저씨와 아주머니는 누구입니까?

คุณลุงคือพี่ชายของคุณพ่อหรือคุณแม่

아저씨는 아버지나 어머니의 형/오빠입니다.

คุณป้าคือพี่สาวของคุณพ่อหรือคุณแม่

아주머니는 아버지나 어머니의 누나/언니입니다.

คุณป้าคือภรรยาของคุณลุง

아주머니는 아저씨의 아내입니다.

คุณลุงคือสามีของคุณป้า

아저씨는 아주머니의 남편입니다.

3. วีระกำลังรอใครอยู่

위라는 누구를 기다리고 있습니까?

วีระกำลังรอสมชายอยู่

위라는 쏨차이를 기다리고 있습니다.

เขากำลังรอคุณอยู่ทีเดียว

그는 당신을 기다리고 있는 중입니다.

4. สมชายทราบเรื่องอะไร

쏨차이는 무슨 일을 알고 있나요?

สมชายทราบว่าสุดาจะออกไปข้างนอก

쏨차이는 쑤다가 외출할 거라는 것을 압니다.

สมชายทราบเรื่องของวีระ

쏨차이는 위라의 일을 알고 있습니다.

สมชายไม่ทราบเรื่องอะไรเลย

쏨차이는 아무 것도 모릅니다.

5. สุดากับอารยาจะออกไปไหน

쑤다와 아라야는 어디로 나갑니까?

ทั้งสองคนจะออกไปว่ายน้ำ

두 사람은 수영하러 나갑니다.

พวกเขาจะออกไปว่ายน้ำกัน

그들은 수영하러 나갑니다.

พวกเขาจะออกไปเที่ยวกัน

그들은 놀러 나갑니다.

6. หวังว่าคงจะสนุก

재미있기를 바랍니다.

หวังว่าคงจะเรียนจบ

졸업 하시기를 바랍니다.

หวังว่าคุณคงจะมีความสุข

행복하시길 바랍니다.

7. เล่นฟุตบอลกับว่ายน้ำ คุณชอบอย่างไหน

축구하는 것과 수영하는 것, 당신은 어느 것을 좋아합니까?

ผมชอบเล่นฟุตบอลมากกว่าว่ายน้ำ

저는 수영하는 것보다 축구하는 것을 더 좋아합니다.

ผมชอบว่ายน้ำมากกว่า

저는 수영하는 것을 더 좋아합니다.

ผมชอบทั้งสองอย่างเท่ากัน

저는 두 가지를 똑같이 좋아합니다.

8. เขาไปไหนบ่อย ๆ

그는 어디에 자주 갑니까?

เขาไปว่ายน้ำทุกอาทิตย์

그는 매주 수영하러 갑니다.

เขาไปเล่นฟุตบอลทุกวัน

그는 매일 축구를 하러 갑니다.

เขาไปตีกอล์ฟทุกเดือน

그는 매월 골프를 치러 갑니다.

9. คุณจะไปทำงานหรือ

당신은 일하러 가세요?

เปล่า ฉันจะไปว่ายน้ำต่างหาก

아니오, 저는 수영하러 갑니다.

ไม่ใช่ ผมจะไปตีกอล์ฟต่างหาก

아니오, 저는 골프를 치러 갑니다.

10. วีระจะพาเพื่อนไปไหน

위라는 친구를 데리고 어디에 갑니까?

เขาจะพาเพื่อนไปทานข้าว

그는 친구를 데리고 밥을 먹으러 갑니다.

เขาจะพาเพื่อนไปเที่ยว

그는 친구를 데리고 놀러 갑니다.

11. คุณแม่ห่วงลูกสาวมาก

어머니는 딸을 매우 걱정합니다.

ท่านไม่ห่วงลูกชาย

그분은 아들을 걱정하지 않습니다.

อย่าห่วงพวกผมเลย

저희들 걱정하지 마세요.

12. วีระทำอะไรเป็นงานอดิเรก

위라는 취미로 무엇을 합니까?

วีระสะสมแสตมป์เป็นงานอดิเรก

위라는 취미로 우표를 수집합니다.

เขาสะสมรูปภาพเป็นงานอดิเรก

그는 취미로 사진을 모읍니다.

เขาเล่นฟุตบอลเป็นงานอดิเรก

그는 취미로 축구를 합니다.

13. เขามีแสตมป์ชุดอะไรบ้าง

그는 어떤 우표 시리즈들을 가지고 있습니까?

เขามีแสตมป์ชุดผลไม้ไทย

그는 태국과일우표시리즈를 가지고 있습니다.

เขามีแสตมป์ชุดสัตว์ต่าง ๆ

그는 각종 동물우표 시리즈를 가지고 있습니다.

เขามีแสตมป์ชุดเครื่องแต่งกายหญิงไทย

그는 태국 여성 의복 우표 시리즈를 가지고 있습니다.

14. ช่วงนี้คุณไปเที่ยวไหนบ้าง

요즘 당신은 어디에 놀러 가세요?

ช่วงนี้ผมไม่ค่อยได้ไปไหน

요즘 저는 어디에 잘 가지 않습니다.

ช่วงนี้ผมอยู่บ้านมากกว่าไปเที่ยว

요즘 저는 놀러 다니기보다 집에 많이 있습니다.

15. คุณมาอยู่ที่นี่ตั้งแต่เมื่อไร

당신은 언제부터 여기에 와 있었습니까?

เรามาอยู่ที่นี่ตั้งแต่ปีก่อนนี้

우리는 작년부터 이곳에 와 있습니다.

เรามาอยู่ที่นี่เมื่อ 2-3 เดือนมานี้เอง

우리는 여기에 와 있은 지 2-3개월 됐습니다.

เราเพิ่งมาอยู่ที่นี่ปีนี้เอง

우리는 올해 막 이곳에 왔습니다.

16. คุณเริ่มเข้าโรงเรียนตั้งแต่เมื่อไร

당신은 언제부터 학교에 다니기 시작했습니까?

ผมเริ่มเข้าโรงเรียนเมื่ออายุ 5 ขวบ

저는 5살 때 학교에 다니기 시작했습니다.

เราเริ่มเข้าโรงเรียนเมื่ออายุ 7 ขวบ

저는 7살 때 학교에 다니기 시작했습니다.

17. อย่าจีบน้องสาวผมนะ

내 여동생을 유혹하지 마라.

อ้าว ไม่ยักรู้ว่าคุณหวงน้องสาว

아이고, 당신이 여동생을 아까워하는지 몰랐네.

ไม่ยักรู้ว่าคุณหวงเธอมาก

당신이 그녀를 많이 아끼는 줄 몰랐어.

줄거리

วันนี้วินัยจะออกไปตีกอล์ฟ ส่วนสุดากับอารยาจะออกไปว่ายน้ำ สมชายจึงมาเฝ้าบ้านเป็นเพื่อนวีระ สมชายและวีระคุยกันเรื่องแสตมป์ไทยชุดใหม่ พวกเขาสะสมแสตมป์เป็นงานอดิเรก วีระเริ่มสะสมแสตมป์มาตั้งแต่อายุ 8 ขวบ แต่สมชายเพิ่งเริ่มสะสมเมื่อสัก 5 ปีมานี้เอง วีระบอกว่าอารยาชอบสะสมรูปภาพ สมชายจึงจะหารูปภาพมาให้ วีระจึงล้อว่าสมชายจะมาจีบอารยา

제 19 과

งานอดิเรก (2)

취미 (2)

본 문

วินัย	คุณแข็งแรงดีหรือยัง ปรีชา 건강해졌니, 쁘리차?
ปรีชา	ก็พอวิ่งได้ แต่ยังไม่ดีนัก 이제 뛸 수는 있어. 그렇지만 아직 그다지 좋지는 않아.
วินัย	ไปตีกอล์ฟกันสักวันได้ไหม 언제 하루 골프치러 갈 수 있어?
ปรีชา	ผมยังไม่กล้าเดินไกล ๆ น่ะ 난 아직 멀리 걷기가 겁나.
วินัย	ก็ไม่ต้องเดินมากหรอก นั่งรถเข็นบ้างก็ได้ หน้านี้หน้าหนาว อากาศดี 많이 걸을 필요 없어. 카트를 타도 되고. 지금 겨울이라 날씨가 좋아.
ปรีชา	ถ้าอย่างนั้นละก็พอไปได้ จะไปกันเมื่อไรล่ะ 그렇다면 갈 수 있겠어. 언제 갈까?
วินัย	อาทิตย์หน้าเป็นอย่างไร 다음 주 어때?
ปรีชา	ชวนใครไปบ้างล่ะ 누구누구한테 권했어?
วินัย	อ๋อ ไปกันสองคนเท่านั้น 어, 둘만 갈거야.
ปรีชา	ไม่ชวนวีระไปด้วยหรือ 위라한테 같이 가자고 안 했어?
วินัย	ไม่ชอบตีกอล์ฟ ชอบแต่โยนโบว์ลิ่ง 골프치는 거 안 좋아해. 볼링 하는 것만 좋아해.
ปรีชา	แต่วีระเป็นนักฟุตบอลไม่ใช่หรือ 그렇지만 위라는 축구선수잖아. 아니야?

วินัย ใช่ เขาเล่นกีฬาเป็นงานอดิเรก
맞아. 그는 취미로 운동을 해.

ปรีชา ทราบว่าอารยาชอบว่ายน้ำเหมือนแม่
아라야는 엄마처럼 수영을 좋아한다고 알고 있는데.

วินัย แต่วีระไม่ยักเหมือนพ่อ อ้อ คุณมาลินีเคยเป็นนักกีฬาใช่ไหม
하지만 위라는 아빠처럼은 싫은가 봐.
아참, 말리니 씨가 운동선수였었지. 그치?

ปรีชา ใช่ เคยเล่นแบดมินตันและปิงปอง
맞아. 배드민턴하고 탁구를 했었지.

วินัย แล้วเดี๋ยวนี้ยังเล่นอยู่หรือเปล่า
그럼 지금도 여전히 하고 있어?

ปรีชา นานๆ ก็ชวนผมไป แต่ผมสู้ไม่ได้สักที มือมันแข็ง ตีไม่ถูกลูก
이따금씩 나한테 하러 가자고 하지. 그런데 내가 당할 수가 없어.
손이 굳어서 공이 맞지 않아.

วินัย แล้วอาทิตย์หน้า เอายังไงดี
그럼 다음 주는 어떻게 하는 게 좋아?

ปรีชา เอาอย่างนี้ก็แล้วกัน ผมจะเอารถโฟร์วีลไป คันใหญ่ขึ้นลงสะดวก
이렇게 하도록 하지. 내가 사륜구동을 가지고 갈게. 큰 차가 타고 내리기 편리하니까.

วินัย ดีเหมือนกัน ถ้างั้นอาทิตย์หน้าหกโมงครึ่ง คุณเอารถไปรับผมที่บ้านนะ
좋아. 그렇다면 다음 주 6시 반에 차를 가지고 집으로 날 데리러 오게.

단 어

แข็งแรง	건강하다	วิ่ง	달리다, 뛰다
กล้า	감히 ~하다	เดิน	걷다
ไกล	멀다	รถเข็น	카트(cart)
หน้า	계절	หน้าหนาว	겨울
อากาศ	날씨	โยน	던지다
โบว์ลิ่ง	볼링(bowling)	นักฟุตบอล	축구선수
เล่น	운동하다	กีฬา	운동, 스포츠
เหมือน	마찬가지다, 같다	นักกีฬา	운동선수
แบดมินตัน	배드민턴	ปิงปอง	탁구
นาน	오래	รถโฟร์วีล	사륜구동
คัน	[형태사] 대	ใหญ่	크다
ขึ้น	타다	ลง	내리다
สะดวก	편리하다	ถ้างั้น	그렇다면

문법설명

1 ถ้าอย่างนั้นละก็ 구문

태국어의 ถ้าอย่างนั้นละก็는 조건의 의미를 나타내는 구문으로 전제된 선행문의 내용을 조건으로 후행문의 내용이 이루어지거나 실행됨을 나타냅니다.

ถ้าอย่างนั้นละก็พอไปได้	그렇다면 갈 수 있겠어.
ถ้าอย่างนั้นละก็ ผมก็จะไปด้วย	그렇다면 나도 같이 갈게.

2 เป็นอย่างไร

เป็นอย่างไร는 지정사 เป็น과 의문부사 อย่างไร가 결합한 구문으로 상태 또는 의사를 묻는 물음에 사용되며 บ้าง과 결합하여 여러 가지 상황에서 사용할 수 있는 인사말로 쓰이기도 합니다.

สอบเป็นอย่างไรบ้าง	시험은 어땠어요?
ไปเชียงใหม่มา เป็นอย่างไร	치앙마이에 다녀 오신 거 어땠어요?
เป็นอย่างไรบ้าง สบายดีไหม	어때요? 평안하신지요?

3 태국어의 부가의문법

태국어의 의문조사 หรือ 또는 ไหม가 ใช่ 또는 ไม่ใช่와 결합하여 부가 의문문을 만드는데, 이때 내용은 이미 알고 있는 사실에 대한 확인성 질문이 대부분입니다.

คุณเป็นนักศึกษาไม่ใช่หรือ	당신은 대학생 아닌가요?
คุณเป็นคนเกาหลีใช่ไหม	당신은 한국사람이지요?

4 찬성 또는 동의의 의미를 나타내는 구문

일반적으로 태국어에서 찬성 또는 동의를 나타내는 경우에 ตกลง, เห็นด้วย 또는 เห็นชอบ을 사용합니다. 이 밖에 상대방의 제안이나 제의에 대해 동의 또는 수락을 표시할 경우 ดีเหมือนกัน을 사용하기도 합니다.

ไปดูหนังกันไหม
영화 보러 갈래요?
-ตกลง
좋아요.
ผมคิดว่าเขาควรจะเลิกสูบบุหรี่
저는 그가 담배를 끊어야 한다고 생각합니다.
-เห็นด้วย
동의해요.
ตอนนี้รถติดมาก ขึ้นรถไฟใต้ดินไปดีกว่า
지금 차가 많이 막혀요. 우리 지하철 타고 가는 게 좋겠어요.
-ดีเหมือนกัน
좋아요.
ก่อนที่จะเข้าเรียน แวะที่ห้องน้ำก่อน
수업에 들어가기 전에 화장실에 먼저 갈게요.
-ดีเหมือนกัน
좋아요.

보충설명

태국은 일년 내내 더운 아열대성 기후를 가진 나라로 태국의 계절은 크게 여름, 우기, 겨울의 세 계절로 나뉘어집니다. 지역별로 조금씩의 차이는 있으나 대개는 여름은 3월에서 5월, 우기는 6월에서 10월, 겨울은 11월에서 2월로 분류하고 있습니다. 3월부터 5월까지는 덥고 건조한 날씨로 평균 기온은 34도 정도까지 올라가는 매우 더운 계절입니다. 6월에서 10월까지는 평균 29도 정도의 날씨로 우기에 해당합니다. 하루에 한 두 차례 소나기가 내리며, 비가 오지 않을 때는 화창하게 해가 비치는 날씨입니다. 세 계절 중 가장 시원한 11월에서 2월은 낮에는 32도까지 올라가지만 아침과 저녁에는 20도 정도까지 내려가 선선한 날씨를 즐길 수 있습니다. 계절을 나타내는 태국어에는 ฤดูและ หน้า가 있습니다. 따라서 여름, 우기, 겨울을 태국어 로는 각각 ฤดูร้อน, ฤดูฝน, ฤดูหนาว 또는 หน้าร้อน, หน้าฝน, หน้าหนาว라고 부릅니다.

문형연습

1. คุณแข็งแรงดีหรือยัง

   당신은 건강해졌습니까?

   ผมยังไม่แข็งแรงดีนัก

   저는 아직 그다지 건강하지 않습니다.

   ผมแข็งแรงดีแล้ว

   저는 건강해졌습니다.

2. เขาไม่กล้าทำอะไร

   그는 감히 무엇을 못 합니까?

   เขาไม่กล้าเดินไกล ๆ

   그는 감히 멀리 걷지 못 합니다.

   เขาไม่กล้าว่ายน้ำ

   그는 수영을 감히 못 합니다.

   เขาไม่กล้ายิงปืน

   그는 사격을 감히 못 합니다.

3. หน้านี้หน้าอะไร

   이 계절은 무슨 계절입니까?

   หน้านี้หน้าร้อน

   이 계절은 여름입니다.

   หน้านี้หน้าฝน

   이 계절은 우기입니다.

   หน้านี้หน้าหนาว

   이 계절은 겨울입니다.

4. คุณชวนเขาไปไหน

   당신은 그에게 어디에 가자고 권했습니까?

   ผมชวนเขาไปดูกีฬา

   저는 그에게 운동경기 보러 가자고 권했습니다.

ผมชวนเขาไปตีกอล์ฟ

저는 그에게 골프하러 가자고 권했습니다.

ผมชวนเขาไปตกปลา

저는 그에게 낚시하러 가자고 권했습니다.

5. ถ้าไปเที่ยวละก็ คุณจะไปไหม

만일 놀러 간다면 당신은 가겠습니까?

ถ้าไปตีกอล์ฟละก็ พอไปได้

만일 골프하러 간다면 갈 수 있다.

ถ้าไปตกปลาละก็ ผมไม่ไป

만약 낚시하러 간다면 나는 안 간다.

ถ้าไปดูหนังละก็ ผมไปแน่

만약 영화를 보러 간다면 나는 확실히 간다.

6. คุณจะไปต่างประเทศเมื่อไร

당신은 언제 외국에 가실 거예요?

ผมจะไปอาทิตย์หน้า

저는 다음 주에 갈 거예요.

ผมจะไปเดือนหน้า

저는 다음 달에 갈 거예요.

ผมจะไปปีหน้า

저는 내년에 갈 거예요.

7. คุณจะไปตีกอล์ฟกับใครบ้าง

당신은 누구와 골프하러 가실 거예요?

ผมจะไปตีกอล์ฟกับเพื่อนคนหนึ่ง

저는 친구 한 명과 골프하러 갈 거예요.

เราจะไปกันสองคนเท่านั้น

우리는 단지 두 사람만 갈 거예요.

ผมจะไปคนเดียวเท่านั้น

저는 혼자 갈 거예요.

8. วีระไม่ชอบกีฬาอะไร

위라는 어떤 운동을 안 좋아합니까?

เขาไม่ชอบตีกอล์ฟ

그는 골프하는 것을 안 좋아합니다.

เขาไม่ชอบตกปลา

그는 낚시하는 것을 안 좋아합니다.

เขาไม่ชอบสนุกเกอร์

그는 스누커(snooker)를 안 좋아합니다.

9. วีระเป็นอะไร

위라는 무엇입니까?

เขาเป็นผู้ชาย

그는 남자입니다.

เขาเป็นนักศึกษา

그는 대학생입니다.

เขาเป็นนักฟุตบอล

그는 축구선수입니다.

เขาเป็นนักกีฬา

그는 운동선수입니다.

10. คุณทราบไหมว่า วีระเก่งทางไหน

당신은 위라가 어느 방면에 뛰어난 지 알아요?

ผมทราบว่าเขาเล่นกีฬาเก่ง

저는 그가 운동을 잘 한다고 알고 있습니다.

หนูทราบว่าเขาขับรถเก่ง

저는 그가 운전을 잘 한다고 알고 있어요.

ดิฉันทราบว่าเขาจีบผู้หญิงเก่ง

저는 그가 여자를 잘 꼬신다고 알고 있어요.

11. คุณไม่ยักเหมือนพ่อ

당신은 아버지와 닮고 싶지 않군요.

เธอไม่ยักเหมือนแม่

그녀는 어머니와 닮고 싶지 않습니다.

เขาไม่ยักเหมือนผม

그는 나와 닮고 싶어하지 않습니다.

12. คุณมาลินีเคยเป็นนักกีฬาใช่ไหม

말리니 씨는 운동선수였죠?

ใช่ เธอเคยเป็นนักกีฬา

네. 그녀는 운동선수였습니다.

ใช่ แต่เดี๋ยวนี้ไม่ได้เล่นแล้ว

네. 그러나 지금은 운동하지 않습니다.

ใช่ และเดี๋ยวนี้ก็ยังเล่นกีฬาเก่ง

네. 그리고 지금도 여전히 운동을 잘 합니다.

13. คุณเล่นแบดมินตันสู้ภรรยาคุณได้ไหม

당신은 배드민턴을 해서 당신 아내를 당할 수 있습니까?

สู้ไม่ได้หรอก เพราะนาน ๆ เล่นที

당할 수 없어요. 왜냐하면 이따금씩 하니까요

สู้ไม่ได้หรอก เพราะไม่ได้เล่นบ่อย ๆ

당할 수 없어요. 왜냐하면 자주 하지 않으니까요.

สู้ไม่ได้สักที เพราะผมไม่ค่อยได้เล่น

전혀 당해낼 수가 없어요. 왜냐하면 저는 해 본 적이 별로 없어서요.

14. คุณเล่นกีฬาบ่อย ๆ หรือเปล่า

당신은 운동을 자주 하십니까?

ครับ ผมเล่นกีฬาอยู่เสมอ

네. 저는 항상 운동을 합니다.

ครับ ผมเล่นกีฬาบ่อย ๆ

네. 저는 자주 운동을 합니다.

ไม่บ่อยหรอกครับ นาน ๆ เล่นที

자주 하지 않습니다. 이따금씩 합니다.

15. ไปเที่ยวทะเลกับไปเที่ยวป่า คุณจะเอาอย่างไหน

바다에 놀러 가는 것과 숲에 놀러 가는 것, 당신은 무엇을 하시겠어요?

ไปเที่ยวทะเลก็แล้วกัน

바다에 놀러 가기로 합시다.

ไปเที่ยวป่าก็แล้วกัน

숲에 놀러 가기로 합시다.

เอาอย่างนี้ก็แล้วกัน ไปทั้งสองแห่ง

이렇게 하도록 합시다. 두 곳 다 갑시다.

เอาอย่างนี้ก็แล้วกัน อาทิตย์นี้ไปเที่ยวป่า อาทิตย์หน้าไปเที่ยวทะเล

이렇게 하도록 합시다. 이번 주에는 숲에 놀러 가고, 다음 주에는 바다에 놀러 가고.

줄거리

วินัยชวนปรีชาไปตีกอล์ฟกันอาทิตย์หน้า เขาจะไปกันสองคนเท่านั้น เพราะวีระไม่ชอบตีกอล์ฟ ชอบแต่โยนโบว์ลิ่งกับฟุตบอล ส่วนสุดากับอารยาก็ชอบว่ายน้ำ พวกเขาเล่นกีฬากันเป็นงานอดิเรก มาลินีภรรยาของปรีชาก็เคยเป็นนักกีฬาแบดมินตันและปิงปอง ปรีชาเคยตีปิงปองกับเธอ แต่สู้ไม่ได้ เพราะมือแข็งตีไม่ถูกลูก ปรีชาบอกว่าจะเอารถโฟร์วีลไปรับวินัยที่บ้าน อาทิตย์หน้าหกโมงครึ่ง

제 20 과

ไปดูฟุตบอล

축구경기 관람

본 문

วีระ　วันนี้ผมลงแข่งฟุตบอลนะครับคุณพ่อ
오늘 저 축구시합에 나가요, 아버지.

วินัย　ดี พ่อแม่และอารยาจะไปเชียร์
그래. 엄마와 아빠, 그리고 아라야가 응원하러 갈게.

วีระ　ขอบพระคุณครับ ผมจะพยายามเล่นให้ดีที่สุด
고맙습니다. 최선을 다해 뛰도록 노력할게요.

(ที่สนามกีฬา) (운동장에서)

สุดา　ถ้าเราไม่ได้จองตั๋วก่อน ก็คงไม่ได้ดูแน่ ๆ
만약 우리가 먼저 표를 예약하지 않았다면 아마도 못 봤을 게 확실해요.

วินัย　อ๋อ แน่นอน เพราะคนแน่นเหลือเกิน
아, 물론이지. 사람들이 너무나 붐벼.

อารยา　นักกีฬาลงสนามแล้วค่ะ แน่ะ พี่สมชายก็เล่นด้วย
선수들이 운동장에 나왔어요. 어! 쏨차이오빠도 뛰어요.

วินัย　สมชายเล่นได้ดีมาก พ่อเคยดูเขาเล่นหลายหน ทั้งเร็วและฉลาด สมชายกับวีระเล่นเข้าขากันดีเสมอ
쏨차이가 아주 잘해. 아빠는 그가 뛰는 걸 여러 번 봤어.
빠르기도 하고, 영리하기도 하지. 쏨차이와 위라는 늘 발이 잘 맞아.

อารยา　พี่วีระวิ่งเร็วเร็ว ดูซิคะ เสื้อสีแดงกางเกงสีแดง ถุงเท้าลายขาวดำ ดูสง่าจังค่ะ คุณพ่อคะ คนโน้นชื่ออะไรคะ
위라 오빠 빨리 빨리 뛰어요! 보세요! 빨간색 상의와 빨간색 바지,
흰색과 검정색 줄무늬 양말. 정말 멋있어 보여요.
아빠! 저 사람은 이름이 뭐예요?

วินัย คนไหน อ๋อ คนสูงๆ นั่นหรือ
누구? 아, 저기 키 큰 사람 말이니?

อารยา ค่ะ หมายเลข 21
네. 21번요.

วินัย อ๋อ สุทธา นักฟุตบอลทีมชาติไงล่ะ
어~ 쑷타라고 국가대표 축구선수잖아.

อารยา รูปหล่อนะคะ
잘 생겼어요.

สุดา ลูกจะมาดูฟุตบอลหรือมาดูคนกันแน่จ๊ะ
너는 축구를 보러 온 거니, 아니면 사람을 보러 온 거니?

วินัย แต่ก่อนจะดูการแข่งขันก็ควรจะรู้ว่าใครเป็นใคร
하지만 시합을 보기 전에 누가 누군지 알아야지.

สุดา วีระถูกกระแทกหกล้ม โถ เป็นอะไรหรือเปล่าลูก
โถ คงจะเจ็บมาก ยังนอนบิดตัวอยู่เลย
위라가 부딪혀서 넘어졌어요. 아! 어찌된 건 아닌가 몰라.
오~~ 많이 아프겠다. 아직도 누워서 몸을 비틀고 있어요.

วินัย ไม่เป็นอะไรหรอก คุณอย่าร้องสิ หกล้มบ้างเป็นธรรมดา
괜찮을 거요. 당신 소리지르지 마. 넘어지는 건 보통이야.

สุดา แหม ดิฉันใจหายหมดเลย
어머, 저 완전히 놀랐어요.

단 어

ดู	보다	ฟุตบอล	축구
วันนี้	오늘	แข่ง	경쟁하다, 다투다
เชียร์	응원하다	พยายาม	노력하다
เล่น	운동하다	สนามกีฬา	운동장, 경기장
จอง	예약하다	ตั๋ว	표
ก่อน	먼저, 이전에	แน่	확실한
แน่นอน	물론이다	แน่น	빽빽하다, 붐비다
เหลือเกิน	너무나	นักกีฬา	운동선수
หน	회, 번	เร็ว	빠르다
ฉลาด	영리하다	เสมอ	늘, 항상
เสื้อ	옷(특히 상의)	สีแดง	빨간색
กางเกง	바지	ถุงเท้า	양말
ลาย	(줄)무늬	ขาว	하얗다
ดำ	검다	สง่า	아름답다
สูง	(키가) 크다	หมายเลข	번호
ทีมชาติ	국가대표팀	รูปหล่อ	잘생기다
แข่งขัน	시합하다	รู้	알다
ใคร	누구	กระแทก	부딪치다
หกล้ม	넘어지다	เจ็บ	아프다
ยัง	여전히, 아직	นอน	눕다

บิด	비틀다	อย่า	~하지 마라
ร้อง	소리치다	ธรรมดา	보통이다
ใจหาย	놀라다	แหม	[감탄사]
หมด	전부, 모두		

문법설명

1 태국어의 최상급 표현

태국어의 최상급 표현은 부사 또는 형용사에 ที่สุด을 결합하여 나타 냅니다. 또한 กว่า와 부정칭대명사의 결합 형태로 최상급의 의미를 나타낼 수 있습니다.

ผมจะพยายามเล่นให้ดีที่สุด
최선을 다해 뛰도록 노력할게요.
เขาเรียนเก่งที่สุดในห้องของเรา
그는 우리 반에서 공부를 제일 잘 한다.
รายได้ของเขาไม่ต่ำกว่าใคร
그의 수입은 누구보다도 낮지 않다.
เธอสวยกว่าใครทั้งสิ้น
그녀는 그 누구보다도 아름답다.
ความสนใจที่มีต่อฟุตบอลโลกของเขาไม่แพ้ใคร
그의 월드컵 축구에 대한 관심은 누구에게도 지지 않는다.

2 ทั้ง A และ B 구문

태국어의 ทั้ง A และ B 구문은 'A와 B 모두'라는 의미를 나타내며, 이때 A와 B는 상대적인 비교우위를 지니지 않습니다.

ทั้งเร็วและฉลาด	빠르기도 하고 영리하기도 하다.
บ้านเรามีทั้งหมาและแมว	우리집에는 개와 고양이 모두 있다.
ทั้งพ่อและแม่ทำงานที่นี่	아버지와 어머니 모두 여기에서 일하신다.

3 태국어의 반복어

태국어에서 하나의 단어를 반복하여 사용하는 경우가 있습니다. 이때 반복어의 의미는 반복하기 이전보다 강화되거나 또는 약화되기도 합니다. 반복어로 사용되는 경우 선행음절은 단모음으로 발음되고, 후행음절은 본래의 길이로 발음됩니다. 의미가 강조되는 경우 선행음절 은 3성으로 발음되는 경우가 많습니다. 반복어를 표기하는 경우에는 반복부호 마이야목(ๆ)을 사용합니다.

พูดดัง ๆ หน่อย	크게 좀 말하세요.
พี่วีระวิ่งเร็วเร็ว	위라 오빠는 무척 빨리 뛰어요.
แม่ใส่เสื้อแดง	어머니는 빨간 색 셔츠를 입으셨다.
แม่ใส่เสื้อแดง ๆ	어머니는 붉은 색 셔츠를 입으셨다.
แม่ใส่เสื้อแด๊งแดง	어머니는 새 빨간 색 셔츠를 입으셨다.

4 금지의 조동사

태국어의 อย่า는 동작성동사와 결합하여 그 동사가 나타내는 행위를 만류하는 의미로 사용된다. 이와 유사한 경우에 사용될 수 있는 조동사로 ห้าม이 있는데, 이는 법이나 규칙에 위배되는 행동을 금지 하는 경우에 사용된다.

อย่าพูดเช่นนั้น	그렇게 말하지 마세요.
ห้ามพูดภาษาเกาหลีในห้องเรียนนี้	본 교실에서는 한국어 사용금지합니다.
ห้ามสูบบุหรี่	금연
อย่าร้องไห้	울지 마세요.

보충설명

쭐라-탐마쌋 축구대항전 (งานฟุตบอลประเพณีจุฬาฯ-ธรรมศาสตร์)

매년 1월 쑵파차라싸이 국립경기장(สนามศุภชลาศัย กรีฑาสถานแห่งชาติ)에서는 쭐라롱껀대학교와 탐마쌋대학교 간의 학교대항 축구경기가 열립니다. 태국 최고 명문대학 간의 축구경기는 1934년에 처음으로 시작된 이래 70년 이상 이어져 내려온 유서깊은 전통이 되었습니다. 쭐라롱껀 대학교와 탐마쌋대학교에 진학한 쑤언꿀랍중고등학교 졸업생들의 친선 경기로 시작된 이 전통은 영국의 캠브리지대학교와 옥스퍼드대학교의 조정경기를 본 딴 것으로서 태국에서는 축구를 하기로 결정하였던 것입니다. 매년 경기가 열리는 운동장에서는 많은 동문들과 재학생들이 양 학교의 공식 색상인 분홍색과 빨강색 티셔츠를 입고 열띤 응원전을 펼칩니다. 특히 식전행사로 펼쳐지는 학생들의 정치 풍자 행렬은 이 행사의 하이라이트라고 할만 합니다. 이 경기는 텔레비전으로 태국 전역에 생중계되며, 입장료 수익은 자선단체에 기부됩니다.

문형연습

1. พวกนั้นกำลังแข่งขันอะไร

   그들은 지금 무슨 시합을 하는 중입니까?

   พวกเขาวิ่งแข่งกัน

   그들은 달리기를 합니다.

   พวกเขาแข่งขันฟุตบอลกัน

   그들은 축구시합을 합니다.

   พวกเขาแข่งขันกีฬากัน

   그들은 운동시합을 합니다.

2. พ่อแม่และอารยาจะไปไหน

   부모님과 아라야는 어디에 갑니까?

   พวกเขาจะไปเชียร์ฟุตบอล

   그들은 축구 응원하러 갑니다.

   พวกเขาจะไปเชียร์วีระเล่นฟุตบอล

   그들은 위라가 축구하는 것을 응원하러 갑니다.

3. วีระจะพยายามทำอะไรให้ดีที่สุด

위라는 뭘 가장 잘 하려고 노력할 겁니까?

เขาจะพยายามเล่นฟุตบอลให้ดีที่สุด

그는 축구를 가장 잘 하려고 노력할 겁니다.

เขาจะพยายามเรียนหนังสือให้ดีที่สุด

그는 공부를 가장 잘 하려고 노력할 겁니다.

4. ถ้าเขาไม่จองตั๋วก่อน จะเป็นอย่างไร

만약 그가 미리 표를 예약하지 않는다면 어떨까요?

ถ้าเขาไม่จองตั๋วก่อน ก็หาที่นั่งไม่ได้

만약 그가 미리 표를 예약하지 않는다면 좌석을 구할 수 없습니다.

ถ้าเขาไม่จองตั๋วก่อน ก็ไม่ได้ดูฟุตบอล

만약 그가 미리 표를 예약하지 않는다면 축구를 못 봅니다.

5. นักกีฬาลงสนามหรือยัง

운동선수들이 운동장에 나왔습니까?

นักกีฬายังไม่ได้ลงสนาม

선수들이 아직 운동장에 나오지 않았습니다.

นักกีฬากำลังลงสนาม

선수들이 운동장에 나오고 있습니다.

นักกีฬาลงสนามแล้ว

선수들이 운동장에 나왔습니다.

6. คุณเคยดูเขาเล่นฟุตบอลไหม

당신은 그가 축구하는 것을 본 적이 있습니까?

ผมเคยดูเขาเล่นหนเดียว

저는 그가 운동하는 것을 한 번 본 적이 있습니다.

ผมเคยดูเขาเล่นหลายหน

나는 그가 운동하는 것을 여러 번 봤습니다.

ผมเคยดูเขาเล่นบ่อย ๆ

저는 그가 운동하는 것을 자주 봤습니다.

7. สมชายเล่นฟุตบอลเป็นอย่างไร

쏨차이가 축구하는 것은 어때요?

เขาเล่นดีมาก ทั้งเร็วและฉลาด

그는 아주 잘 합니다. 빠르고 영리해요.

เขาเล่นฉลาด แต่ช้าเกินไป

그는 영리하게 합니다. 그러나 너무 느립니다.

8. สมชายกับวีระเล่นด้วยกันเป็นอย่างไร

쏨차이와 위라가 같이 뛰는 게 어때요?

พวกเขาเล่นเข้าขากันดีมาก

그들은 발이 매우 잘 맞습니다.

พวกเขาเล่นด้วยกันได้ดีมาก

그들은 같이 매우 잘 합니다.

9. เขาวิ่งเร็วไหม

그는 빨리 뜁니까?

เขาวิ่งเร็วมาก

그는 아주 빨리 뜁니다.

เขาวิ่งเร้วเร็ว

그는 매우 빨리 뜁니다.

เขาวิ่งเร็วเกินไป

그는 지나치게 빨리 달립니다.

10. เขาใส่เสื้อกางเกงสีอะไร

그는 무슨 색 상의와 바지를 입었습니까?

เขาใส่เสื้อแดงกางเกงขาว

그는 빨간 상의에 흰 바지를 입었습니다.

เขาใส่เสื้อลายขาวแดงกางเกงขาว

그는 빨간색과 흰색 줄무늬 상의에 흰 바지를 입었습니다.

เขาใส่เสื้อลายเขียวเหลืองกางเกงเหลือง

그는 초록색과 노란색 줄무늬 상의에 노란 바지를 입었습니다.

11. คนสูง ๆ นั่นเป็นอย่างไร

저기 키 큰 사람이 어때요?

คนสูง ๆ ดูสง่าดี

키 큰 사람이 멋있어 보입니다.

คนสูง ๆ ดูหล่อดี

키 큰 사람이 잘 생겨 보입니다.

คนสูง ๆ นั่นทั้งสง่าและหล่อดี

저기 키 큰 사람은 수려하고 잘 생겼어요.

12. ใครเป็นนักฟุตบอลทีมชาติ

누가 국가대표팀 축구선수입니까?

สุทธาเป็นนักฟุตบอลทีมชาติ

쏫타가 국가대표팀 축구선수입니다.

คนเตี้ย ๆ นั่น เป็นนักฟุตบอลทีมชาติ

저기 키 작은 사람이 국가대표팀 축구선수입니다.

คนสูง ๆ นั่น เป็นนักฟุตบอลทีมชาติ

저기 키 큰 사람이 국가대표팀 축구선수입니다.

13. คุณรู้ไหมว่าใครเป็นใคร

당신은 누가 누군지 압니까?

ผมไม่รู้ว่าใครเป็นใคร

나는 누가 누군지 몰라요.

ฉันควรจะรู้ว่าใครเป็นใคร

나는 누가 누군지 알아야 겠어요.

ผมน่าจะรู้ว่าใครเป็นใคร

나는 누가 누군지 알 것 같아요.

14. ใครถูกกระแทกล้ม

누가 부딪혀서 넘어졌습니까?

วีระถูกกระแทกล้ม

위라가 부딪혀서 넘어졌습니다.

นักกีฬาคนสูง ๆ นั่นถูกกระแทกล้ม

저기 키 큰 선수가 부딪혀서 넘어졌습니다.

15. เขาเป็นอะไร จึงนอนบิดตัวอยู่

그는 어떤거야? 누워서 몸을 비틀고 있네.

เขาถูกกระแทกเจ็บมาก จึงนอนบิดตัวอยู่

그는 부딪혔는데 많이 아파서 누워서 몸을 비틀고 있습니다.

เขาหกล้มเจ็บมาก จึงนอนบิดตัวอยู่

그는 넘어져서 많이 아파 누워서 몸을 비틀고 있습니다.

เขาถูกรถชนเจ็บมาก จึงนอนบิดตัวอยู่

그는 차에 부딪혀서 많이 아픕니다.그래서 누워서 몸을 비틀고 있습니다.

16. ทำไมเขาหกล้ม

왜 그는 넘어졌습니까?

การเล่นกีฬาก็ต้องมีหกล้มบ้างเป็นธรรมดา

운동하는데 넘어지는 건 보통이야.

เด็ก ๆ วิ่งเล่นก็ต้องมีหกล้มบ้างเป็นธรรมดา

어린이들이 뛰어 놀면서 넘어지는 게 보통이다.

การเล่นฟุตบอลก็ต้องมีหกล้มบ้างเป็นธรรมดา

축구하면서 넘어지는 것은 보통이다.

17. ทำไมคุณจึงใจหาย

왜 당신은 놀랐습니까?

ลูกดิฉันหกล้ม ดิฉันจึงใจหาย

제 자식이 넘어져서 제가 놀랐습니다.

เด็กถูกรถชน ดิฉันจึงใจหาย

아이가 차에 부딪혀서 제가 놀랐습니다.

หมอบอกว่าเขาป่วยมาก เราจึงใจหาย

의사가 그가 많이 아프다고 말해서 우리가 놀랐습니다.

줄거리

วินัย สุดา และอารยา ไปเชียร์วีระแข่งฟุตบอล ที่สนามฟุตบอลคนดูแน่นมาก แต่โชคดีที่พวกเขาจองตั๋วไว้ก่อนจึงมีที่นั่ง วันนี้สมชายก็ลงแข่งด้วย เขาเล่นฟุตบอลดีมาก ทั้งเร็วและฉลาด และยังเล่นเข้าขากันดีกับวีระอีกด้วย อารยาชมว่าสุทธานักกีฬาทีมชาติที่ลงแข่งด้วยนั้นรูปหล่อและสง่า ระหว่างการแข่งขัน วีระถูกกระแทกล้มลง สุดาร้องเสียงหลงเพราะใจหายและเป็นห่วงวีระ

제 21 과

ดูโทรทัศน์
텔레비전 시청

본 문

สุดา อารยาทำการบ้านเสร็จแล้วหรือ จึงมานั่งดูโทรทัศน์
아라야는 숙제를 다 끝낸 거니? 앉아서 텔레비전 보고 있네.

อารยา พรุ่งนี้วันหยุดค่ะ คุณแม่ ยังไม่ต้องรีบทำก็ได้
내일은 휴일이에요, 엄마. 아직 서둘러 하지 않아도 돼요.

สุดา อ้อ จริงสิ วันนี้มีรายการอะไรดีหรือ
아, 맞다. 오늘 뭐 좋은 프로그램 있니?

อารยา มีทั้งละครและคอนเสิร์ตค่ะ
드라마도 있고, 콘서트도 있어요.

วีระ จะยังไงก็แล้วแต่ คุณพ่อกับพี่จะดูถ่ายทอดมวย
어찌됐건 간에 아빠와 오빠는 권투중계를 볼 거야.

อารยา มวยมีทุกอาทิตย์ ไม่เบื่อบ้างหรือคะ
권투는 매주 있어. 지겹지도 않아?

วินัย วันนี้นักมวยไทยชกชิงแชมเปี้ยนโลก เรามาช่วยกันเชียร์หน่อย
오늘 태국 권투선수가 세계챔피언 타이틀 매치를 해.
우리 다 같이 응원하자.

อารยา ถ้าอย่างนั้น หนูก็อดดูละคร เสียดายจัง ละครช่อง 3 ด้วย
그렇다면 저도 드라마 보는 걸 참겠어요. 정말 아깝다.
3번 채널 드라마인데.

วินัย ตอนหัวค่ำ ลูกดูคอนเสิร์ตไปก่อนก็ได้
มวยเขาถ่ายทอดสองทุ่มครึ่ง
초저녁에는 콘서트 먼저 봐도 돼.
권투는 저녁 8시 반에 중계하니까.

วีระ นักร้องคนนี้หน้าตาไม่เลว แต่เสียงไม่ได้ความเลย
이 가수는 얼굴이 나쁘지 않아. 그렇지만 목소리는 영 아니야.

สุดา นักร้องสมัยนี้ต่างกับสมัยก่อน ให้ความสำคัญกับหน้าตามากกว่าเสียง

요즘 가수들은 예전과 달라요. 목소리보다는 외모에 중요성을 두죠.

วินัย ก็เพราะคนพวกนี้ไปปรากฏตัวในงานต่างๆ รวมทั้งมิวสิควิดีโอด้วย

왜냐하면 이들은 각종 행사들과 함께 뮤직비디오에도 출연해야 하거든.

สุดา เปลี่ยนไปดูช่องอื่นดีกว่า

다른 채널로 바꿔 보는 게 좋겠다.

อารยา เดี๋ยวช่องนี้จะมีเกมโชว์ค่ะ

이제 곧 이 채널에서 게임쇼가 있어요.

วีระ เปลี่ยนไปดูมวยเลยครับ ถึงเวลาแล้ว

권투 보는 걸로 돌려. 시간이 됐어.

สุดา ผู้ชายละก็ ชอบดูมวยเสียจริง

남자들은 말이지 권투 보는 걸 너무 좋아해.

วินัย ผู้หญิงละก็ ชอบดูเกมโชว์จริง ๆ

여자들은 말이지 게임쇼 보는 걸 너무 좋아해.

อารยา เราควรจะมีทีวีสองเครื่องนะคะ ซื้อรุ่นใหม่ทั้งจอพลาสมา และจอแอลซีดี จะได้ไม่ต้องแย่งกันดู

우리 아무래도 텔레비전이 두 대 있어야겠어요. 플라즈마 TV하고 LCD TV 신형으로 사요. 서로 다툴 필요 없이 보게요.

วีระ ซื้อให้ครบตามจำนวนคนเลยยิ่งดีครับ

사람 수대로 산다면 더욱 좋지요.

วินัย ถ้าพ่อรวยละก็ พ่อจะซื้อให้คนละสองเครื่องเลย

만약 아빠가 부자라면 한 사람 당 두 대씩 사 줄게.

단 어

โทรทัศน์	텔레비전	การบ้าน	숙제
เสร็จ	끝내다	พรุ่งนี้	내일
วันหยุด	휴일	รายการ	프로그램, 목록
ละคร	드라마	คอนเสิร์ต	콘서트
ถ่ายทอด	중계하다	มวย	권투, 복싱
ทุก	모든	อาทิตย์	주(week)
เบื่อ	지루하다	นักมวย	권투선수
ชก	(주먹으로) 치다	ชิง	겨루다
แชมเปี้ยน	챔피언	โลก	세계
ช่วย	돕다	เชียร์	응원하다
อด	참다	เสียดาย	아쉽다, 아깝다
ช่อง	채널	ตอนหัวค่ำ	초저녁에
นักร้อง	가수	หน้าตา	얼굴
เลว	나쁘다	เสียง	소리, 음성
ความ	내용, 의미	สมัย	시대
สำคัญ	중요하다	ปรากฏ	나타나다
มิวสิควิดีโอ	뮤직비디오(MV)	เปลี่ยน	바꾸다
อื่น	다른	เกมโชว์	게임쇼
ชอบ	좋아하다	ทีวี	TV
เครื่อง	[형태사] 대	ซื้อ	사다
รุ่น	(제품)모델	จอ	화면
พลาสมา	플라즈마(PDP)	แอลซีดี	엘씨디(LCD)
แย่ง	다투다	ครบ	꽉 찬, 정족수의
ตาม	~따라, ~대로	จำนวน	수량
รวย	부유하다		

문법설명

1 시작을 의미하는 หัว

머리의 의미를 지닌 หัว가 실체성명사 또는 비실체성명사와 결합하여 첫머리 또는 시작부분의 의미를 나타냅니다. 특히 시간과 관련된 의미를 나타내는 경우는 หัว 외에 ต้น이 사용되는 경우도 있습니다.

หัวค่ำ	초저녁
หัวเรือ	뱃머리
ต้นเดือน / ต้นปี	월초 / 연초

2 ดีกว่า

태국어에서 ดี가 비교급을 나타내는 กว่า와 결합하여 선행문과 후행문 사이에 나타나는 경우가 있습니다. 그런데 후행문의 의미가 굳이 드러나지 않아도 되는 경우에는 선행문 끝머리에 ดีกว่า가 오고 그대로 문장이 종결되는 경우도 있습니다.

อ่านหนังสือดีกว่าไปเที่ยว	놀러 가는 것보다 책 읽는 게 낫다.
ไปเล่นโบว์ลิ่งดีกว่าว่ายน้ำ	수영하는 것보다 볼링하러 가는 게 더 낫다.
กลับบ้านดีกว่า (อยู่ที่นี่ต่อ)	(여기에 계속 있는 것보다) 집에 가는 것이 낫다.

3 조동사 ควร

태국어의 조동사 ควร은 필요성 또는 당연의 의미를 나타내는 전치 조동사로, 부정소 ไม่의 앞과 뒤에 모두 나타날 수 있습니다.

เราควรจะมีทีวีสองเครื่อง	우리는 텔레비전이 두 대 있어야 한다.
นักเรียนควรจะขยันเรียนหนังสือ	학생들은 공부를 열심히 해야 한다.
เด็กไม่ควรจะสูบบุหรี่	아이들은 담배를 피우지 않아야 한다.

4 ละ

태국어에서 ละ는 형태사+ละ의 형태로 나타나 '~당, ~마다, ~에'의 의미 를 나타냅니다. ละ 이외에도 '~당'의 의미를 나타내는 단어로 ต่อ가 있는데, ต่อ+형태사의 형태로 나타납니다.

ค่าชมคนละเท่าไร	일 인당 관람료가 얼마입니까?
คนละห้าสิบบาท	일 인당 50 바트입니다.
ต้องจ่ายค่าชมห้าสิบบาทต่อหัว	일 인당 50 바트의 관람료를 지불해야 합니다.

보충설명

태국의 공중파 채널은 3, 5, 7, 9, 11번, 그리고 TPBS 모두 6개로 무료 시청입니다. 공영방송으로는 육군방송국인 สถานีวิทยุโทรทัศน์กองทัพบกช่อง 5 (Channel 5, Royal Thai Army)와 9번 채널인 สถานีโทรทัศน์ โมเดิร์นไนน์ ทีวี (Channel 9, MCOT)가 있습니다. 상업방송으로는 MCOT로부터 방송 허가를 받아 BEC가 운영하는 สถานีวิทยุโทรทัศน์ไทยทีวีสีช่อง 3(Channel 3 , BEC-Bangkok Entertainment Company, under license from MCOT)과 육군방송국으로부터 방송허가권을 얻어 방콕텔레비전 & 라디오가 운영하는 สถานีโทรทัศน์สีกองทัพบกช่อง 7 (Channel 7, Bangkok Broadcasting & Television Company Limited, under license from Royal Thai Army)이 있습니다. 국영방송인 สถานีวิทยุโทรทัศน์แห่งประเทศไทย(สทท., National Broadcasting Services of Thailand)는 11번 채널에서 방영되는데, 2008년 4월 1일자로 수상실 산하 홍보국에 의해 서비스가 이루어지고 있습니다. 또 하나의 공중파 방송으로는 สถานีโทรทัศน์ทีวีไทย(Thai Public Broadcasting Service)가 있는데, 전신은 친코아퍼레이션에 의해 운영되던 iTV(Thailand)로 태국최초의 민영방송국입니다. 수상국이 방송허가권을 가지고 있으며, 2007년

홍보국으로 이전되어 TITV로 명칭이 변경되었다가, 2008년 2월 1일자로 TPBS가 되었고, 29번 채널로 방영됩니다. 이 외에도 케이블 및 위성방송 채널이 있는데, 대표적인 케이블 방송국인 true สถานีโทรทัศน์ ทรูวิชั่นส์ (True Vision)과 네이션 멀티미디어 그룹에서 운영하고 있는 Nation สถานีโทรทัศน์ เนชั่น แชนแนล(Nation Channel) 등이 있습니다.

문형연습

1. เธอทำการบ้านเสร็จแล้วหรือ จึงมานั่งดูโทรทัศน์

   그녀는 숙제를 끝냈나요? 앉아서 텔레비전을 보네요.

   หนูทำการบ้านเสร็จแล้ว จึงมานั่งดูโทรทัศน์

   저는 숙제를 다 했어요. 그래서 앉아서 텔레비전을 봐요.

   หนูทำการบ้านยังไม่เสร็จ แต่พรุ่งนี้เป็นวันหยุด

   저는 숙제를 아직 안 끝냈어요. 하지만 내일은 휴일입니다.

   พรุ่งนี้วันหยุด ยังไม่ต้องรีบทำก็ได้

   내일은 휴일입니다. 아직 서두르지 않아도 돼요.

2. โทรทัศน์วันนี้มีรายการอะไรดีหรือ

   오늘 텔레비전에 뭐 좋은 프로그램 있어요?

   มีทั้งละครและคอนเสิร์ต

   드라마도 있고, 콘서트도 있어요.

   มีทั้งถ่ายทอดมวยและถ่ายทอดฟุตบอล

   권투중계도 있고, 축구중계도 있어요.

   มีทั้งละครและถ่ายทอดมวย

   드라마도 있고, 권투중계도 있어요.

3. จะอย่างไรก็แล้วแต่ ฉันจะไปดูหนัง

   어쨌든 간에 나는 영화를 보러 갈 거야.

   จะอย่างไรก็แล้วแต่ ผมจะไปตกปลา

   어쨌든 간에 나는 낚시하러 가겠다.

   จะอย่างไรก็แล้วแต่ คุณต้องตื่นแต่เช้า

   어쨌든 간에 당신은 아침 일찍 일어나야 한다.

จะอย่างไรก็แล้วแต่ ผมจะช่วยคุณแน่
어쨌든 간에 나는 확실히 당신을 도울 것이다.

4. คุณดูหนังบ่อย ๆ ไม่รู้จักเบื่อบ้างหรือ
당신은 영화를 자주 보는데, 지겨운 걸 모르시나요?
ผมดูหนังไม่รู้จักเบื่อเลย
저는 영화를 보는 게 지겨운 줄 모르겠어요.
ผมดูหนังไม่รู้จักเบื่อ แต่ดูโทรทัศน์เบื่อ
저는 영화 보는 것은 지겨운 줄 모르겠어요. 그렇지만 텔레비전 보는 것은 지루해요.

5. วันนี้เขาชกมวยชิงแชมเปี้ยนโลก
오늘 그는 세계챔피언 타이틀 매치를 합니다.
วันนี้เขาชกชิงแชมเปี้ยนโลก ต้องช่วยเชียร์หน่อย
오늘 그는 세계챔피언 타이틀 매치를 합니다. 도와서 응원해야 해요.
วันนี้เขาแข่งขันฟุตบอล ต้องช่วยเชียร์หน่อย
오늘 그는 축구시합을 합니다. 도와서 응원해야 해요.

6. ถ้าคุณจะดูมวย ผมก็อดดูฟุตบอล
만약 당신이 권투를 본다면, 저도 축구 보는 걸 참겠어요.
ถ้าคุณจะดูละคร ผมก็อดดูมวย
만약 당신이 드라마를 본다면 저도 권투 보는 것을 참겠어요.
ถ้าคุณจะดูเกมโชว์ เราก็อดดูคอนเสิร์ต
만약 당신이 게임쇼를 본다면 우리도 콘서트 보는 것을 참겠어요.

7. เสียดายจัง รายการดี ๆ เสียด้วย
정말 아깝다. 좋은 프로그램들인데.
เสียดายจัง ของดี ๆ เสียด้วย
정말 아깝다. 좋은 물건인데.
เสียดายจัง ที่ไม่ได้ดูหนังเรื่องนั้น
정말 아깝다. 그 영화를 안 본 것이.
เสียดายจัง ไม่น่าจะมีรายการเวลาเดียวกันเลย
정말 아깝다. 같은 시간 프로그램이 아니었어야 했는데.

8. เขาถ่ายทอดฟุตบอล ตอนหัวค่ำ

그들은 초저녁에 축구중계를 합니다.

เขาถ่ายทอดมวย ตอนหัวค่ำ

그들은 초저녁에 권투중계를 합니다.

เขาถ่ายทอดคอนเสิร์ต ตอนดึก

그들은 밤늦게 콘서트를 중계합니다.

9. นักร้องคนนี้หน้าตาไม่เลว แต่เสียงไม่ได้ความ

이 가수는 얼굴이 나쁘지 않아. 그렇지만 소리는 영 아니야.

พระเอกคนนี้หน้าตาไม่เลว แต่เล่นไม่ได้ความ

이 남자주인공은 얼굴이 나쁘지 않아. 그렇지만 연기는 영 아니야.

นางเอกคนนี้หน้าตาสวย แต่แสดงไม่ได้ความ

이 여자주인공은 얼굴은 예쁜데, 연기는 영 아니야.

10. นักร้องสมัยนี้ต่างกับสมัยก่อนอย่างไร

요즘 가수들은 옛날 가수들과 어떻게 다릅니까?

นักร้องสมัยนี้ให้ความสำคัญกับหน้าตามากกว่าเสียง

요즘 가수는 소리보다는 얼굴에 더 중요성을 둡니다.

นักร้องสมัยนี้ต้องปรากฏตัวมากกว่าสมัยก่อน

요즘 가수는 옛날보다 많이 자신을 드러내야 합니다.

นักร้องสมัยนี้หน้าตาดีกว่านักร้องสมัยก่อน

요즘 가수는 옛날 가수들 보다 용모가 낫습니다.

นักร้องสมัยนี้ร้องเพลงสู้นักร้องสมัยก่อนไม่ได้

요즘 가수는 옛날 가수들이 노래부는 것에 따라가지 못합니다.

11. เขาจะเปลี่ยนไปดูโทรทัศน์ช่องไหน

그는 어느 채널로 바꿔서 볼까요?

เขาจะเปลี่ยนไปดูโทรทัศน์ช่อง 3

그는 3번 채널로 바꿔서 볼 거예요.

เขาจะเปลี่ยนไปดูโทรทัศน์ช่อง 9

그는 9번 채널로 바꿔서 볼 거예요.

12. คุณชอบดูรายการโทรทัศน์อะไร

당신은 무슨 TV프로그램 보는 것을 좋아합니까?

ผมชอบดูรายการมวย

저는 권투프로그램 보는 것을 좋아합니다.

ดิฉันชอบดูรายการเกมโชว์

저는 게임쇼 보는 것을 좋아합니다.

หนูชอบดูรายการคอนเสิร์ต

저는 콘서트프로그램 보는 것을 좋아합니다.

13. ผู้ชายละก็ ชอบดูมวยเสียจริง

남자들은 말이지 권투 보는 걸 너무 좋아해.

ผู้หญิงละก็ ชอบดูเกมโชว์เสียจริง

여자들은 말이지 게임쇼 보는 걸 너무 좋아해.

ผู้ชายละก็ ชอบจีบผู้หญิงเสียจริง

남자들은 말이지 여자 꼬시는 걸 너무 좋아해.

ผู้หญิงละก็ ชอบพูดมากเสียจริง

여자들은 말이지 수다 떠는 걸 너무 좋아해.

14. คุณคิดว่าเราควรจะมีโทรทัศน์ชนิดไหน

당신은 우리가 어떤 종류의 텔레비전이 있어야 한다고 생각합니까?

ผมคิดว่าเราควรจะมีโทรทัศน์สี

저는 우리가 컬러텔레비전이 있어야 한다고 생각합니다.

หนูคิดว่าเราควรจะมีโทรทัศน์จอพลาสมา

저는 우리가 PDP TV 가 있어야 한다고 생각합니다.

ดิฉันคิดว่าเราควรจะมีโทรทัศน์จอแอลซีดี

저는 우리가 LCD TV가 있어야 한다고 생각합니다.

เราคิดว่าควรจะมีทั้งโทรทัศน์จอพลาสมาและจอแอลซีดี

우리는 PDP와 LCD TV 모두 있어야 한다고 생각합니다.

15. ทำไมจะต้องมีโทรทัศน์หลายเครื่อง

왜 텔레비전이 여러 대 있어야만 할까요?

เพื่อจะได้ไม่ต้องแย่งกันดู

다투면서 보지 않기 위해서.

เพื่อจะได้ไม่ต้องเปลี่ยนช่องบ่อย ๆ

자주 채널을 돌릴 필요가 없기 때문에.

เพื่อจะได้ดูทุกรายการ

모든 프로그램을 보기 위하여.

16. คุณพ่อจะซื้อโทรทัศน์หลายเครื่องหรือ

아버지는 텔레비전을 여러 대 살까요?

ใช่ คุณพ่อจะซื้อหลายเครื่อง ถ้าท่านรวย

네. 아버지는 여러 대 사실 거예요. 만약 당신이 부자라면.

ใช่ คุณพ่อจะซื้อหลายเครื่อง ถ้าท่านมีเงิน

네. 아버지는 여러 대 사실 거예요. 만약 당신이 돈이 있으시다면.

ใช่ คุณพ่อจะซื้อหลายเครื่อง ถ้าคุณแม่ต้องการ

네. 아버지는 여러 대 사실 거예요. 만약 어머니가 원하신다면.

줄거리

ครอบครัวของวินัยนั่งดูโทรทัศน์ด้วยกัน อารยาอยากดูละครและคอนเสิร์ต แต่วินัยกับวีระอยากดูถ่ายทอดนักมวยไทยชกชิงแชมเปี้ยนโลกตอนสองทุ่มครึ่ง ระหว่างรอดูมวย อารยาจึงดูคอนเสิร์ตก่อน นักร้องในคอนเสิร์ตหน้าตาดี แต่เสียงไม่ดีต่างกับนักร้องสมัยก่อน เพราะต้องปรากฏตัวในที่สาธารณะบ่อยขึ้น เมื่อรายการคอนเสิร์ตจบอารยาอยากดูเกมโชว์ซึ่งเป็นรายการต่อไป แต่วินัยและวีระให้เปลี่ยนช่องไปดูมวย อารยาจึงบ่นว่าอยากได้ทีวีสองเครื่องจะได้ไม่ต้องแย่งกันดู

제 22 과

ไปทานอาหารเย็นที่บ้านเพื่อน

저녁식사 초대

본 문

ปรีชา　มาลินีจ๋า คุณวินัยกับคุณสุดามาแล้วจ้ะ
말리니, 위나이와 쑤다 씨가 왔어.

มาลินี　หรือคะ เชิญที่ห้องรับแขกเลยค่ะ
그래요? 응접실로 모시세요.

วินัย　เรามาเร็วไปหน่อย ยังไม่ถึงเวลาไม่ใช่หรือ
우리가 좀 빨리 왔어. 아직 시간이 안 됐지, 안 그래?

ปรีชา　จะเป็นไรไปล่ะ ดื่มอะไรไปพลางๆ ก่อนก็ได้
괜찮아. 먼저 뭐 마시고 있으면 되지.

สุดา　มีอะไรให้ดิฉันพอจะช่วยได้บ้างคะ
제가 도와드릴 게 뭐 좀 있을까요?

ปรีชา　โอ อย่าเลยครับ นั่งทานอะไรที่นี่ไปก่อนดีกว่า
아니예요. 우선 여기 앉아서 뭐 좀 드시는 게 좋겠습니다.

สุดา　ไม่เป็นไรค่ะ ดิฉันจะได้คุยกับคุณมาลินี
괜찮아요. 전 말리니 씨하고 얘기할게요.

ปรีชา　ถ้าอย่างนั้นก็ตามใจ
그렇다면 마음대로 하세요.

ปรีชา　คุณจะดื่มเหล้าหรือดื่มเบียร์ล่ะ
위스키 마실래, 아니면 맥주를 마실래?

วินัย　ผมไม่ค่อยชอบเบียร์นักหรอก
난 맥주를 그다지 좋아하지 않아.

ปรีชา โอ ดีแล้ว ผมจะได้ทานเหล้าด้วย
좋아. 나도 같이 위스키를 마실게.

วินัย คุณเชิญใครอีกหรือเปล่า วันนี้
누구 더 초대했어? 오늘.

ปรีชา เปล่า เราจะได้คุยกันอย่างเต็มที่
아니. 우리 맘껏 이야기 하려고.

มาลินี กับแกล้มจะเติมอะไรอีกไหมคะ
안주 뭐 좀 더 추가할까요?

วินัย เห็นจะพอแล้วกระมังครับ
충분한 것 같은데요.

ปรีชา ถ้างั้นเชิญที่โต๊ะอาหารดีกว่า เอาแก้วคุณไปด้วย
그렇다면 식탁으로 가지. 당신 잔도 가지고 가고.

วินัย กับข้าวฝีมือแม่บ้านทั้งหมดหรือนี่
반찬은 전부 안주인의 솜씨인가요? 이거.

ปรีชา ใช่ มาลินีทำอาหารเองทุกวัน
맞아. 말리니는 매일 스스로 음식을 해.

วินัย มิน่าล่ะ คุณถึงไม่ค่อยไปทานข้าวที่อื่น
어쩐지. 당신 다른 곳에 밥 먹으러 잘 가지 않더라니.

ปรีชา ก็เหมือนคุณนั่นแหละ ถ้าไม่ใช่ฝีมือคุณสุดาทำอาหารล่ะก็ ทานข้าวไม่ค่อยลง
당신하고 마찬가지지. 쑤다 씨 솜씨가 아니면 음식 잘 못 먹잖아.

สุดา สู้คุณมาลินีไม่ได้หรอกค่ะ
말리니 씨를 당할 수 없지요.

มาลินี ดิฉันเห็นจะอิ่มเสียก่อนเพราะคำชมเป็นแน่
칭찬 때문에 배가 먼저 부르겠어요.

ปรีชา เมื่อคืนดูถ่ายทอดมวยหรือเปล่า
어젯밤에 권투 봤어?

วินัย ผมดูตั้งแต่ต้นจนจบเลยแหละ

난 처음부터 끝까지 봤지.

มาลินี คุณสุดาเลยอดดูเกมโชว์สิคะ

그래서 쑤다 씨는 게임쇼 보는 걸 참았겠네요.

สุดา ค่ะ คุณมาลินีก็เหมือนกันหรือคะ

네. 말리니 씨도 마찬가지셨어요?

วินัย สามทุ่มครึ่งแล้ว เรากลับกันเถอะ

9시 반이 됐어. 우리는 돌아갑시다.

มาลินี ยังไม่ดึกเลย จะรีบไปไหนคะ

아직 밤이 늦지 않았는데. 어딜 급하게 가려구요?

สุดา รบกวนแค่นี้ดีกว่าค่ะ ลาละค่ะ ขอบคุณมากนะคะ

폐 이만 끼칠게요. 안녕히 계세요. 정말 감사했어요.

단 어

อาหารเย็น	저녁식사	ห้องรับแขก	응접실
ดื่ม	마시다	พลาง	함께 ~도 하다
อะไร	무엇	อย่า	~하지 마라
ทาน	먹다, 드시다	คุย	대화하다
ตามใจ	마음대로	เหล้า	술
หรือ	또는	เบียร์	맥주
ไม่ค่อย	별로 ~않다	เชิญ	초대하다
เพื่อ	~를 위하여	ใคร	누구
เต็มที่	맘껏, 가득	กับแกล้ม	(술)안주
เติม	채워 넣다	พอ	충분하다
โต๊ะอาหาร	식탁	แก้ว	컵, 잔
กับข้าว	반찬	ฝีมือ	솜씨
แม่บ้าน	주부	ทั้งหมด	전부
เหมือน	마찬가지다, 같다	สู้	대항하다
อิ่ม	배부르다	ชม	칭찬하다
เมื่อคืน	어젯밤	ตั้งแต่	~부터
ต้น	처음	จน	~까지
จบ	끝나다	อด	참다
กลับ	돌아가다	ดึก	밤늦다
รีบ	서두르다	รบกวน	폐를 끼치다
ลา	작별을 고하다		

문법설명

1 ไม่ค่อย +동사

태국어의 ไม่ค่อย는 상태성 동사 또는 동작성 동사와 결합하여 '그다지 ~하지 않다'의 의미를 나타냅니다.

วันนี้เขาไม่ค่อยสบาย	오늘 그는 (몸이) 그다지 좋지 않다.
อาหารนี้ไม่ค่อยอร่อย	이 음식이 그다지 맛있지 않다.
เขาพูดภาษาอังกฤษไม่ค่อยเก่ง	그는 영어를 그다지 잘 하지 못한다.

2 สู้...ไม่ได้ 구문

태국어의 สู้는 보통 '싸우다, 겨루다'의 의미를 나타냅니다. 이러한 สู้가 สู้+목적어+ไม่ได้ 형태로 나타날 경우에는 '비교가 안 된다'는 의미를 나타냅니다.

สู้คุณมาลินีไม่ได้หรอก
말리니 씨를 당할 수 없어요.
ลอนดอนสวยมากแต่สู้ปารีสไม่ได้
런던은 아름답지만 파리에는 비길 수 없어요.

3 ตั้งแต่...จน...

태국어의 ตั้งแต่가 จน과 결합하여 일정 시간 또는 기간을 나타내는 경우가 있습니다. 이때 จน은 ถึง과 대체되거나 결합하여 같이 사용되기도 합니다.

ผมดูตั้งแต่ต้นจนจบ
나는 처음부터 끝까지 봤습니다.
ผมทำงานตั้งแต่วันจันทร์จนถึงวันศุกร์
나는 월요일부터 금요일까지 일합니다.
จากสามทุ่มถึงเที่ยงคืนฉันจะไม่ว่าง
밤 9시부터 자정까지 저는 한가하지 않습니다.

4 แค่

태국어의 แค่는 '단지, ~밖에'의 의미를 지닌 말로 일반적으로 구어체로 사용됩니다. 이와 유사한 의미와 기능을 하는 문어체 표현으로 เพียง, เพียงแต่ 또는 แต่가 있습니다. 이러한 전치사들은 문장의 의미내용에 대해서 상대적으로 적다고 생각하는 화자의 태도를 표현합니다.

> เหลือเวลาแค่สามสิบนาที
> 시간이 30분 밖에 안 남았다.
> ฉันมีเงินแค่ห้าร้อยบาท
> 나는 돈이 500 바트 밖에 없다.
> ขายราคาเพียงห้าร้อยบาท
> 단지 500 바트에 판매한다.
> เธอไม่เพียงแต่สวย ทั้งยังรวยอีกด้วย
> 그녀는 아름다울 뿐만 아니라 부유하기 까지 하다.

보충설명

태국요리는 시고, 달고, 맵고, 싱겁고, 아삭하고, 부드럽고, 촉촉하고 건조한 양극의 맛이 오묘하게 조화를 이루는 동시에 조리법이 쉽다는 데 특징이 있습니다. 원래 태국음식의 조리 방법이 식품 재료들을 잘게 썰어서 조리하는 것이기 때문에 식사할 때에 나이프를 사용하지 않으며, 두 손으로 숟가락과 포크만을 사용합니다. 태국전통식에서는 젓가락을 사용하지 않습니다. 다른 그릇에 담겨있는 공동의 음식을 먹을 때는 천끌랑(ช้อนกลาง)이라고 하는 '공동스푼'을 사용해서 각자의 식기에 덜어 온 다음 개인 숟가락과 포크로 식사를 합니다. 쌀이 주식인 태국의 음식 문화를 대표하는 것은 밥과 반찬을 먹는 모습입니다. 태국음식의 주재료로 빼놓을 수 없는 것이 태국식 고추장인 남프릭(น้ำพริก)입니다. 이 외에 태국음식에 많이 쓰이는 재료는 생선간장(น้ำปลา), 타마린드육즙(น้ำมะขามเปียก), 야자설탕(น้ำตาลปี๊บ), 라임즙(น้ำมะนาว) 등 이 있습니다. 후식으로는 과일과 각종 디저트가 있습니다. 디저트는 매우 다양한 종류가 있는데, 대부분 코코넛밀크(กะทิ)가 들어갑니다.

문형연습

1. มาแล้วหรือครับ เชิญที่ห้องรับแขกเลยครับ

   오셨어요? 응접실로 모시세요.

   เชิญค่ะ เชิญที่ห้องรับแขกเลยค่ะ

   자, 응접실로 모시겠습니다.

   เชิญที่โต๊ะอาหารเลยค่ะ

   식탁으로 가시지요.

2. เรามาเร็วไปหน่อยไม่ใช่หรือ

   우리가 좀 일찍 온 것 아닌가요?

   จะเป็นไรไปล่ะ จะได้คุยกันนาน ๆ

   뭐가 어때요? 오랫동안 이야기해요.

   ไม่เป็นไรหรอก ผมกำลังคอยคุณอยู่ที่เดียว

   괜찮아요. 저는 당신을 기다리고 있는 중이었어요.

   ไม่เร็วหรอก คุณมาตรงเวลาพอดี

   안 빨라요. 당신은 정시에 왔어요.

3. ดิฉันจะช่วยอะไรได้บ้าง

   제가 뭘 좀 도울 수 있을까요?

   ไม่เป็นไรครับ ขอบคุณ

   괜찮아요. 고맙습니다.

   อย่าเลยครับ เชิญนั่งที่นี่ดีกว่า

   아서요. 앉아 계세요.

   ไม่ต้องช่วยอะไรหรอกครับ

   아무 것도 도와 줄 필요 없어요.

4. ดิฉันจะไปช่วยคุณมาลินี

   저는 가서 말리니 씨를 도울게요.

   ไม่เป็นไรครับ ขอบคุณ

   괜찮습니다. 감사합니다.

ไม่ต้องหรอกครับ นั่งทานอะไรที่นี่ดีกว่า

그럴 필요 없어요. 여기 앉아서 뭐라도 드세요.

ถ้าอยากจะช่วยจริง ๆ ก็ตามใจคุณ

정말로 돕고 싶으시면 당신 맘대로 하세요.

5. คุณจะดื่มเหล้าหรือเบียร์

당신은 위스키, 아니면 맥주를 마시겠어요?

ผมไม่ชอบเหล้ามากนักหรอก

저는 위스키를 많이 좋아하지 않습니다.

ผมไม่ชอบเบียร์มากนักหรอก

저는 맥주를 많이 좋아하지 않습니다.

อะไรก็ได้ครับ ขอบคุณ

아무거나 됩니다. 고맙습니다.

6. คุณเชิญใครมาบ้างวันนี้

당신은 오늘 누구를 초대했습니까?

เปล่า ผมเชิญคุณสองคนเท่านั้น

아니오. 저는 당신 두 사람만 초대했습니다.

ผมเชิญเพื่อนอีก 2 คน

저는 친구 두 명 더 초대했습니다.

ผมเชิญแต่คุณ ไม่ได้เชิญคนอื่นเลย

저는 당신만 초대했어요. 다른 사람은 초대하지 않았어요.

7. จะเติมอะไรอีกไหม

뭐 좀 더 추가할까요?

ขอกับแกล้มอีกหน่อยก็แล้วกัน

안주나 좀 더 주세요.

ขอแกงเผ็ดอีกหน่อยก็แล้วกัน

깽펫 좀 더 주세요.

เห็นจะพอแล้วกระมัง

충분한 걸로 보여요.

ไม่ต้องเติมอะไรอีกแล้ว

뭘 더 주실 필요 없어요.

8. เขาเอาอะไรไปด้วย

그가 무엇을 가지고 갑니까?

เขาเอาหนังสือไปด้วยกระมัง

그는 책을 가져갔을 걸요.

เขาเอากระเป๋าไปด้วยกระมัง ผมไม่แน่ใจ

그는 가방을 가져갔을 걸요. 전 확실치 않아요.

เขาเอาเสื้อผ้าไปด้วยกระมัง ดิฉันไม่รู้แน่

그는 옷을 가져갔을 걸요. 저는 확실히 몰라요.

9. พวกผู้หญิงจะได้ทำอะไรก่อน

여자들은 먼저 무엇을 할 거예요?

พวกผู้หญิงจะได้ทำกับข้าวก่อน

여자들은 먼저 반찬을 만들 거예요.

พวกผู้หญิงจะได้คุยกันก่อน

여자들은 먼저 이야기를 할 거예요.

พวกผู้หญิงจะได้ดูโทรทัศน์ก่อน

여자들은 먼저 텔레비전을 볼 거예요.

10. กับข้าวนี้ฝีมือใครทำ

이 반찬은 누가 만든 솜씨인가요?

กับข้าวนี้ฝีมือคุณแม่ทำ

이 반찬은 어머니가 만든 솜씨입니다.

กับข้าวนี้ฝีมือภรรยาผม

이 반찬은 제 아내의 솜씨입니다.

กับข้าวนี้ฝีมือดิฉันเอง

이 반찬은 바로 저의 솜씨입니다.

11. ใครชอบทำอาหารเองทุกวัน

누가 매일 음식 만드는 것을 좋아합니까?

มาลินีชอบทำอาหารเองทุกวัน

말리니가 매일 음식을 하는 것을 좋아합니다.

แม่บ้านชอบทำอาหารเองทุกวัน

주부가 매일 음식 하는 것을 좋아합니다.

12. มิน่าล่ะ คุณถึงไม่ค่อยไปทานข้าวที่อื่น

어쩐지. 당신이 다른 곳에 밥 먹으러 잘 가지 않더라니.

มิน่าล่ะ คุณถึงกลับบ้านเร็วทุกวัน

어쩐지. 당신이 매일 집에 일찍 가더라니.

มิน่าล่ะ คุณถึงไปทำงานสายทุกวัน

어쩐지. 당신이 매일 늦게 출근하더라니.

13. เขาก็เหมือนคุณนั่นแหละ ไม่ชอบไปทานข้าวนอกบ้าน

그 역시 당신과 마찬가지야. 밖에 밥 먹으러 가는 걸 안 좋아해.

ผมก็เหมือนคุณนั่นแหละ ชอบดูมวย

나도 당신과 마찬가지야. 권투 보는 걸 좋아해.

เธอก็เหมือนเขานั่นแหละ ไม่ชอบทำการบ้าน

그녀도 그와 마찬가지야. 숙제하는 걸 안 좋아해.

ลูกก็เหมือนแม่นั่นแหละ ชอบว่ายน้ำ

저도 엄마와 마찬가지에요. 수영을 좋아해요.

14. อาหารไม่อร่อย ก็ทานข้าวไม่ค่อยจะลง

음식이 맛없어요. 그래서 밥을 먹어도 잘 안 넘어가요.

รายการไม่ดี ก็ดูโทรทัศน์ไม่ค่อยสนุก

프로그램이 안 좋아요. 그래서 텔레비전을 봐도 그다지 재미가 없어요.

ดินฟ้าอากาศไม่ดี ก็ทำนาไม่ค่อยได้ผล

기후가 안 좋아요. 그래서 논농사를 지어도 수확이 별로 없어요.

15. ดิฉันเห็นจะอิ่มเสียก่อน เพราะคำชมของคุณเป็นแน่

저는 먼저 배부를 것 같아요. 당신의 칭찬 때문에요.

ผมเห็นจะไปไม่ได้ เพราะมีธุระ

저는 가지 못할 것 같습니다. 볼일이 있어서요.

เราเห็นจะไปไม่ทันรถไฟ เพราะตื่นสาย

우리는 기차를 놓칠 것 같아요. 늦게 일어났기 때문입니다.

เธอเห็นจะร้องไห้เสียก่อน เพราะความหิวเป็นแน่

그녀는 먼저 울 것 같이 보여요. 배고픔 때문에요.

16. ผมทำงานตั้งแต่เช้าจนค่ำ

저는 아침부터 밤늦게까지 일합니다.

ผมดูโทรทัศน์ตั้งแต่ต้นจนจบ

저는 텔레비전을 처음부터 끝까지 봤습니다.

หนูนอนตั้งแต่กลางวันจนบ่าย

저는 한낮부터 오후까지 잤습니다.

เราสอบตั้งแต่อาทิตย์ก่อนจนอาทิตย์นี้

우리는 지난 주부터 이번 주까지 시험을 봤습니다.

ผมเล่นฟุตบอลตั้งแต่เล็กจนโต

저는 어렸을 때부터 커서까지 축구를 했습니다.

줄거리

วินัยกับสุดาไปทานอาหารเย็นที่บ้านปรีชากับมาลินี พวกเขาไปถึงก่อนเวลาเล็กน้อย ปรีชาจึงชวนวินัยนั่งดื่มเหล้ากันก่อน ส่วนสุดาขอไปช่วยมาลินีเตรียมกับแกล้มและอาหารในครัวจะได้คุยกันด้วย มาลินีชอบทำอาหารเองทุกวัน สุดาก็เช่นกัน พวกผู้ชายจึงมักไม่ออกไปทานข้าวนอกบ้านเพราะชอบทานฝีมือภรรยา เมื่อคืนนี้ปรีชาและวินัยต่างก็ดูถ่ายทอดมวย มาลินีและสุดาจึงอดดูเกมโชว์เหมือนกัน หลังจากทานอาหารแล้ว วินัยกับสุดาลากลับตอนสามทุ่มครึ่ง

제 23 과

ไปงานแต่งงาน

결혼식 참석

본 문

วินัย　เอ วันนี้งานแต่งงาน พิธีรดน้ำกี่โมงนะ ดูบัตรเชิญซิ
아! 오늘 결혼식 롯남의식이 몇 시지? 초대장 좀 봐 봐요.

สุดา　สี่โมงครึ่งค่ะ ที่โรงแรมเอราวัณ
10시 반이에요. 에라완호텔에서.

วินัย　อ๋อ งั้นคุณก็ไปแต่งตัวสิ เดี๋ยวไม่ทัน
어, 그럼 당신은 가서 옷 입어요. 이러다 늦어.

สุดา　เราไปเฉพาะพิธีรดน้ำได้ไหมคะ ดิฉันไม่อยากไปงานเลี้ยงตอนค่ำเลย
우리 롯남의식에만 가면 안 되나요?
저 저녁 때 피로연에는 가고 싶지 않아요.

วินัย　ไม่ได้หรอก เจ้าบ่าวเจ้าสาวเขาเป็นลูกน้องผม เราเป็นเจ้านายเขานี่
안 돼. 신랑신부가 내 부하야. 난 그들의 상사야.

สุดา　ชุดกลางคืนใหม่ดิฉันก็ยังไม่ได้ตัดเลย
새로운 야회복을 아직 맞추지 않았어요.

วินัย　อ้าว ก็เสื้อสีครีมนั่นไงจ๊ะ
어, 그 크림색 옷도 있잖소.

สุดา　นั่นก็ใส่ตั้งหลายงานแล้วค่ะ อายเขา
그건 여러 행사에 입었어요. 남들한테 창피해요.

วินัย　คุณใส่ชุดไหนก็สวยจ้ะ ไม่อายหรอก
당신은 어떤 옷을 입어도 아름다워.
창피하지 않아.

(ในพิธีรดน้ำ) (롯남의식에서)

วินัย ขอให้รักกันอย่างนี้ตลอดไปนะ
영원히 이렇게 서로 사랑하시기 바래요.

สุดา ขอให้มีความสุขในชีวิตสมรสนะคะ
행복한 결혼생활 하세요.

เจ้าสาว ขอบคุณค่ะ
감사합니다.

(ในงานเลี้ยง) (피로연에서)

วินัย เจ้าบ่าวเจ้าสาวคู่นี้เหมาะสมกันดีนะ
이 신랑신부 커플은 잘 어울려요.

สุดา เจ้าสาวสวยและดูอายุยังน้อย
신부가 아름답고, 나이도 적어 보여요.

วินัย เจ้าบ่าวอายุ 32 เจ้าสาวอายุ 22 เท่านั้นเอง
신랑이 32살이고 신부는 22살밖에 안 돼.

สุดา แก่กว่ากัน 10 ปีพอดี สามีแก่กว่าภรรยาอย่างนี้ดีแล้วค่ะ จะได้ไม่เบื่อง่าย
딱 10살 더 많네요. 이렇게 남편이 아내보다 나이 많은 게 좋아요.
쉽게 질리지 않아요.

วินัย อาหารวันนี้ไม่เลวนะ ภัตตาคารชั้นดี
오늘 음식이 나쁘지 않아. 고급음식점이야.

สุดา สมัยนี้งานแต่งงานมักจะเลี้ยงโต๊ะจีน แต่งานนี้ เลี้ยงบุฟเฟ่ต์
요즘 결혼식은 대개가 중국요리를 대접해요.
그러나 이 결혼식은 뷔페를 대접하네요.

วินัย มันสะดวกดี แน่ะ เจ้าบ่าวเจ้าสาวเดินมาทางเราแล้ว
편리해서 좋아. 아, 신랑신부가 우리 쪽으로 걸어와요.

เจ้าบ่าว ขอบพระคุณหัวหน้าที่มาครับ
와 주신 상사님께 감사드립니다.

เจ้าสาว ได้รับของชำร่วยแล้วใช่ไหมคะ

답례품은 받으셨죠?

สุดา ค่ะ เจ้าสาวก็สวย ของชำร่วยก็น่ารัก คุณอิจฉาเจ้าบ่าวไหมคะ

네. 신부도 예쁘고, 답례품도 귀여워요.
당신은 신랑이 부러워요?

วินัย จะไปอิจฉาเขาทำไมกัน เจ้าสาวของผมก็สวยเหมือนกัน

왜 그를 부러워해? 나의 신부도 아름다워.

สุดา เจ้าสาวเมื่อ 20 ปีที่แล้ว

20년이 지난 신부죠.

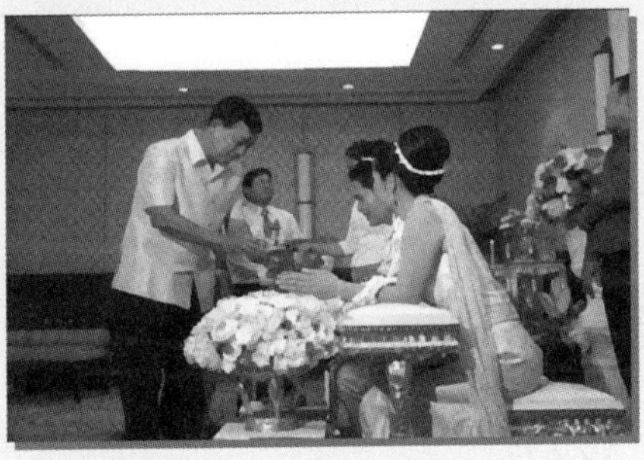

단 어

งาน	행사, 파티	แต่งงาน	결혼하다
วันนี้	오늘	กี่	몇
โมง	시(時)	พิธี	의식
บัตรเชิญ	초청장, 초대장	ครึ่ง	반, 1/2
โรงแรม	호텔	แต่งตัว	옷을 입다
ทัน	제때에	เฉพาะ	~만
อยาก	~하고 싶다	งานเลี้ยง	연회, 파티
ตอนค่ำ	저녁에	เจ้าบ่าว	신랑
เจ้าสาว	신부	ลูกน้อง	부하
เจ้านาย	상관, 상사	ชุดกลางคืน	야회복
ตัด	(옷을) 맞추다	ใส่	(옷을) 입다
อาย	부끄럽다	สวย	아름답다
รัก	사랑하다	ตลอด	내내
ความสุข	행복	ชีวิต	인생, 삶, 생활
สมรส	결혼하다	คู่	짝, 커플
เหมาะสม	어울리다, 적당하다	แก่	늙다
พอดี	마침, 제때	สามี	남편
ภรรยา	아내	เบื่อ	지겹다
ง่าย	쉽다	ภัตตาคาร	식당, 레스토랑
เลี้ยง	대접하다	โต๊ะจีน	중국음식
บุฟเฟ่ต์	뷔페	สะดวก	편리하다

เดิน	걷다	รับ	받다
ของชำร่วย	답례품	น่ารัก	사랑스럽다, 귀엽다
อิจฉา	부러워하다, 질투하다		

문법설명

1 시간을 묻는 표현 กี่โมง

태국어에서 โมง은 옛날에 시간을 알리기 위해 치던 징의 소리에서 나온 의성어로 현재는 시각을 나타내는 말로 사용됩니다. 즉, โมง이 กี่와 결합하여 '몇 시입니까?'라는 시간을 묻는 표현으로 사용됩니다. 이 밖에도 เวลาเท่าไร가 쓰입니다.

พรุ่งนี้ไปกี่โมง	내일 몇 시에 갑니까?
ตอนนี้เวลาเท่าไร	지금 몇 시예요?

2 เฉพาะ

태국어의 เฉพาะ는 특정한 대상을 한정하여 가리키는 말로 사용됩니다. 또한 โดย와 결합하여 '특히'라는 의미를 지닌 부사어로 사용되기도 합니다.

เราไปเฉพาะพิธีรดน้ำได้ไหม	우리 롯남의식에만 가면 안 되나요?
ผมเรียนเฉพาะวันเสาร์	나는 토요일에만 공부합니다.
ฉันชอบอาหารเกาหลี โดยเฉพาะกิมจิ	나는 한국음식을 좋아합니다. 특히 김치.

3 หลาย + 명사구

태국어의 หลาย는 일반적으로 수사로 분류됩니다. 따라서 형태사와 결합하여 복수의 의미를 나타냅니다.

เราเรียนจากหนังสือหลายเล่ม	우리는 여러 권의 책으로 배웠습니다.
เขาไม่ทำงานหลายวันแล้ว	그는 여러 날 일을 안 했습니다.
หลาย ๆ คน อยากไป	여러 사람이 가고 싶어 합니다.

보충설명

태국의 전통혼례의식은 아침부터 저녁까지 진행됩니다. 아침에 스님들을 모시고 신랑신부와 가까운 친지들만이 참석한 가운데 탁발공양이 이루어지고, 승려가 축원하고 독경을 한 후 법수를 뿌려 주는 것으로 결혼식이 시작됩니다. 종교의식이 끝나면 신랑집에서 신부집으로 혼례품을 보내는 칸막행렬이 있게 되는데, 이 칸막행렬에 참여하는 사람들은 신랑의 이웃들로 행진할 때 북, 징, 피리 등의 악기소리로 흥을 돋굽니다. 태국 전통결혼식에서의 하이라이트는 롯남의식입니다. 신랑신부가 나란히 앉아 엎드린 자세를 취하고 앞에 놓인 20㎝ 높이의 받침대에 손을 합장하여 얹어 놓습니다. 결혼식에 참석한 하객들이 성수를 합장한 신랑신부의 손에 조금씩 부어주며 덕담과 축하의 말을 합니다. 신랑신부보다 연하인 사람은 이 의식에 참여할 수 없습니다. 롯남의식이 끝나고 저녁이 되면 피로연이 이어집니다. 대도시에서는 호텔 또는 대형음식점을 이용하며, 시골에서는 일반적으로 집에서 태국전통음식을 장만하여 대접합니다. 피로연을 하는 동안에 신랑신부는 하객들의 테이블마다 돌아다니며 감사의 인사를 전합니다. 피로연이 끝나고 나서 마지막으로 뿌티넌의식이 치러집니다. 뿌티넌의식은 금실 좋고, 모범적인 결혼생활을 하는 부부를 주례로 모셔서 신랑과 신부를 데리고 신방에 들어가 잠자리에 드는 의식입니다. 이 뿌티넌의식을 마지막으로 결혼식이 끝이 납니다.

문형연습

1. นั่นพวกเขากำลังทำพิธีอะไร

   저기 저들은 무슨 의식을 하고 있나요?

   พวกเขากำลังทำพิธีแต่งงาน

   저들은 결혼식을 하고 있습니다.

พวกเขากำลังทำพิธีรดน้ำ

저들은 롯남의식 중입니다.

2. คุณได้รับบัตรเชิญไปงานอะไร

당신은 무슨 행사에 가는 초대장을 받았습니까?

ผมได้รับบัตรเชิญไปงานแต่งงาน

저는 결혼식 초대장을 받았습니다.

ผมได้รับบัตรเชิญไปงานวันเกิด

저는 생일파티 초대장을 받았습니다.

ผมได้รับบัตรเชิญไปในพิธีรดน้ำ

저는 롯남의식 초대장을 받았습니다.

ผมได้รับบัตรเชิญไปงานเลี้ยง

저는 연회 초대장을 받았습니다.

3. วันนี้คุณจะไปโรงแรมไหน

오늘 당신은 어느 호텔에 가십니까?

วันนี้ดิฉันจะไปโรงแรมเอราวัณ

오늘 저는 에라완호텔에 가요.

วันนี้หนูจะไปโรงแรมดุสิตธานี

오늘 저는 두씻타니호텔에 가요.

วันนี้ผมจะไปโรงแรมโอเรียนเต็ล

오늘 저는 오리엔탈호텔에 가요.

4. แต่งตัวเร็ว ๆ เข้า เดี๋ยวไม่ทันเวลา

빨리 옷을 입으세요. 이러다 늦어요.

ทานข้าวเร็ว ๆ เข้า เดี๋ยวไม่ทันเวลา

빨리 밥을 먹으세요. 이러다 늦어요.

เดินเร็ว ๆ เข้า เดี๋ยวไปโรงเรียนไม่ทัน

빨리 걸으세요. 이러다 학교에 늦어요.

5. ผมทำงานเฉพาะตอนกลางวัน

저는 낮에만 일을 합니다.

เขาเรียนเฉพาะตอนเย็น

그는 저녁때만 공부합니다.

เราพักผ่อนเฉพาะตอนเหนื่อย

우리는 피곤할 때만 쉽니다.

เราไปเที่ยวเฉพาะตอนว่าง

우리는 한가할 때만 놀러 갑니다.

6. เจ้าบ่าวเจ้าสาวเป็นใคร

신랑신부가 누구입니까?

เจ้าบ่าวเป็นผู้ชายที่เข้าพิธีแต่งงาน

신랑은 결혼식에 들어오는 남자입니다.

เจ้าสาวเป็นผู้หญิงที่เข้าพิธีแต่งงาน

신부는 결혼식에 들어오는 여자입니다.

เจ้าบ่าวเจ้าสาวคือชายหญิงที่เข้าพิธีแต่งงาน

신랑신부는 결혼식에 들어오는 남자와 여자입니다.

7. ใครเป็นหัวหน้า ใครเป็นลูกน้อง

누가 상사고, 누가 부하입니까?

วินัยเป็นหัวหน้าเจ้าบ่าว เจ้าบ่าวเป็นลูกน้องวินัย

위나이가 신랑의 상사이고, 신랑이 위나이의 부하입니다.

วินัยเป็นหัวหน้าเจ้าสาว เจ้าสาวเป็นลูกน้องวินัย

위나이가 신부의 상사이고, 신부가 위나이의 부하입니다.

8. คุณตัดเสื้อผ้าชุดใหม่หรือยัง

당신 새 옷을 맞추셨나요?

ตัดแล้ว ดิฉันตัดเสื้อผ้าชุดใหม่ที่ร้านตัดเสื้อ

맞췄습니다. 저는 의상실에서 새 옷을 맞췄습니다.

ยังเลย ดิฉันไม่มีเงินตัดเสื้อผ้าชุดใหม่

아직요. 저는 새 옷을 맞출 돈이 없어요.

9. ไม่ต้องอายหรอก คุณใส่ชุดไหนก็สวย

부끄러워할 필요 없어요. 당신은 어떤 옷을 입어도 아름다워요.

ไม่ต้องอายหรอก คุณแต่งตัวอย่างไรก็สวย

부끄러워할 필요 없어요. 당신은 어떻게 입어도 아름다워요.

ไม่ต้องอายหรอก คุณทำดีแล้ว

부끄러워할 필요 없어요. 당신은 잘 했어요.

10. ขอให้รักกันอย่างนี้ตลอดไป

영원히 이렇게 서로 사랑하시기 바래요.

ขอให้มีความสุขในชีวิตสมรส

행복한 결혼생활 하세요.

ขอให้ชีวิตรักสดชื่นตลอดไป

사랑하는 삶이 영원히 싱그럽길 바래요.

ขอให้รวยและมีความสุขตลอดชีวิต

평생 행복하고 부자되세요.

11. เจ้าสาวดูอายุยังน้อย

신부가 아직 어려 보입니다.

ใช่ เจ้าสาวอายุ 22 ปีเท่านั้นเอง

맞아요. 신부 나이가 22살 밖에 안 됐어요.

ใช่ เจ้าสาวอายุน้อยกว่าเจ้าบ่าว 10 ปีพอดี

네. 신부가 신랑보다 딱 열 살 적어요.

ใช่ เจ้าสาวอ่อนกว่าเจ้าบ่าว 10 ปีพอดี

네. 신부가 신랑보다 딱 열 살 어려요.

12. สามีกับภรรยา ใครแก่กว่ากันดี

남편과 아내, 누가 더 나이가 많은 게 좋아요?

สามีแก่กว่าภรรยาดี จะได้เหมือนเป็นพี่ชาย

남편이 아내보다 나이가 많은 게 좋아요. 오빠와 마찬가지에요.

สามีแก่กว่าภรรยาดี จะได้ไม่เบื่อง่าย

남편이 아내보다 나이가 많은 게 좋아요. 쉽게 질리지 않아요.

ภรรยาแก่กว่าสามีดี จะได้เหมือนเป็นพี่สาว

아내가 남편보다 나이가 많은 게 좋아요. 누나와 마찬가지에요.

13. อาหารวันนี้ไม่เลวนะ ภัตตาคารชั้นดี

오늘 음식이 나쁘지 않네요. 고급 음식점이에요.

ถ้าภัตตาคารชั้นดี อาหารก็มักจะอร่อย

만약 고급 음식점이라면 음식도 대개는 맛있습니다.

บางทีร้านอาหารเล็ก ๆ อาหารก็อร่อยเหมือนกัน

때때로 조그만 음식점이 음식도 마찬가지로 맛있어요.

14. เลี้ยงอาหารแบบไหนดี

어떤 종류의 음식을 대접하면 좋을까요?

เลี้ยงอาหารจีน สะดวกดี

중국음식을 대접해요. 편리해서 좋아요.

เลี้ยงอาหารฝรั่ง อิ่มดี

(서)양식을 대접해요. 배불러서 좋아요.

เลี้ยงอาหารไทย อร่อยดี

태국음식을 대접해요. 맛있어서 좋아요.

15. ในงานแต่งงานมีการให้อะไรบ้าง

결혼식에서 어떤 것들을 줍니까?

ในงานแต่งงาน มีการให้ของขวัญ

결혼식에서 선물을 줍니다.

ในงานแต่งงาน มีการให้พร

결혼식에서 축복을 해 줍니다.

ในงานแต่งงาน มีการให้ของชำร่วย

결혼식에서 답례품을 줍니다.

16. อิจฉาเขาทำไมกัน คุณก็มีแฟนสวยไม่แพ้เขา

왜 그를 부러워합니까? 당신도 그에게 못지않은 아름다운 애인이 있어요.

อิจฉาเขาทำไมกัน ผมก็มีเจ้าสาวสวยไม่แพ้เขา

왜 그를 부러워합니까? 나도 그에게 못지않은 아름다운 신부가 있어요.

จะอย่างไรก็แล้วแต่ คุณไม่ควรจะอิจฉาเขา

어찌됐건 간에 당신은 그를 부러워할 필요가 없어요.

17. เจ้าสาวเมื่อยี่สิบปีก่อนสวย แต่เดี๋ยวนี้แก่แล้ว

20년 전의 신부는 아름다웠죠. 그러나 지금은 늙었어요.

กรุงเทพฯ เมื่อ 20 ปีก่อนไม่เจริญ แต่เดี๋ยวนี้เจริญแล้ว

20년 전의 방콕은 발전하지 않았습니다. 그러나 지금은 발전했어요.

ผมเมื่อ 5 ปีก่อนยังเล็กอยู่ แต่เดี๋ยวนี้เป็นหนุ่มแล้ว

5년 전에 저는 아직 어렸습니다. 그러나 지금은 청년이 되었습니다.

ฝนเมื่อปีก่อนตกน้อย แต่ปีนี้ตกมาก

작년에는 비가 적게 내렸습니다. 그러나 올해는 많이 내렸습니다.

줄거리

วินัยพาสุดาไปงานแต่งงานของลูกน้องเขาที่โรงแรมเอราวัณ ในพิธีรดน้ำเขาทั้งสองอวยพรให้เจ้าบ่าวเจ้าสาวรักกันตลอดไปและมีความสุขในชีวิตสมรส บ่าวสาวคู่นี้เหมาะสมกันดี เจ้าบ่าวแก่กว่าเจ้าสาว 10 ปีพอดี ในงานตอนค่ำ เป็นงานเลี้ยงแบบบุฟเฟ่ต์ มีแจกของชำร่วยด้วย เจ้าบ่าวเจ้าสาวเดินมาขอบคุณวินัยกับสุดาถึงโต๊ะอาหาร

제 24 과

ที่ร้านตัดผม – ร้านเสริมสวย

이발소-미용실에서

본 문

สุดา ดิฉันจะเข้าร้านเสริมสวยนะคะ แต่งผมและทำเล็บ คงไม่ช้านักหรอกค่ะ อีกสักชั่วโมงคุณแวะมารับที่นี่

저 미용실에 가려고 해요. 머리하고 손톱손질 하려구요. 그리 늦지는 않을 거예요. 한 시간 있다가 당신이 여기로 데리러 오세요.

วินัย ผมจะไปอยู่ที่ไหนตั้งชั่วโมง

내가 한 시간이나 어디 가서 있으라고?

สุดา ก็ไปคุยกับช่างตัดผมสิคะ

가서 이발사와 이야기하세요.

(ที่ร้านตัดผม) (이발소에서)

ช่างตัดผม คุณเพิ่งตัดผมเมื่อ 2-3 วันนี่เอง วันนี้ให้ทำอะไรหรือครับ

당신 머리 2-3일 전에 막 잘랐잖아요. 오늘은 뭘로 해 드릴까요?

วินัย สระผมให้หน่อย ไม่ต้องรีบก็ได้นะครับ ใช้เวลาไม่น้อยกว่าหนึ่งชั่วโมง

머리 좀 감겨주세요. 서두르지 않아도 됩니다. 한 시간 이상 시간을 쓰세요.

ช่างตัดผม แปลกดี ใครๆ ก็รีบทั้งนั้น คุณท่าจะคอยใครกระมังครับ

이상하네요. 누구든 모두들 서두르는데. 당신은 누구를 기다리는 모양인데요?

วินัย ใช่ครับ ภรรยาผมไปทำผมครับ
맞아요. 제 아내가 머리 하러 갔어요.

ช่างตัดผม อย่างนั้นก็เย็นใจได้ครับ ชั่วโมงหนึ่งไม่เสร็จหรอก
그렇다면 맘 푹 놓으셔도 됩니다. 한 시간에 안 끝나요.

วินัย อ้าว ทำไมละครับ
어, 왜요?

ช่างตัดผม ผู้หญิงทำผมช้าครับ สระผมก็ 20 นาที ทำผมอย่างน้อย 40 นาที แล้วถ้าต้องคอยอีกละครับ
여자들은 머리 하는 게 더디죠. 머리 감는 데 20분, 머리 하는 데 최소한 40분. 그리고 만약에 기다려야만 한다면요?

วินัย เข้าใจว่าไม่ต้องคอยหรอกครับ เป็นขาประจำและนัดไว้แล้ว เห็นว่าจะทำเล็บด้วย
기다릴 필요는 없을 거예요. 단골손님이고, 약속도 해 뒀거든요. 손톱손질도 할 거라 생각해요.

ช่างตัดผม ทำเล็บพร้อมๆ กับทำผมก็ได้ครับ
손톱손질은 머리 하는 것하고 같이 할 수 있습니다.

วินัย ถ้าอย่างนั้นบางทีชั่วโมงหนึ่งก็เสร็จครับ
그렇다면 한 시간에 끝나겠네요.

(ที่ร้านเสริมสวย) (미용실에서)

วินัย อ้าว สุดา ยังไม่เสร็จอีกหรือ
어, 쑤다. 아직도 안 끝났소?

สุดา ขอโทษค่ะ เกือบเสร็จแล้วค่ะ คุณไปคอยที่รถได้ไหมคะ
미안해요. 거의 다 끝났어요.
당신 차에 가서 기다려 주시겠어요?

(วินัยนั่งอ่านหนังสือพิมพ์คอยที่รถ)
(위나이가 차에 앉아서 신문을 읽으면서 기다린다)

วินัย อ่านหนังสือพิมพ์จบสองฉบับแล้ว สุดาก็ยังไม่มาเลย
신문을 두 부나 다 읽었는데 쑤다는 아직도 오질 않는군.

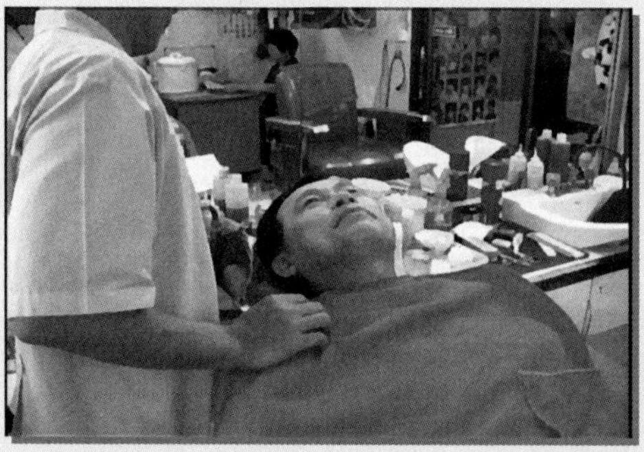

단 어

ร้านตัดผม	이발소	ร้านเสริมสวย	미용실
แต่ง	치장하다	เล็บ	손톱, 발톱
ช้า	느리다	ชั่วโมง	시간
แวะ	들리다	ตั้ง	~씩이나
ช่าง	기술자	ร้านตัดผม	이발소
ช่างตัดผม	이발사	เพิ่ง	막 ~하다
สระ	머리를 감다	รีบ	서두르다
ใช้เวลา	시간이 걸리다	ชั่วโมง	[형태사] 시간
แปลก	이상하다	ท่า	자세, 모양
คอย	기다리다	กระมัง	아마도
ภรรยา	아내	เย็นใจ	마음을 놓다
อย่างน้อย	적어도	เสร็จ	끝나다
เข้าใจ	이해하다	ขาประจำ	단골손님
นัด	약속하다	...ไว้	[부동사] ~해 두다
พร้อม	함께, 같이	เกือบ	거의
อ่าน	읽다	หนังสือพิมพ์	신문
จบ	끝내다	ฉบับ	[형태사] 부수

문법설명

1 조동사 คง

태국어의 คง은 추측의 의미를 나타내는 조동사로 사용됩니다. 따라서 อาจ과 마찬가지로 จะ와 결합하여 아직 일어나지 않은 사건에 대한 추측의 의미를 나타냅니다.

วันนี้ ฝนคงจะตก	오늘 아마도 비가 올 것이다.
ผมคงจะมาอีกแต่ยังไม่แน่	나는 아마 다시 올 것이다. 그러나 아직 확실치는 않다.
เขาคงไม่มา	그는 아마 안 올 것이다.

2 ตั้ง의 의미와 용법

태국어의 ตั้ง은 '~씩이나'의 의미를 지닌 말로 일반적으로 구어체로 사용됩니다. 이와 유사한 의미와 기능을 하는 문어체 표현으로 ถึง이 있습니다. 이러한 말들은 문장의 의미내용에 대해서 상대적으로 많다고 생각하는 화자의 태도를 표현합니다.

มีคนมาตั้งห้าสิบคน	50명이나 왔어요.
ผมรอคุณตั้งหนึ่งชั่วโมง	나는 당신을 한 시간씩이나 기다렸어요.

3 부동사 ไว้의 용법

태국어의 ไว้가 부동사로 사용되는 경우에 상태의 지속 또는 보존의 의미를 나타냅니다. 이때 본동사가 타동사인 경우에는 목적어가 본동사와 ไว้ 사이에 위치하게 됩니다.

เก็บไว้ได้นาน	오래 보관할 수 있다.
จำเรื่องนี้ไว้ให้ดี	이 이야기를 잘 기억해두어라.

4 หนึ่งชั่วโมง vs ชั่วโมงหนึ่ง

태국어에서 1시간이라는 표현은 หนึ่งชั่วโมง 또는 ชั่วโมงหนึ่ง으로 나타낼 수 있습니다. 이때 태국어의 수사 หนึ่ง이 형태사 앞에 오는 경우에는 1성으로 발음되지만, 형태사 뒤로 도치되는 경우에는 평성으로 발음 됩니다.

หนึ่งชั่วโมง	[หนึ่งชั่วโมง]
ชั่วโมงหนึ่ง	[ชั่วโมงนึ่ง]

보충설명

태국에는 수많은 종류의 일간지가 있습니다. 타이랏, 마띠촌, 콤찻륵 등과 같은 종합일간지 외에도 끄룽텝투라낏과 같은 경제지도 있으며, 방콕포스트와 더네이션 등의 영자신문도 있습니다. 태국의 각 신문사들도 한국과 마찬가지로 인터넷 홈페이지를 통하여 기사를 제공하고 있으므로 실시간 기사 검색이 가능합니다. 태국의 주요 일간지들의 웹사이트는 아래와 같습니다.

신문이름	웹사이트	비고
ไทยรัฐ	www.thairath.co.th	종합일간지(발행부수 1위)
เดลินิวส์	www.dailynews.co.th	종합일간지
มติชน	www.matichon.co.th	종합일간지
ผู้จัดการ	www.manager.co.th	종합일간지
ข่าวสด	www.matichon.co.th/khaosod/	종합일간지
โพสต์ทูเดย์	www.posttoday.com	종합일간지
คมชัดลึก	www.komchadluek.net	종합일간지
สยามรัฐ	www.siamrath.co.th	종합일간지
กรุงเทพธุรกิจ	www.bangkokbiznews.com	경제지
The Nation	www.nationmultimedia.com	영자지
Bangkok Post	www.bangkokpost.com	영자지

문형연습

1. สุดาเข้าร้านเสริมสวยไปทำไม

쑤다는 왜 미용실에 들어갔습니까?

สุดาเข้าร้านเสริมสวยไปทำผม

쑤다는 머리를 하러 미용실에 (들어)갔습니다.

สุดาเข้าร้านเสริมสวยไปทำเล็บ

쑤다는 손톱손질을 하러 미용실에 갔습니다.

เธอเข้าร้านเสริมสวยไปแต่งหน้า

그녀는 화장을 하러 미용실에 갔습니다.

2. สุดาจะให้ใครแวะมารับเมื่อไร

쑤다는 누구에게 언제 데리러 오라고 합니까?

เธอจะให้วินัยแวะมารับอีกสักชั่วโมง

그녀는 위나이에게 1시간 후에 데리러 오라고 합니다.

เธอจะให้สามีแวะมารับอีกสักครู่

그녀는 남편에게 잠시 후에 데리러 오라고 합니다.

3. ผมจะไปอยู่ที่ไหนตั้งชั่วโมง

내가 한 시간 동안이나 어디에 가 있으라고?

คุณทำอะไรอยู่ตั้งนาน

당신 오랫동안 뭐 하고 있어요?

ผมมีงานต้องทำตั้งเยอะแยะ

나는 해야 할 일이 아주 많이 있습니다.

เราไม่ได้พบกันตั้งสามปีแล้ว

우리는 3년씩이나 못 만났습니다.

4. คุณจะแวะไปคุยกับใคร

당신은 가서 누구하고 이야기할 거예요?

ผมจะแวะไปคุยกับช่างตัดผม

나는 가서 이발사와 이야기할 거예요.

ดิฉันจะแวะไปคุยกับช่างตัดเสื้อ

나는 가서 재단사하고 이야기할 거예요.

ดิฉันจะแวะไปคุยกับช่างเสริมสวย

나는 가서 미용사하고 이야기할 거예요.

5. คุณเพิ่งตัดผมเมื่อ 2-3 วันมานี้เอง

당신은 2-3일 전에 막 머리를 잘랐잖아요.

ผมเพิ่งหายป่วยเมื่อ 3-4 วันมานี้เอง

저는 3-4일 전에 막 (아픈 것이) 나았습니다.

เราเพิ่งกลับจากต่างประเทศเมื่อ 2-3 อาทิตย์มานี้เอง

우리는 2-3주 전에 막 외국에서 돌아왔습니다.

เราเพิ่งพบเขาเมื่อ 2-3 ชั่วโมงมานี้เอง

우리는 그를 본 지 2-3시간 됐습니다.

6. วินัยให้ช่างตัดผมทำอะไรให้

위나이는 이발사에게 무엇을 해 달라고 했습니까?

วินัยให้ช่างตัดผมสระผมให้

위나이는 이발사에게 머리를 감겨달라고 했습니다.

เขาให้ช่างตัดผมตัดผมให้

그는 이발사에게 머리를 잘라 달라고 했습니다.

เขาให้ช่างตัดผมตัดเล็บให้

그는 이발사에게 손톱손질을 해 달라고 했습니다.

7. ช้า ๆ หน่อย ไม่ต้องรีบก็ได้

천천히 하세요. 서두르지 않으셔도 됩니다.

รีบ ๆ ทำผมให้หน่อย ไม่ต้องทำสวยนักก็ได้

서둘러서 머리를 좀 해 주세요. 아주 예쁘지 않아도 돼요.

รีบ ๆ หน่อย เขามาคอยอยู่นานแล้ว

좀 서두르세요. 그가 와서 오래 기다리고 있어요.

8. ผู้หญิงแต่งตัว ใช้เวลาไม่น้อยกว่าหนึ่งชั่วโมง

여자들은 옷 입는데 한 시간 이상 걸린다.

ผู้ชายแต่งตัว ใช้เวลาไม่มากกว่าครึ่งชั่วโมง

남자들은 옷 입는데 30분 이상 안 걸린다.

เธอใช้โทรศัพท์ไม่น้อยกว่าวันละ 10 ครั้ง

그녀는 하루에 10 회 이상 전화를 한다.

บ้านนี้มีหมาและแมวไม่น้อยกว่า 20 ตัว

이 집은 스무 마리 이상의 개와 고양이가 있다.

9. แปลกดี ใคร ๆ ก็รีบกันทั้งนั้น แต่คุณไม่รีบ

이상하네요. 누구나 다 서두르는데, 당신은 서두르지 않아요.

แปลกดี ใคร ๆ ก็กินกันทั้งนั้น แต่คุณไม่กิน

이상하네요. 누구나 다 먹는데, 당신은 먹지 않아요.

แปลกดี ใคร ๆ ก็ไม่ชอบฝนกันทั้งนั้น แต่คุณชอบ

이상하네요. 누구든지 다 비를 안 좋아하는데, 당신은 좋아하네요.

10. คุณท่าจะคอยใครกระมัง

당신은 누구를 기다리시는 모양입니다.

คุณท่าจะไม่สบายกระมัง

당신은 아프신 모양입니다.

คุณท่าจะไม่อยากไปเรียนหนังสือกระมัง

당신은 공부하러 가기 싫은 모양입니다.

คุณท่าจะไม่ชอบนั่งรถไฟกระมัง

당신은 기차 타는 것을 좋아하지 않는 모양입니다.

11. เย็นใจได้ครับ วันนี้คุณได้กลับบ้านแน่

마음 푹 놓으셔도 됩니다. 오늘 당신은 확실히 집에 돌아갑니다.

เย็นใจได้ เธอทำผมชั่วโมงหนึ่งไม่เสร็จแน่

맘 푹 놓으셔도 됩니다. 그녀는 머리 하는데 한 시간에 확실히 안 끝납니다.

เขาเป็นคนใจเย็น จึงเย็นใจ

그는 침착한 사람입니다. 그래서 냉정합니다.

เขาเป็นคนใจร้อน จึงร้อนใจ

그는 성질이 급한 사람입니다. 그래서 안달합니다.

12. ผมคิดว่าราคาของนี้อย่างน้อย 10 บาท อย่างมาก 20 บาท

저는 이 물건의 가격이 적게는 10바트, 많게는 20바트라고 생각합니다.

ผู้หญิงทำผมอย่างน้อย 1 ชั่วโมง อย่างมาก 2 ชั่วโมง

여자가 적어도 1시간, 많게는 2시간 머리를 합니다.

ผมจะเชิญเพื่อนมาอย่างน้อย 5 คน อย่างมาก 10 คน

저는 친구를 적게는 5명, 많게는 10명 초대할 거예요.

13. คุณเข้าใจว่าอย่างไร

당신은 어떻게 생각합니까?

ผมเข้าใจว่าไม่ต้องคอยเขาก็ได้

저는 그를 기다리지 않아도 된다고 생각합니다.

ผมเข้าใจว่าเธอไม่ยินดีจะพบผม

저는 그녀가 저를 만나는 걸 반기지 않는다고 생각합니다.

ผมไม่เข้าใจเรื่องที่อาจารย์สอน

저는 교수님이 가르치시는 이야기를 이해하지 못 합니다.

ผมไม่เข้าใจอะไรเลย

저는 아무것도 모르겠습니다.

14. ทำไมสุดาไม่ต้องคอยที่ร้านเสริมสวย

왜 쑤다는 미용실에서 기다릴 필요가 없습니까?

เพราะสุดาเป็นขาประจำของร้านนั้น

왜냐하면 쑤다는 그 가게의 단골손님이기 때문입니다.

เพราะสุดานัดกับช่างเสริมสวยไว้แล้ว

왜냐하면 쑤다는 미용사와 약속을 해 두었기 때문입니다.

15. คุณเป็นขาประจำที่ไหน

당신은 어디의 단골고객입니까?

ผมเป็นขาประจำของร้านตัดผมร้านนี้

저는 이 이발소의 단골고객입니다.

ดิฉันเป็นขาประจำของร้านตัดเสื้อร้านนี้

저는 이 의상실의 단골고객입니다.

16. ทำไมคุณไม่มาที่นี่เมื่อวานนี้

왜 당신은 어제 여기에 오지 않았습니까?

เพราะดิฉันมีนัดที่อื่น

왜냐하면 제가 다른 곳에서 약속이 있었기 때문입니다.

เพราะเราไม่ได้นัดกันไว้แน่นอน

왜냐하면 우리가 확실하게 약속을 해 두지 않았기 때문입니다.

17. บางทีชั่วโมงหนึ่งก็ทำเสร็จ

가끔은 한 시간에 끝납니다.

บางทีสองชั่วโมงก็ทำผมยังไม่เสร็จ

어떤 때는 두 시간에도 머리 하는 것이 안 끝나요.

บางทีผมก็ไม่อยากไปทำงาน

가끔은 저도 일하러 가고 싶지 않아요.

줄거리

วินัยไปส่งสุดาเข้าร้านเสริมสวย แต่งผม ทำเล็บ แล้วเขาก็ไปรอเธอที่ร้านตัดผม เขาเพิ่งตัดผมไปเมื่อ 2-3 วันนี่เอง วันนี้เขาจึงบอกให้ช่างสระผมและไม่ต้องรีบ เพราะเขาต้องรอภรรยา ช่างตัดผมบอกว่าผู้หญิงทำผมช้ากว่าผู้ชายและอาจจะต้องเสียเวลาคอยช่างด้วย แต่วินัยคิดว่าไม่ต้องคอยเพราะเป็นขาประจำกันและนัดไว้แล้ว เมื่อวินัยสระผมเสร็จ เขาไปรับสุดาที่ร้านเสริมสวยแต่สุดายังไม่เสร็จ จนเขาไปอ่านหนังสือพิมพ์รออยู่ที่รถจบไปสองฉบับแล้ว สุดาก็ยังไม่เสร็จเลย

제 25 과

ที่สวนสาธารณะ

공원에서

본 문

(ที่ช่องขายตั๋ว สวนสัตว์) (동물원 매표소에서)

วีระ	ขอซื้อตั๋วผู้ใหญ่ 4 ใบครับ 성인표 4장 주세요.
คนขายตั๋ว	คนละ 50 บาท เป็นเงิน 200 บาทพอดีนะคะ ขอบคุณค่ะ 1인당 50바트 입니다. 딱 200바트네요. 감사합니다.
วินัย	ไม่ได้มาเที่ยวเขาดินหลายปีแล้ว เขาปรับปรุงดีขึ้นมากนะ 카오딘에 놀러 안 와 본 지도 여러 해 되었네. 리모델링을 해서 많이 좋아졌어.
อารยา	สมัยหนูเด็กๆ ยังไม่มีสัตว์มากอย่างนี้ 제가 어릴 때는 동물이 이렇게 많이 없었어요.
วีระ	คุณพ่อครับ แวะดูกรงเลี้ยงงูหน่อยซิครับ 아버지. 뱀 사육장에 좀 가요.
อารยา	ไม่เห็นน่าดูตรงไหน ดูนกน่ารักกว่างูเยอะแยะ 볼 만한 데가 없어 보여. 뱀보다는 새가 훨씬 더 귀여운데.
วีระ	ขออนุญาตพายเรือเล่นนะครับ 뱃놀이 하게 허락해 주세요.
อารยา	หนูลงเรือด้วยนะคะ 저도 배 탈래요.
สุดา	ตามใจจ้ะ แต่ระวังตัวหน่อย สระนี้น้ำลึกมาก 마음대로 해라. 그러나 조심해. 이 호수는 매우 깊단다.

วินัย	พ่อจะพาแม่ไปดูช้างหน่อย แล้วจะมาคอยริมสระนะ 아빠는 엄마 데리고 코끼리 보러 갔다 와서 호숫가에서 기다리마.
วีระ	นั่งเรือสนุกไหมอารยา 배 타니까 재미있니? 아라야.
อารยา	ถ้าเทียบกับนั่งรถแล้ว นั่งเรือสบายกว่ามากค่ะ 차 타는 것과 비교하면 배 타는 것이 더 편안해.
วีระ	ผลัดกันพายเรือบ้างสิน้อง พี่เมื่อยแขนเต็มที 교대해 가며 노 좀 젓자, 동생아. 오빠 팔이 너무 아파.
อารยา	สุภาพบุรุษต้องบริการสุภาพสตรีค่ะ 신사는 숙녀에게 봉사해야 해요.
สุดา	นานๆ มาที สบายใจดีนะคะ 오랜만에 오니 편안하고 좋네요.
วินัย	จ้ะ สวนสาธารณะอย่างนี้น่าจะมีหลาย ๆ แห่ง 그래. 이런 공원이 여러 군데 있으면 좋겠어. เพราะคนเบื่อควันเบื่อเสียงรถยนต์เต็มที 사람들은 자동차 연기와 소음에 지쳐 있으니까.
สุดา	เกิดเป็นคนเมืองหลวงนี่ลำบาก สุขภาพไม่ค่อยดี 서울사람으로 태어나 힘들죠. 건강도 별로 좋지 않고요.
วินัย	นั่นสิ เป็นห่วงสุขภาพลูกๆ 그러게 말이야. 애들의 건강이 걱정되는군.
สุดา	แน่ะ ลูกๆ มาพอดี วีระทำไมไม่ยิ้มเลยลูก 아, 마침 애들이 오네요. 위라는 왜 웃질 않니?
วีระ	อารยาไม่ยอมผลัดผมพายเรือเลยครับ 아라야가 노 젓는 것을 교대해 주지 않아서요.

สุดา	สุภาพบุรุษต้องบริการสุภาพสตรีจ้ะ

신사는 숙녀에게 봉사해야 해.

วินัย	เกิดเป็นชายก็ลำบากอย่างนี้แหละลูก

남자로 태어난 것이 이렇게 힘들단다, 아들아.

단 어

สวนสาธารณะ	공원	ช่อง	창구
ตั๋ว	표, 티켓	สวนสัตว์	동물원
ผู้ใหญ่	어른, 성인	ใบ	[형태사] 장, 개
ละ	~당, ~마다	พอดี	마침, 딱 알맞다
ปรับปรุง	개선하다, 고치다	ดีขึ้น	좋아지다
สมัย	시대, 시기	แวะ	들리다
กรง	우리, 사육장	เลี้ยง	기르다
งู	뱀	นก	새
น่ารัก	귀엽다, 사랑스럽다	เยอะแยะ	많다
อนุญาต	허락하다	พาย	노를 젓다
เรือ	배	เล่น	놀다(play)
ลง	내리다, (배를) 타다	ตามใจ	마음대로 하다
ระวัง	조심하다	สระ	호수, 연못
ลึก	깊다	พา	동반하다
ช้าง	코끼리	คอย	기다리다
ริม	가장자리	สนุก	재미있다
เทียบ	견주다	สบาย	편안하다
ผลัด(กัน)	(서로) 교대하다	เมื่อย	뻐근하다
แขน	팔	สุภาพบุรุษ	신사
บริการ	서비스, 봉사하다	สุภาพสตรี	숙녀
สบายใจ	편안하다	หลาย	여러
เบื่อ	싫증나다, 지겹다	ควัน	연기
เสียง	소리	เกิด	태어나다, 발생하다

เมืองหลวง	수도	ลำบาก	힘들다, 어렵다
สุขภาพ	건강	ไม่ค่อย	별로 ~않다
ห่วง	걱정하다	ทำไม	왜
ยิ้ม	미소짓다, 웃다	ยอม	받아들이다

문법설명

1 형태사 ใบ

ใบ는 '잎'이라는 의미를 가진 명사입니다. 또한 잎과 유사한 형태를 가진 명사의 형태사로 사용하기도 합니다

ตั๋ว 2 ใบ	표 두 장
ใบละ 500 3 ใบ	500바트짜리 3장
ถ้วย 4 ใบ	사발 4개
จานเปล่า 5 ใบ	빈 접시 5개

2 비교급, 최상급 표현 방법

태국어에서 비교급을 표현하는 경우 상태성 동사, 형용사, 부사 뒤에 กว่า를 사용하고, 최상급을 표현하는 경우에는 ที่สุด을 사용합니다.

น้องสวยกว่าพี่	동생은 언니보다 예쁘다.
เขาซื้อหนังสือแพงกว่า 500บาท	그는 책을 500바트보다 비싸게 샀다.
พ่อเดินเร็วกว่าลูกชาย	아버지는 아들보다 빨리 걷는다.
เขารวยที่สุด	그가 제일 부자다.
เรากินอาหารอร่อยที่สุด	우리는 가장 맛있는 음식을 먹는다.
เขาเป็นคนที่พูดมากที่สุด	그가 말을 제일 많이 하는 사람이다.

3 부사 พอดี의 의미와 용법

พอดี는 '마침', '알맞게'의 의미를 가진 단어로 대개는 문장 첫머리 또는 끝에 위치합니다.

พอดี เขามาด้วย	마침 그도 왔다.
พอดี เราเอาร่มมาด้วย	마침 우리는 우산을 가지고 왔다.
ผมก็หิวพอดี	마침 나도 배가 고프다.
รถไฟมาพอดี	마침 기차가 온다.

พอดี가 규격이나 수량을 나타내는 말과 함께 사용되는 경우 '딱', '꼭' 의 의미를 가지게 됩니다.

300 บาทพอดี	딱 300바트
ห้องนี้ใหญ่พอดีสำหรับทีมเรา	이 방은 우리 팀에게 딱 알맞게 크다.

4 เต็มที와 เต็มที่의 의미 차이

태국어의 เต็มที와 เต็มที่는 '아주', '최대한'의 의미를 지닌 부사어입니다. เต็มที는 부정적인 의미로 사용되고, เต็มที่는 긍정적인 의미에 주로 사용됩니다.

เมื่อยขาเต็มที	다리가 너무 아프다.
จนเต็มที	너무 가난하다.
เล่นสนุกกันเต็มที่	정말 재미있게 논다.
คุยกันเต็มที่	충분히 얘기를 나누었다.

보충설명

태국에는 아름다운 공원이 많이 있습니다. 그중 태국왕실의 소유지를 일반 시민에게 개방한 곳으로 방콕에 있는 룸피니 공원이 유명합니다. 라마 6세가 국내

박람회용 부지로 정비를 명했지만 왕의 승하로 취소되고 공원 입구에 왕의 동상만 남아 있습니다. 태국 국민들의 휴식처이며, 연못에서 보트도 즐길 수 있습니다. 이 공원 외에 로즈가든이라 불리는 공원은 외국인 관광객에게 태국의 전통 문화와 풍속을 보여주기 위해 세운 놀이공원입니다. 코끼리쇼, 무어이타이, 태국 전통 혼례식, 태국 민속 무용, 소수 민족의 전통 기예쇼 등을 공연합니다.

문형연습

1. เขาซื้อตั๋วอะไร

   그는 무슨 표를 삽니까?

   เขาซื้อตั๋วดูหนัง

   그는 영화표를 삽니다.

   เขาซื้อตั๋วรถไฟ

   그는 기차표를 삽니다.

   เขาซื้อตั๋วเข้าสวนสาธารณะ

   그는 공원 입장권을 삽니다.

2. ค่าผ่านประตูคนละเท่าไร

   입장료가 얼마에요?

   ค่าผ่านประตูเข้าสวนสัตว์ คนละ 50 บาท

   동물원 입장료는 1인당 50바트입니다.

   ค่าผ่านประตูเข้าโรงหนัง คนละ 120 บาท

   영화 관람료는 1인당 120바트입니다.

   ค่าผ่านประตูเข้าดูฟุตบอล คนละ 200 บาท

   축구 관람료는 1인당 200바트입니다.

   ค่าผ่านประตู เด็ก 20 บาท ผู้ใหญ่ 30 บาท

   입장료는 어린이는 20바트이고, 성인은 30바트입니다.

3. 5 กับ 3 รวมกันเป็น 8

   5 더하기 3은 8입니다.

6 กับ 4 รวมกันเป็น 10

6 더하기 4는 10입니다.

2 กับ 10 รวมกันเป็น 12

2 더하기 10은 12입니다.

4. คุณพ่อปรับปรุงบ้านให้ดีขึ้น

아버지가 집을 더 좋게 고쳤어요.

คุณแม่ปรับปรุงครัวให้สะอาด

어머니가 부엌을 깨끗하게 고쳤어요.

อารยาปรับปรุงการเรียนของเธอ

아라야는 공부하는 것을 개선했어요.

คุณต้องปรับปรุงตัวเองให้ดีขึ้น

당신은 스스로 더 좋아지도록 개선해야 합니다.

5. สมัยวินัยเด็ก ๆ เขายังไม่มีรถยนต์

위나이가 어렸을 때, 그는 차가 없었어요.

สมัยวีระเด็ก ๆ เขายังเล่นฟุตบอลไม่เป็น

위라가 어렸을 때, 그는 축구를 할 줄 몰랐어요.

สมัยอารยาเด็ก ๆ เขาดินยังไม่มีสัตว์มาก

아라야가 어렸을 때 카오딘에는 동물이 많이 없었어요.

6. ที่สวนสัตว์ มีกรงเลี้ยงงู

동물원에는 뱀 사육장이 있어요.

ที่สวนสัตว์ มีกรงเลี้ยงนก

동물원에는 새장이 있어요.

ที่สวนสัตว์ มีกรงเลี้ยงสัตว์ต่าง ๆ มาก

동물원에는 많은 종류의 동물 우리들이 있어요.

7. รายการโทรทัศน์รายการนี้ น่าดูมาก

이 텔레비전 프로그램은 볼 만해요.

หนังสือเล่มนี้ น่าอ่านมาก

이 책은 읽어 볼 만 해요.

นกพวกนี้ น่ารักกว่างูพวกนั้นเยอะ

이 새들이 그 뱀들보다 훨씬 귀여워요.

8. ขออนุญาตดูโทรทัศน์คืนนี้

오늘밤 텔레비전을 보도록 허락해 주세요.

ขออนุญาตไปเที่ยวสวนสัตว์กับเพื่อน

친구와 동물원에 놀러 가도록 허락해 주세요.

ขออนุญาตหยุดโรงเรียน 3 วัน

3일 동안 학교에 결석하도록 허락해 주세요.

ขออนุญาตสูบบุหรี่

담배 피우는 것을 허락해 주세요.

9. เวลาข้ามถนน ให้ระวังรถยนต์

길을 건널 때 차 조심하세요.

เวลาพายเรือ ให้ระวังตกน้ำ

노를 저을 때 물에 빠지지 않도록 조심하세요.

เวลาขึ้นรถเมล์ ให้ระวังกระเป๋า

버스를 탈 때 지갑 조심하세요.

เวลาไปไหน ให้ระวังตัว

어디를 갈 때 몸 조심하세요.

10. สระนี้น้ำลึก แต่สระนั้นน้ำตื้น

이 호수는 깊어요. 그러나 그 호수는 얕아요.

ทะเลน้ำลึก แต่สระน้ำตื้น

바다는 깊어요. 그러나 그 호수는 얕아요.

กลางทะเลน้ำลึก แต่ใกล้ชายหาดน้ำตื้น

바다 한가운데는 깊어요. 그러나 해변가 근처는 얕아요.

11. พ่อจะพาแม่ไปดูช้าง

아버지는 어머니를 데리고 코끼리를 보러 간다.

พี่จะพาน้องไปพายเรือ

오빠는 동생을 데리고 뱃놀이 하러 간다.

เด็ก ๆ พากันไปขี่ควาย

어린이들은 물소를 타러 간다.

คุณเคยขี่รถสามล้อไหม

당신은 삼륜차를 타 본 적 있어요?

12. ถ้าเทียบกับนั่งรถแล้ว นั่งเรือสบายกว่า

차를 타는 것과 비교하면 배를 타는 것이 더 편안해요.

ถ้าเทียบกับนั่งรถไฟแล้ว นั่งเครื่องบินสบายกว่า

기차를 타는 것과 비교하면 비행기를 타는 것이 더 편안해요.

ถ้าเทียบกับนักศึกษาแล้ว นักเรียนเล็กกว่า

대학생과 비교하면 중고등학생이 더 작아요.

ถ้าเทียบกับคนเมืองหลวงแล้ว คนต่างจังหวัดสุขภาพดีกว่า

도시 사람들과 비교하면 시골 사람들이 더 건강해요.

13. วีระกับอารยาผลัดกันเฝ้าบ้าน

위라와 아라야는 교대로 집을 봅니다.

พี่กับน้องผลัดกันพายเรือ

오빠와 동생은 교대로 노를 젓습니다.

เขากับเธอผลัดกันถือของ

그와 그녀는 교대로 물건을 듭니다.

วินัยกับวีระผลัดกันขับรถ

위나이와 위라는 교대로 운전을 합니다.

14. เดินมากก็เมื่อยขา

많이 걸으면 다리가 뻐근하다.

ถือของมากก็เมื่อยแขน

물건을 많이 들으니 팔이 아프다.

พูดมากก็เมื่อยปาก

말을 많이 하면 입이 아프다.

15. วินัยกับปรีชาเป็นสุภาพบุรุษ

위나이와 쁘리차는 신사입니다.

สุดากับมาลินีเป็นสุภาพสตรี

쑤다와 말리니는 숙녀입니다.

สุภาพบุรุษต้องบริการสุภาพสตรี

신사는 숙녀에게 봉사해야 합니다.

สุภาพสตรีไม่ต้องบริการสุภาพบุรุษ

숙녀는 신사에게 봉사해 줄 필요가 없어요.

16. เกิดเป็นคนเมืองหลวง ก็สุขภาพไม่ดีอย่างนี้แหละ

서울사람으로 태어나면 이처럼 건강이 좋지 않아요.

เกิดเป็นผู้ชาย ก็ลำบากอย่างนี้แหละ

남자로 태어나면 이렇게 힘들어요.

เกิดเป็นผู้หญิง ก็สบายอย่างนี้แหละ

여자로 태어나면 이렇게 편안해요.

줄거리

วินัยพาครอบครัวไปเที่ยวสวนสัตว์ พวกเขาไม่ได้ไปเขาดินหลายปีแล้ว ตอนนี้ปรับปรุงดีขึ้นมาก และมีสัตว์มากขึ้นด้วย วีระกับอารยาขออนุญาตไปพายเรือ ส่วนวินัยกับสุดาจะไปดูช้างแล้วจะมานั่งรอที่ริมสระ วินัยอยากให้มีสวนแบบนี้หลาย ๆ แห่ง เพราะกรุงเทพฯ มีแต่เสียงและควันรถยนต์ อารยาไม่ช่วยวีระพายเรือเพราะถือว่าสุภาพบุรุษต้องบริการสุภาพสตรี เมื่อขึ้นจากเรือวีระฟ้องแม่ว่าอารยาไม่ช่วยพาย วินัยจึงบอกว่าเกิดเป็นผู้ชายก็ลำบากอย่างนี้แหละ

제 26 과

ไปซื้อของที่ตลาด
시장에서 물건 사기

본 문

สุดา　เข้าไปในตลาดด้วยกันไหมคะ
시장에 같이 갈래요?

วินัย　ไปสิจ๊ะ เผื่อจะเจออะไรน่ากินบ้าง
가지. 혹시라도 뭐 먹을만 한 게 있는지.

สุดา　ซื้อเนื้อดีๆ ไปทำลาบเนื้อดีไหมคะ
좋은 고기를 사서 랍느아 만드는 거 괜찮아요?

วินัย　ผมว่าซื้อกุ้งตัวโต ไปทำต้มยำก็ไม่เลว
내 생각엔 큰 새우를 사서 똠얌을 하는 것도 나쁘지 않은데.

สุดา　ดีเหมือนกัน ทานเนื้อหลายวันแล้ว
네, 좋아요. 고기는 여러 날 먹었으니까요.

วินัย　กุ้งนี้ขายยังไงครับ แม่ค้า
아줌마! 이 새우는 어떻게 팔아요?

แม่ค้า　กิโลกรัมละ 200 บาทค่ะ
1킬로그램에 200바트예요.

สุดา　ไม่แพงไปหน่อยหรือจ๊ะ
좀 비싸지 않아요?

แม่ค้า　กุ้งสด ๆ นะคะ คุณ ตัวโต ๆ ทั้งนั้นล่ะค่ะ
새우가 아주 싱싱해요. 모두 크고요.

สุดา　ลดหน่อยก็แล้วกัน สัก 150 บาทเป็นยังไง
좀 깎아 줘요. 150바트 어때요?

แม่ค้า ขอ 170 เถอะค่ะ คุณจะรับสักเท่าไรดีคะ

170바트 주세요. 얼마나 드릴까요?

สุดา ขอสักครึ่งกิโลก็พอ เลือกตัวสดๆ นะคะ

반 킬로그램이면 충분해요. 싱싱한 것으로 골라 주세요.

แม่ค้า คุณไม่มีเงินปลีกหรือคะ ดิฉันไม่มีเงินทอนนะคะ

잔돈 없으세요? 제가 거스름돈이 없는데요.

วินัย ถ้ายังงั้นแม่ค้าช่วยแลกร้านอื่นให้หน่อยนะครับ

그러면 아줌마가 다른 가게에서 바꿔주세요.

แม่ค้า นี่ค่ะ เงินทอน วันหลังเชิญใหม่นะคะ

여기 있어요. 거스름돈. 다음에 또 오세요.

วินัย ตลาดนี้ใหญ่มากนะ เท่าที่ผมเห็น ของก็ราคาถูกทั้งนั้น

내가 본 바로는 이 시장은 정말 크네. 물건도 모두 싸고.

สุดา ไม่เสมอไปหรอกค่ะ บางอย่างก็แพง ต้องมีวิธีซื้อ

항상 그렇지는 않아요. 어떤 물건은 비싸요.
사는 방법이 있어야 해요.

วินัย สุดามีวิธีซื้อยังไงจ๊ะ

쑤다는 어떤 구매법이 있는데?

สุดา เวลาเห็นของถูกใจ อย่าเพิ่งซื้อทันที ต้องถามราคาหลายๆ แห่งเสียก่อน แล้วซื้อที่ถูกที่สุดและดีที่สุด

마음에 드는 물건을 봤을 때 바로 사면 안 돼요. 먼저 여러 군데에서 가격을 물어 봐야 해요. 그리고 나서 가장 싸고 가장 좋은 것을 사요.

วินัย เป็นไปไม่ได้หรอกสุดา ของที่ดีด้วยถูกด้วยน่ะ

불가능해, 쑤다. 값도 싸고 질도 좋은 것은.

สุดา　　เป็นไปได้ซิคะ อย่างกุ้งที่ซื้อมานี่ไงค่ะ

가능해요. 우리가 산 새우가 있잖아요.

แล้วก็ปลา ผัก แล้วก็ผลไม้ที่ซื้อมาค่ะ

그리고 생선, 채소, 과일도요.

วินัย　　เอาละ ผมยอมแพ้ คุณชนะ

자! 내가 졌소. 당신이 이겼소.

단 어

ซื้อ	사다	ตลาด	시장
เจอ	만나다, 발견하다	อะไร	무엇
น่ากิน	먹음직스럽다	เนื้อ	(소)고기
ทำ	만들다, 하다	ลาบเนื้อ	소고기무침
กุ้ง	새우	โต	크다
ต้มยำ	똠얌	เลว	나쁘다
ทาน	먹다, 드시다	ขาย	팔다
ยังไง	어떻게	แม่ค้า	(여자)상인
กิโลกรัม	킬로그램(Kg)	แพง	비싸다
สด	싱싱하다, 신선하다	ทั้งนั้น	전부, 모두
ลด	깎다, 줄다	รับ	받다
เท่าไร	얼마	ขอ	요구하다
ครึ่ง	반, 1/2	พอ	충분하다
เลือก	고르다	เงินปลีก	잔돈
ของ	물건	เงินทอน	거스름돈
ช่วย	돕다	แลก	바꾸다
เชิญ	권하다	ใหม่	새로운
ใหญ่	큰	ราคา	가격
ถูก	싸다	เสมอ	항상, 늘
บาง	일부의, 어떤	อย่าง	[형태사] 가지, 종류
วิธี	방법	ถูกใจ	마음에 들다
อย่า	~하지 마라	เพิ่ง	막 ~하다
ทันที	즉시, 곧바로	ต้อง	~해야 한다
ถาม	묻다, 물어보다	เป็นไปไม่ได้	불가능하다
เป็นไปได้	가능하다	อย่าง	~처럼, ~같이

ปลา	생선	ผัก	채소
ผลไม้	과일	ยอมแพ้	진 것을 인정하다
ชนะ	이기다		

문법설명

1 ก่อน의 의미와 용법

ก่อน은 '먼저', '우선'의 의미를 지닌 부사어로 문장의 앞머리 또는 끝에 위치합니다. 경우에 따라서는 명사 앞에 올 수도 있습니다.

ก่อนทานข้าว ต้องล้างมือ	식사하기 전에 손을 씻어야 한다.
ก่อนที่จะกลับบ้าน ควรทำให้เสร็จ	집에 돌아가기 전에 끝내야 한다.
นั่งก่อน	우선 앉아.
ไปทานข้าวก่อนดีกว่า	먼저 식사를 하는 것이 낫겠다.
ก่อนอาหาร / หลังอาหาร	식전 / 식후

2 เผื่อ와 เพื่อ

태국어에서 เผื่อ와 เพื่อ는 전치사 또는 접속사의 기능을 하는 단어 입니다. เพื่อ는 '~을 위해서'라는 의미를 가지고, เผื่อ는 '을 대비해서', '예비해서'라는 의미를 가집니다.

ฉันจะซื้อของขวัญ เพื่อแม่
어머니를 위해서 선물을 살거야.
ฉันทำอาหารเพื่อคุณ
당신을 위해서 음식을 만든다.
เขานั่งรถไฟเพื่อไปเชียงใหม่
치앙마이에 가기 위해서 그는 기차를 탔다.
เขาเก็บเงิน เพื่อไปเที่ยวเกาหลี
그는 한국에 놀러 가기 위해서 돈을 모은다.
กินเผื่อฉันด้วย
내 몫까지 먹어.

เตรียมอาหารไว้เผื่อพ่อ
아버지를 위해 음식을 준비해 두었다.
ผมไปตลาดด้วยคนเผื่อมีอะไรน่ากิน
나도 시장 같이 가요. 뭐 먹을 만한 것이 있는지 보게요.
ผมไปร้านขายหนังสือด้วยคนเผื่อมีอะไรจะซื้อ
나도 서점에 같이 가요. 뭐 살 만한 것이 있는지 보게요.

3 เจอ와 พบ의 의미와 용법

เจอ와 พบ은 '만나다', '발견하다'의 의미를 지닌 단어로 เจอ는 구어체에서, พบ은 문어체에서 사용합니다.

เจอกันที่ไหนดี	어디서 만나는 것이 좋을까요?
พรุ่งนี้พบกันใหม่	내일 또 만나요.
หนังสือที่หายไปแล้ว ยังหาไม่เจอ	잃어버린 책을 아직 못 찾았어요.
เอกสารสำคัญ ยังค้นไม่พบ	중요한 서류를 아직 못 찾았어요.

4 ทั้งนั้น, ทั้งสิ้น, ทั้งหมด의 의미와 용법

ทั้งนั้น, ทั้งสิ้น, ทั้งหมด은 '모두'의 의미를 가진 단어입니다. ทั้งนั้น은 '온통' 의미를 가지며 ทั้งสิ้น과 ทั้งหมด은 '전부', '일체', '모두'의 의미에 가깝습니다.

ในห้องนี้ มีแต่เด็กชายทั้งนั้น	이 방에는 온통 남자 아이들 뿐이에요.
เงินที่เหลืออยู่ มีแต่ใบละร้อยทั้งสิ้น	남은 돈은 전부 100바트짜리에요.
แขกที่มา ไปกันทั้งหมด	오신 손님들은 모두 갔어요.

보충설명

태국에는 여러 종류의 시장이 있습니다. ตลาดสด이라 부르는 재래시장이 있고, 저녁부터 새벽까지 여는 โต้รุ่ง이라 부르는 야시장이 있는데 주로 음식을 팝니다.

ตลาดเช้า라 부르는 아침시장에서는 여러 가지 찬거리와 음식 재료를 살 수 있습니다. 또한 ตลาดนัด이라 부르는 약속시장이 있는데 우리나라의 주말 시장이나 5일장, 7일장과 비슷합니다. 우리나라에서는 볼 수 없는 ตลาดน้ำ이라 부르는 수상시장이 있습니다.
태국의 주요한 시장으로는 주말시장인 짜뚜짝 시장, 쁘라뚜남 재래시장, 쑤안룸 야시장, 태국의 최대 수상시장인 담넌싸두억 수상시장 등이 있습니다.

문형연습

1. เข้าไปในตลาดด้วยกันไหม

   시장에 같이 가겠어요?

   เอาสิ เผื่อเจออะไรน่ากินบ้าง

   그러지. 뭐 먹을 만한 것이 있을 지도...

   เอาสิ เผื่อเจออะไรน่าซื้อบ้าง

   그러지. 뭐 살 만한 것이 있을 지도...

2. ซื้อเนื้อไปทำลาบเนื้อก็ดี

   고기를 사서 쇠고기 무침을 하는 것도 좋지.

   ซื้อไก่ไปทำไก่ย่างดีกว่า

   닭고기를 사서 바베큐 치킨을 하는 게 더 좋다.

   ซื้อกุ้งไปทำต้มยำดีที่สุด

   새우를 사서 똠얌을 하는 것이 가장 좋다.

3. กุ้งนี้ขายยังไง แม่ค้า

   이 새우는 어떻게 팔아요? 아줌마.

   เนื้อนี้กิโลกรัมละเท่าไร แม่ค้า

   이 고기는 1킬로그램에 얼마에요? 아줌마.

   แม่ค้า ปลานี้ตัวละเท่าไร

   아줌마! 이 생선은 한 마리에 얼마에요?

   แม่ค้า ข้าวแกงนี้จานละเท่าไร

   아줌마! 이 카우깽은 한 접시에 얼마에요?

4. กุ้งสด ปลาสด น่ากินทั้งนั้น

새우도 신선하고 생선도 신선하고 모두 먹음직스러워요.

ไก่สด ผัดสด ผลไม้สด น่ากินทั้งนั้น

닭도 신선하고 채소도 신선하고 과일도 신선하고 모두 먹음직스러워요.

อากาศสดชื่น น่าเดินเล่น

날씨가 상쾌해요. 산책할만 하네요.

เจ้าบ่าวเจ้าสาวหน้าตาสดชื่น น่าชื่นใจ

신랑 신부의 얼굴이 생기가 넘쳐요. 즐거워요.

5. คุณจะซื้อสักเท่าไร

얼만큼 살 거에요?

คุณจะรับสักเท่าไร

얼만큼 살 거에요?

คุณจะรักฉันนานสักเท่าไร

당신은 나를 얼마나 오래 사랑할 거에요?

6. ขอซื้อสักครึ่งกิโลก็พอ

반 킬로그램이면 충분해요.

ไปเที่ยวต่างจังหวัดสัก 5 วันก็พอ

지방에 놀러 가는 데 5일이면 충분해요.

มีเงินสักร้อยบาทก็พอ

100바트면 충분해요.

ดูหนังสือก่อนสอบอาทิตย์เดียวไม่พอแน่

시험 보기 일주일 전에 공부하는 건 확실히 충분하지 않아요.

7. แม่ค้ามีทอนไหม ฉันมีใบละห้าร้อย

아줌마 거스름돈 있어요? 저는 500바트짜리 거든요.

ไม่มีทอนหรอกคุณ คุณไม่มีเงินปลีกหรือ

거스름돈이 없는데 당신은 잔돈이 없나요?

ฉันไม่มีเงินปลีกเลย มีแต่ใบละร้อย

잔돈은 없어요. 100바트짜리만 있어요.

8. คุณช่วยแลกเงินให้ฉันหน่อยได้ไหม

돈을 바꿔줄 수 있어요?

ผมขอแลกที่นั่งกับคุณได้ไหม

당신과 자리를 바꿔도 될까요?

ผมขอทำงานแลกอาหารจานเดียวเท่านั้น

제가 일한 값으로 음식 한 접시면 됩니다.

9. การเล่นกีฬาต้องมีแพ้ชนะเป็นธรรมดา

운동경기에서 이기기도 하고 지기도 하는 것은 당연한 일이에요.

การแข่งขันก็ต้องมีแพ้ชนะเป็นธรรมดา

시합에서는 당연히 이기기도 하고 지기도 하기 마련이에요.

คุณพูดเก่งกว่าผม ผมยอมแพ้

당신이 저보다 더 말을 잘해요. 제가 졌어요.

เธอว่ายน้ำเก่งกว่าฉัน ฉันยอมแพ้

네가 나보다 수영을 더 잘해. 내가 졌어.

10. พรุ่งนี้คุณจะมาไหม

당신은 내일 올 거예요?

พรุ่งนี้ผมจะไม่มา วันหลังผมจะมา

내일 저는 안 올 거예요. 다음에 올게요.

พรุ่งนี้ฉันมีนัด วันหลังฉันจะมา

내일 나는 약속이 있어. 다음에 올게.

สวัสดี วันหลังพบกันใหม่

안녕! 다음에 또 만나자.

11. เท่าที่ผมเห็น ของตลาดนี้ราคาถูกทั้งนั้น

내가 본 바로는 이 시장의 물건이 모두 싸요.

เท่าที่เรารู้ เขาเป็นคนดีเสมอ

우리가 알기로는 그는 항상 좋은 사람이에요.

เท่าที่ฉันพูด คุณก็น่าจะเข้าใจแล้ว

내가 말한 것을 당신도 이해할 것 같은데요.

เท่าที่อ่านมา หนังสือเล่มนี้ดีที่สุด

읽어 온 바로는 이 책이 가장 좋아요.

12. ของดีที่สุด ถูกที่สุด เป็นไปไม่ได้

가장 좋은 물건이 가장 싸다는 것은 불가능해요.

อาจจะเป็นไปได้ แต่ไม่เสมอไป

아마도 가능할지도 모르지요. 그러나 항상 그런 것은 아니에요.

ของบางอย่างดี แต่แพง ไม่น่าซื้อ

어떤 물건은 좋아요. 그러나 비싸요. 살만 하지 않아요.

ของบางอย่างไม่ดี แต่ถูก น่าซื้อ

어떤 물건은 좋지 않아요. 그러나 싸요. 살만 해요.

13. นักพูด มีวิธีพูดให้คนฟังสนุก

연설가는 청자를 재미있게 만드는 연설법이 있어요.

นักเขียน มีวิธีเขียนให้คนอ่านสนุก

작가는 독자를 재미있게 만드는 글 쓰기 방법이 있어요.

ครูมีวิธีสอนให้นักเรียนเข้าใจ

선생님은 학생들이 이해하도록 가르치는 방법이 있어요.

แม่มีวิธีสอนให้ลูกเป็นคนดี

어머니는 자식이 좋은 사람이 되도록 가르치는 방법이 있어요.

14. ฉันซื้อของถูกหลายอย่าง เป็นต้นว่า ปลา ผัก และผลไม้

나는 여러 가지 물건을 싸게 샀어. 예를 들면 생선, 채소, 과일.

เธอซื้อของแพงหลายอย่าง เป็นต้นว่า ลิปสติก และเสื้อชั้นใน

너는 여러 가지 물건을 비싸게 샀어. 예를 들면 립스틱과 속옷이야.

เธอมีเงินหลายชนิด เป็นต้นว่า ใบละสิบ ใบละร้อย

그녀는 여러 종류의 돈이 있다. 예를 들면 10바트짜리 100바트짜리.

เรามีเพื่อนหลายคน เป็นต้นว่า พรทิพย์ อารยา

우리는 친구가 여러 명 있다. 예를 들면 펀팁, 아라야.

15. เมื่อเห็นของถูกใจ อย่าเพิ่งซื้อทันที

마음에 드는 물건을 봤을 때 바로 사지 마세요.

เมื่อมีเรื่องเสียใจ อย่าเพิ่งร้องไห้ทันที
속상한 일이 있을 때 바로 울지 마세요.
เมื่อมีเรื่องดีใจ อย่าเพิ่งหัวเราะทันที
좋은 일이 있을 때 바로 웃지 마세요.
เมื่ออาจารย์เข้ามาในห้อง ต้องหยุดคุยกันทันที
선생님이 교실에 들어 오실 때 얘기하는 것을 바로 멈춰야 합니다.

16. เมื่อต้องการของอย่างเดียวกัน พี่ต้องยอมแพ้น้อง
똑같은 물건을 원할 때는 형이 동생에게 양보해야 한다.
เมื่อเป็นคู่รักกัน ผู้ชายมักยอมแพ้ผู้หญิง
사랑하는 사이일 때는 대개 남자가 여자에게 져 줍니다.
เมื่อแต่งงานกันแล้ว ผู้หญิงมักยอมแพ้ผู้ชาย
결혼한 사이일 때는 대개 여자가 남자에게 져 줍니다.
แพ้กับชนะ เป็นของคู่กัน
이기고 지는 것은 항상 같이 있는 일이다.

줄거리

สุดากับวินัยไปตลาดด้วยกัน สุดาคิดจะซื้อเนื้อไปทำลาบ แต่วินัยว่าจะซื้อกุ้งไปต้มยำ กุ้งสดราคาแพง สุดาจึงต่อราคา วินัยจ่ายเงิน แต่แม่ค้าไม่มีเงินทอน จึงไปแลกเงินที่ร้านอื่นแล้วมาทอนให้ วินัยคิดว่าตลาดนี้ใหญ่และของถูก แต่สุดาบอกว่าการซื้อของถูกต้องมีวิธีซื้อ คือ เวลาเห็นของถูกใจอย่าเพิ่งซื้อทันที ต้องถามราคาหลายๆ แห่งเสียก่อน แล้วซื้อที่ดีที่สุดและถูกที่สุด วินัยไม่เชื่อว่าจะมีของที่ทั้งดีและถูก แต่สุดายืนยันว่ามีแน่นอน เช่น กุ้ง ปลา ผัก และผลไม้ที่ซื้อมาวันนี้

제 27 과

ที่ธนาคาร
은행에서

본 문

(ที่แผนกรับฝากเงิน) (입출금창구에서)

ปรีชา ผมมาฝากเงินครับ
예금하러 왔습니다.

พนักงาน ค่ะ เชิญกรอกแบบฟอร์มนะคะ
양식에 기입해 주세요.

ปรีชา นี่ครับ เงิน 2 หมื่นบาท
여기 있습니다. 20,000바트.

พนักงาน กรุณาคอยสักครู่นะคะ
잠시만 기다려 주십시오.

ปรีชา ระหว่างนี้ผมจะไปแลกเงินต่างประเทศ
그동안 저는 환전을 하러 가겠습니다.

พนักงาน ค่ะ งั้นเชิญที่เคาน์เตอร์แลกเปลี่ยนเงินตราต่างประเทศเลยนะคะ
네, 그러면 외환창구로 가십시오.

(ที่เคาน์เตอร์แลกเปลี่ยนเงินตราต่างประเทศ) (외환창구에서)

ปรีชา ผมขอซื้อเงินดอลล่าร์สัก 500 เหรียญ
500달러 사겠습니다.

พนักงาน ค่ะ เหรียญละ 31 บาท 75 สตางค์นะคะ
งั้นเดี๋ยวเชิญกรอกแบบฟอร์มนิดหนึ่งนะคะ
네. 1달러에 31바트 75싸땅입니다. 양식에 기입하여 주십시오.

ปรีชา ผมจะไปรอที่ห้องคุณวินัยนะ
저는 위나이씨 사무실에서 기다리겠습니다.

พนักงาน เชิญค่ะ เสร็จแล้วจะเอาขึ้นไปให้ค่ะ
네. 끝나면 가져다 드리겠습니다.

(ที่ห้องทำงานวินัย) (위나이 사무실에서)

ปรีชา วินัย ขะมักเขม้นทำงานจริงนะ
위나이! 정말 열심히 일하는군.

วินัย อ้าวปรีชา นั่งก่อนซิ กำลังหาเพื่อนทานข้าวกลางวันอยู่เชียว
어! 쁘리차! 먼저 앉지! 마침 점심 같이 먹을 친구를 찾고 있는 중이었어.

ปรีชา ผมไม่ได้มากินข้าวหรอก มาธุระต่างหาก
밥 먹으러 온 것 아니야. 볼일 보러 온 거지.

วินัย ผมจะช่วยอะไรได้บ้างไหม
내가 뭐 좀 도와 줄까?

ปรีชา ไม่ต้องหรอก ประเดี๋ยวก็คงเสร็จ มาฝากเงินกับแลกดอลล่าร์เท่านั้น
그럴 필요 없어. 이제 곧 끝나. 저금하고 환전하러 온 거야.

วินัย คุณจะแลกไปทำไม
환전은 왜 하려고?

ปรีชา จะไปอเมริกาสักหน่อย
미국 좀 가려고.

วินัย ไปราชการหรือ
공무로 가는 거야?

ปรีชา เปล่า พาเมียไปเที่ยวเฉยๆ
아니. 아내 데리고 그냥 놀러 가는 거야.

วินัย รวยจริงแฮะ คนทำงานแบงค์ ยังไม่มีเงินไปเลย

정말 부자네. 은행에서 일하는 사람도 돈이 없어 못 가는데.

ปรีชา ก็พนักงานธนาคารมีแต่ฝากเงินนี่ ไม่รู้จักถอนเงินหรอก

은행원들은 저금만 하고 인출할 줄 모르잖아.

วินัย ไปทานข้าวกันเถอะ

밥 먹으러 가자.

ปรีชา ธนาคารนี้บริการดีเป็นพิเศษ เลี้ยงข้าวลูกค้าด้วย

이 은행은 특별히 서비스가 좋네. 고객에게 식사도 대접하고.

วินัย คุณไม่คิดจะทำงานธนาคารบ้างหรือ

은행에서 일해 볼 생각은 없어?

ปรีชา ไม่เอา ขี้เกียจเลี้ยงข้าวลูกค้า

싫어. 고객에게 식사 대접하는 게 귀찮아서.

단 어

ธนาคาร	은행	แผนก	과, 부, 처
รับ	받다	ฝาก	맡기다, 저금하다
เงิน	돈	กรอก	기입하다
แบบฟอร์ม	양식	หมื่น	만(10,000)
ขอ	청하다, 요구하다	ซื้อ	사다
ดอลล่าร์	달러(dollar)	สัก	약
เหรียญ	동전, 달러	ละ	~당, ~마다
รอ	기다리다	ห้อง	방
หา	찾다	เพื่อน	친구
ทาน	먹다, 드시다	ข้าวกลางวัน	점심 식사
ต่างหาก	별도로	เท่านั้น	단지 ~뿐이다
ทำไม	왜	อเมริกา	미국
ราชการ	공무	เปล่า	[부정사]
พา	동반하다	เมีย	아내
ไปเที่ยว	놀러 가다	เฉยๆ	그냥
รวย	부유하다	แบงค์	은행(bank)
คอย	기다리다	สักครู่	잠시
ระหว่าง	사이, 동안	แลก	교환하다, 바꾸다
ต่างประเทศ	외국	เคาน์เตอร์	창구, 카운터
แลกเปลี่ยน	교환하다	เงินตราต่างประเทศ	외화
เสร็จ	끝나다	สตางค์	싸땅(태국화폐단위)
ขะมักเขม้น	열심이다	ทำงาน	일하다
จริง	정말	นั่ง	앉다
กำลัง	~하는 중이다	ธุระ	용무, 볼일

ช่วย	돕다	อะไร	무엇
ไม่ต้อง	필요 없다	ประเดี๋ยว	금방, 곧
ก็	~도	พนักงาน	직원
รู้จัก	알다	ถอน	출금하다, 인출하다
บริการ	서비스, 봉사	พิเศษ	특별히
เลี้ยงข้าว	식사를 대접하다	ลูกค้า	고객, 손님
คิด	생각하다	ขี้เกียจ	귀찮다, 게으르다

문법설명

1 ต่างหาก의 의미와 용법

태국어에서 ต่างหาก은 명사나 문장 끝에 위치하며 '별도로', '그 외에 더', '따로 따로'의 의미를 가진 단어입니다. '별도로'의 의미로 사용될 경우는 앞에 언급된 사실과 상반되는 의미를 나타낼 때 사용합니다.

ไม่ได้มากินข้าวหรอก ผมมาธุระต่างหาก
밥 먹으러 온 게 아니라 볼일 보러 온 거예요.
พี่ไม่ใช่เป็นคนทำอาหาร แม่ต่างหาก
음식을 만든 사람은 누나(언니)가 아니라 엄마예요.
ไปก่อนเถอะ ผมจะไปต่างหาก
먼저 가세요. 나는 따로 갈게요.
ค่าไฟฟ้าต้องจ่ายต่างหาก
전기료는 별도로 내야 합니다.

2 เฉยๆ와 เฉย ๆ의 의미와 용법

เฉย는 '신경 쓰지 않다', '무관심하다'라는 의미를 가지고 있는 단어입니다. 한편 เฉย ๆ는 '그저 그렇다'라는 의미가 있습니다.

ถูกด่าว่าก็เฉย
욕 먹어도 신경 쓰지 않아요.
เขาเห็นเพื่อน แต่ทำหน้าตาเฉย
친구를 봐도 무표정이에요.
พาเมียไปเที่ยวเฉย ๆ
마누라 데리고 그냥 놀러 가는 거에요.
สอบครั้งนี้ ไม่ยากไม่ง่าย เฉย ๆ
이번 시험은 어렵지도 쉽지도 않고 그저 그래요.

3 동사 เอา의 용법

เอา는 일반적으로 '가지다', '취하다'라는 의미를 지닌 동사입니다. 그러나 상황과 문맥에 따라 사용되는 특정한 동사를 대행하는 기능을 합니다.

ผมไม่ได้เอารถมา	저는 차를 가져 오지 않았어요.
คุณเอาเงินมาเท่าไร	당신은 돈을 얼마 가져 왔어요?
เอาข้าวอีกจานไหม(กิน)	밥 한 접시 더 먹을래요?
เอาเสื้อตัวนี้ไหม(ซื้อ)	이 옷 살래요?

4 เถอะ와 ซิ의 의미와 용법

어조사 เถอะ와 ซิ는 일반적으로 청유문이나 명령문에 사용된다. เถอะ는 주로 청유에 사용되고, ซิ는 청유문에 사용되지만 강한 어조로 사용하게 되면 명령문이 된다.

ไปทานข้าวเถอะ	식사 하러 가시죠.
เอาไปเถอะ	가져 가세요.
นั่งก่อนซิ	우선 앉아.
อย่าพูดเช่นนั้นซิ	그렇게 말하지 마.

보충설명

태국의 주요 은행은 방콕은행, 끄룽타이은행, 태국상업은행, 태국군인은행, 태국농민은행, 아시아은행 등이 있습니다. 모든 은행이 ATM서비스를 하고 있습니다. 태국은 관광객이 많이 오는 나라답게 손쉽게 환전을 할 수 있습니다. 환전은 은행에서 뿐만이 아니라 곳곳에 환전소가 많아 매우 편리합니다. 영업 시간은 오전 10시에서 오후 6시까지인데 번화가는 오후 9시까지도 이용할 수 있고, 휴일이 없습니다. 태국은 환전뿐 아니라 전화도 큰 불편 없이 사용할 수 있습니다. 휴대 전화기는 구입 즉시 전화 개통이 가능합니다. 공중전화기는 동전용과 카드용 그리고 노란색 국제 전화기로 구분되어 있습니다. 전화카드는 편의점에서 쉽게 구입할 수 있습니다. 그러나 해당 카드회사 전화기만 사용해야 하는 점이 조금 불편합니다

문형연습

1. คุณกรอกแบบฟอร์มเมื่อไร
   당신은 언제 양식에 기입합니까?

   เรากรอกแบบฟอร์มเมื่อจะเข้าทำงาน
   우리는 입사할 때 양식에 기입합니다.

   เรากรอกแบบฟอร์มเมื่อจะฝากเงิน
   우리는 입금할 때 양식에 기입합니다.

   เรากรอกแบบฟอร์มเมื่อจะถอนเงิน
   우리는 출금할 때 양식에 기입합니다.

2. คุณจะฝากเงินเท่าไร
   당신은 얼마를 입금할 것입니까?

   ผมจะฝากเงิน 200 บาท
   저는 200 바트 입금하겠습니다.

   ผมจะฝากเงิน 3,200 บาท
   저는 3,200 바트 입금하겠습니다.

   ผมจะฝากเงิน 43,200 บาท
   저는 43,200 바트 입금하겠습니다.

ผมจะฝากเงิน 543,200 บาท

저는 543,200 바트 입금하겠습니다.

3. ระหว่างนี้คุณจะทำอะไร

이 사이에 당신은 무엇을 할 것입니까?

ระหว่างนี้ผมจะไปแลกเงิน

이 사이에 저는 환전을 할 것입니다.

ระหว่างนี้ผมจะอ่านหนังสือพิมพ์

이 사이에 저는 신문을 볼 겁니다.

ระหว่างนี้ผมจะคอยอยู่ที่ห้องของวินัย

이 사이에 저는 위나이 사무실에서 기다리겠습니다.

4. พนักงานเชิญปรีชาไปที่ไหน

직원은 쁘리차를 어디로 가도록 안내했나요?

พนักงานเชิญปรีชาไปที่เคาน์เตอร์แลกเปลี่ยนเงินตราต่างประเทศ

직원은 쁘리차를 외환창구로 가도록 안내했습니다.

พนักงานเชิญปรีชาไปที่แผนกฝากและถอนเงิน

직원은 쁘리차를 입출금 창구로 가도록 안내했습니다.

5. เขาทำอะไรที่เคาน์เตอร์แลกเปลี่ยนเงินตราต่างประเทศ

그는 외환창구에서 무엇을 했나요?

เขาแลกเงินที่เคาน์เตอร์แลกเปลี่ยนเงินตราต่างประเทศ

그는 외환창구에서 환전을 했어요.

เขาซื้อดอลล่าร์ที่เคาน์เตอร์แลกเปลี่ยนเงินตราต่างประเทศ

그는 외환창구에서 달러를 샀어요.

เขาแลกเงินต่างประเทศที่เคาน์เตอร์แลกเปลี่ยนเงินตราต่างประเทศ

그는 외환창구에서 외화로 환전했어요.

6. วินัยขะมักเขม้นทำอะไร

위나이는 무엇을 열심히 했나요?

วินัยขะมักเขม้นทำงาน

위나이는 일을 열심히 했어요.

เขาอ่านหนังสืออย่างขะมักเขม้น

그는 책을 열심히 읽었어요.

เขาเรียนหนังสืออย่างขะมักเขม้น

그는 열심히 공부 했어요.

7. เขากำลังหาเพื่อนทำอะไร

그는 무엇을 하려고 친구를 찾고 있나요?

เขากำลังหาเพื่อนทานข้าว

그는 밥을 같이 먹을 친구를 찾고 있어요.

เขากำลังหาเพื่อนตีกอล์ฟ

그는 골프를 같이 칠 친구를 찾고 있어요.

เขากำลังหาเพื่อนไปเที่ยวป่า

그는 숲에 같이 놀러 갈 친구를 찾고 있어요.

เขากำลังหาเพื่อนคุย

그는 같이 얘기할 친구를 찾고 있어요.

8. ไม่ได้มากินข้าวหรอก มาธุระต่างหาก

밥 먹으로 온 것이 아니에요. 볼 일 보러 온 거지.

ไม่ได้มาหาหมอหรอก มาเยี่ยมคนป่วยต่างหาก

진료 받으러 온 것 아니에요. 문병하러 온 거지.

ไม่ได้มาชวนไปเที่ยวหรอก มาชวนไปตลาดต่างหาก

놀러 가자고 온 것 아니에요. 시장 가자고 온 거지.

9. ผมไปข้างนอกหน่อยนะ ประเดี๋ยวจะกลับ

나 외출 좀 할게요. 곧 돌아올게요.

ผมไปหาเพื่อนหน่อย เดี๋ยวมา

친구 좀 찾으러 갈게요. 곧 올게요.

เขาให้เราคอยที่นี่สักประเดี๋ยว

그가 우리에게 여기서 잠시 기다리라고 했어요.

10. เขาไปอเมริกาทำไม

그는 왜 미국에 가나요?

เขาไปราชการ

그는 공적인 업무로 갑니다.

เขาพาเมียไปเที่ยวเฉย ๆ

그는 아내를 데리고 그냥 놀러 가는 거에요.

เขาพาภรรยาไปเที่ยวเฉย ๆ

그는 부인을 데리고 그냥 놀러 가는 거에요.

11. ถ้าคุณรวย คุณจะทำอะไร

만약 당신이 부자라면 당신은 무엇을 할거에요?

ถ้าผมรวย ผมจะไปเที่ยวต่างประเทศ

만약 내가 부자라면 나는 해외 여행을 할거에요.

ถ้าผมรวย ผมจะซื้อบ้านและรถยนต์

만약 내가 부자라면 나는 집과 차를 살 거에요.

12. พนักงานธนาคารรู้จักแต่ฝากเงิน ไม่รู้จักถอนเงิน

은행직원은 저금할 줄만 알지 인출할 줄은 몰라요.

วีระรู้จักแต่เล่นโบว์ลิ่ง ไม่รู้จักดำน้ำ

위라는 볼링만 할 줄 알지 잠수는 할 줄 몰라요.

สมชายรู้จักแต่สะสมแสตมป์ ไม่รู้จักตีกอล์ฟ

쏨차이는 우표 수집만 할 줄 알지 골프 할 줄 몰라요.

13. ธนาคารนี้บริการดีแค่ไหน

이 은행은 서비스가 얼마나 좋나요?

ธนาคารนี้บริการดีเป็นพิเศษ

이 은행은 서비스가 특별히 좋아요.

ธนาคารนี้บริการดีเหลือเกิน

이 은행은 서비스가 너무 좋아요.

ธนาคารนี้บริการดีที่สุด

이 은행은 서비스가 가장 좋아요.

14. ใครเลี้ยงข้าวใคร

누가 누구에게 식사를 대접하나요?

ธนาคารเลี้ยงข้าวลูกค้า

은행이 고객에게 식사를 대접해요.

ปรีชาเลี้ยงข้าววินัย

쁘리차가 위나이에게 식사를 대접해요.

บางทีเราก็เลี้ยงข้าวเขา บางทีเขาก็เลี้ยงข้าวเรา

어떤 때는 우리가 그에게 식사를 대접하고 어떤 때는 그가 우리에게 식사를 대접해요.

15. คุณไม่คิดจะทำงานธนาคารบ้างหรือ

당신은 은행에서 일해 볼 생각 없어요?

ไม่เอา ขี้เกียจเลี้ยงข้าวลูกค้า

싫어요. 고객에게 식사 대접하기 귀찮아요.

ไม่เอา ขี้เกียจทำ เพราะงานธนาคารเป็นงานหนัก

싫어요. 은행업무는 힘들어서 일하기 귀찮아요.

ไม่เอา ทำงานธนาคารปวดหัว ขี้เกียจไปหาหมอ

싫어요. 은행에서 일하는 것은 머리 아파요. 병원 가기 귀찮아요.

줄거리

ปรีชาไปฝากเงินและแลกเงินดอลลาร์ที่ธนาคาร หลังจากที่กรอกแบบฟอร์มต่าง ๆ แล้ว ระหว่างที่รอพนักงานดำเนินการ เขาไปนั่งรอที่ห้องทำงานวินัย วินัยคิดว่าเขาจะมากินข้าวกลางวันด้วยกัน แต่ปรีชาบอกว่าเขามาฝากเงินและแลกเงินดอลลาร์เพราะจะพาภรรยาไปเที่ยว(อเมริกา) วินัยจึงล้อว่าปรีชาเป็นเศรษฐี แล้วก็ชวนปรีชาไปเลี้ยงข้าวกลางวัน

제 28 과 อ่านหนังสือพิมพ์

신문읽기

본 문

สุดา กาแฟพร้อมแล้วค่ะ วินัย
커피 준비 됐어요. 위나이!

วินัย หนังสือพิมพ์ล่ะจ๊ะ
신문은?

อารยา นี่ค่ะ คุณพ่อ
여기 있어요. 아버지!

วินัย ทานกาแฟไม่อ่านหนังสือพิมพ์ ก็ไม่อร่อยจ้ะ
커피 마실 때 신문을 안 읽으면 맛이 없어.

สุดา วันนี้มีข่าวอะไรน่าสนใจบ้างคะ
오늘 무슨 흥미로운 기사가 좀 있나요?

วินัย นักมวยไทยได้แชมเปี้ยนโลกอีกคนแล้ว
또 한 명의 태국 권투선수가 세계 챔피언이 되었어.

อารยา น่าภูมิใจนะคะ ได้เข้าเฝ้าในหลวงด้วย
자랑스러워요. 국왕도 알현했어요.

วีระ ข่าวการเมืองมีอะไรบ้างครับ
정치 기사는 뭐 있어요?

วินัย อ๋อ รัฐบาลปรับปรุงการบริหารใหม่ ยุบกระทรวงไปแห่งหนึ่ง
정부가 새롭게 행정을 정비했어. 부처 하나를 없애고,

ย้ายกรมกองอีกเยอะ ปีหน้าจะขึ้นเงินเดือนข้าราชการอีก ๑๕ เปอร์เซ็นต์
다른 많은 청과 과를 이동시켰어.
내년에는 공무원 월급이 15퍼센트 인상된대.

สุดา ถ้าอย่างนั้นราคาสินค้าก็คงขึ้นอีกเป็นเงาตามตัว
그럼 물가도 그림자처럼 따라 오르겠네요.

อารยา หนูอยากรับราชการค่ะ
저는 공무원이 되고 싶어요.

วีระ อีกหน่อยเมืองไทยคงมีแต่ข้าราชการผู้หญิง
조금 있으면 태국에 여자 공무원만 있겠군.

วินัย เดี๋ยวนี้เรามีอธิบดีผู้หญิง ปลัดเทศบาล หัวหน้ากองผู้หญิงอีกมากมาย
요즘도 여자 국장, 여자 부시장, 과장들이 많이 있어.

สุดา ข่าวต่างประเทศล่ะคะ มีอะไรน่าสนใจบ้าง
외신은요? 뭐 흥미로운 거 좀 있나요?

วินัย วันนี้ไม่ค่อยมีอะไรน่าสนใจเลย
오늘은 관심둘만한 게 별로 없어.

อารยา คุณพ่อคะ วันนี้ที่อีจีวีฉายเรื่องอะไรคะ
아버지 오늘은 EGV극장에서 무슨 영화 상영해요?

วินัย หนังฝรั่ง หนังคาวบอย
서양 영화. 카우보이 영화야.

วีระ น้องจะไปดูหนังอีกแล้วละสิ
너 또 영화 보러 가려고 하는구나.

อารยา สำหรับที่อีจีวี ดูฟรีได้นี่คะ
EGV극장에서는 공짜로 볼 수 있어요.
เพราะเพื่อนเป็นลูกสาวเจ้าของโรงหนัง
왜냐하면 내 친구가 극장 사장 딸이거든요.

สุดา ถึงจะได้ดูฟรี ลูกก็ไม่ควรไปดูบ่อย ลูกยังเป็นนักเรียนอยู่

공짜로 볼 수 있더라도 자주 가면 안돼.
넌 아직 학생이잖아.

อารยา ทราบค่ะ ใครบอกว่าจะไปดูหนังคะ

알아요. 누가 영화 보러 간다고 했나요?

อยากจะอวดว่ามีเพื่อนเป็นเจ้าของโรงหนัง

내 친구가 극장 주인이라는 것을 자랑하고 싶어서죠.

단 어

กาแฟ	커피	พร้อม	준비되다
หนังสือพิมพ์	신문	พ่อ	아버지
ทาน	먹다, 드시다	อ่าน	읽다
น่าสนใจ	흥미롭다	นักมวย	권투 선수
ได้	얻다	แชมเปี้ยน	챔피언
น่าภูมิใจ	자랑스럽다	เข้าเฝ้า	알현하다
ในหลวง	국왕	การเมือง	정치
รัฐบาล	정부	ปรับปรุง	개선하다
การบริหาร	행정	ใหม่	새롭다
ยุบ	해산하다, 없애다	กระทรวง	부처
ย้าย	이동하다, 옮기다	กรม	국, 청
กอง	과	เยอะ	많다
ปีหน้า	내년	ขึ้น	오르다
เงินเดือน	월급	เพื่อน	친구
ลูกสาว	딸	โรงหนัง	영화관, 극장
ควร	~해야 한다	บ่อย	자주
ยัง	아직	นักเรียน	학생
อร่อย	맛있다	วันนี้	오늘
มี	있다, 가지고 있다	ข่าว	뉴스, 소식
อะไร	무엇, 무슨	ข้าราชการ	공무원
เปอร์เซ็นต์	퍼센트(%)	ราคา	가격
สินค้า	상품	เงา	그림자

ตาม	따르다, 따라오다	อยาก	~하고 싶다
เมืองไทย	태국	เดี๋ยวนี้	요즈음, 지금
อธิบดี	국장, 청장	ปลัดเทศบาล	부시장
หัวหน้า	대표, 장	ต่างประเทศ	외국
ไม่ค่อย	별로 ~않다	ฉาย	상영하다
เรื่อง	내용, 이야기	หนังฝรั่ง	서양영화
หนังคาวบอย	카우보이 영화	สำหรับ	~에 있어, ~에 대해
ฟรี	공짜	เพราะ	왜냐하면
เจ้าของ	주인	ทราบ	알다, 아시다
ใคร	누구	บอก	말하다
อวด	자랑하다		

문법설명

1 เฝ้า의 의미와 용법

เฝ้า는 '지키다'라는 의미를 가지고 있는 타동사이나 목적어를 국왕이나 왕족으로 취하는 경우에는 '알현하다' 라는 의미를 갖습니다.

ตอนนี้ ใครเฝ้าบ้านให้	지금 누가 집을 지키고 있어요?
ช่วยเฝ้ากระเป๋าฉันหน่อย	내 가방 좀 지켜 주세요.
นักมวยไทยเฝ้าในหลวง	태국 권투선수가 국왕을 알현합니다.

2 รับ의 의미와 용법

รับ은 일반적으로 '받다'의 의미를 지닌 타동사입니다. 그러나 รับ이 취하는 목적어에 따라 다양한 의미를 가지게 됩니다.

อารยาอยากรับราชการ
아라야는 공무원이 되고 싶어한다.
ยินดีรับใช้บริการ
도와 드리게 돼서 기쁩니다.
ถ้าเขาว่าอีก ฉันรับมือเอง
그가 또 뭐라고 하면 내가 대응하지.
พ่อรับปากว่า พาไปเที่ยวเมืองไทย
아버지께서 태국에 데리고 놀러 가신다고 약속하셨어요..

3 현재의 의미를 나타내는 시간 부사어

태국어에서 현재의 의미를 나타내는 시간 부사어는 매우 다양합니다. 일생생활에서 자주 사용하는 표현에는 다음과 같은 것들이 있습니다.

เดี๋ยวนี้ เมืองไทยมีข้าราชการหญิงมากมาย
요즘 태국에는 여자 공무원들이 아주 많습니다.
ขณะนี้ เขาทำงานที่บ้าน
지금 그는 집에서 일하고 있습니다.
เวลานี้ พ่ออ่านหนังสือพิมพ์อยู่
지금 아버지께서는 신문을 보고 계십니다.
ช่วงนี้ ฝนตกบ่อย
요즘 비가 자주 옵니다.
ตอนนี้ เกาหลียังหนาว
지금 한국은 아직도 춥습니다.
หมู่นี้ เขาไม่ค่อยมาที่นี่
요즘 그는 여기에 잘 안 와요.
สมัยนี้ เด็กก็ยังใช้โทรศัพท์มือถือ
요즘은 아이들도 휴대폰을 사용합니다.
ปัจจุบันนี้ คนไทยไม่ค่อยชอบรับราชการ
요즘 태국사람들은 공무원이 되기를 원하기 않습니다.

4 รู้와 รู้จัก의 의미와 용법

태국어에서 '알다'의 의미를 가진 단어는 รู้, ทราบ, รู้จัก이 있습니다. 이 단어들의 의미와 용법은 각기 조금씩 다릅니다. รู้는 일반적으로 '안다'의 의미이며 ทราบ은 รู้의 정중한 표현입니다. 이에 비해 รู้จัก은 경험에 기초한 방법이나 수단을 아는 것을 의미합니다.

ผมไม่รู้เรื่องนี้
저는 이 일을 몰라요.

ผมยังไม่ทราบว่าเขาจะมาเมื่อไร
저는 그가 언제 오는지 아직 모릅니다.

เขาไม่ทราบว่าผมเป็นคนเกาหลี
그는 제가 한국사람인지 모릅니다.

ยินดีที่ได้รู้จักอาจารย์
교수님을 알게 돼서 기쁩니다.

ฉันไม่รู้จักวิธีการปรุงอาหารไทย
나는 태국음식을 만드는 방법을 몰라요.

보충설명

무어이타이는 태국에서 오래 전부터 내려오는 태국의 고대 무술인 무어이 보란이 현대화된 태국무술입니다. 무어이타이는 타이 복싱으로 잘 알려져 있으며 팔꿈치와 무릎, 정강이 등의 파괴력이 있는 부위를 주로 사용합니다. 무어이타이 선수는 시합 전에 전통 음악에 맞춰 경기장 주위를 돌며 행운을 비는 의미로 '와이크루'라는 춤을 춥니다. 무어이타이는 기본적으로 모든 기술들을 사용할 수 있지만 박치기, 물기, 던지기, 걸어 넘어뜨리기, 급소 공격을 경기에서 금지합니다.

문형연습

1. กาแฟพร้อมแล้วค่ะ
   커피가 준비됐어요.

กับข้าวพร้อมแล้วค่ะ

반찬이 준비됐어요.

คุณพร้อมจะไปได้หรือยัง

당신은 갈 준비가 됐나요?

2. หนังสือพิมพ์เช้าล่ะจ๊ะ

주간 신문은?

หนังสือพิมพ์บ่ายล่ะจ๊ะ

석간 신문은?

กาแฟของผมล่ะครับ

제 커피는요?

หนังสือเล่มที่คุณว่าดีล่ะครับ

당신이 좋다고 한 책은요?

3. ทานกาแฟไม่อ่านหนังสือพิมพ์ก็ไม่อร่อย

커피 마실 때 신문을 안 보면 맛이 없어요.

ทานข้าวไม่มีกับข้าวก็ไม่อร่อย

밥 먹을 때 반찬이 없으면 맛이 없어요.

ไปเที่ยวไม่มีเพื่อนก็ไม่สนุก

놀러 갈 때 친구가 없으면 재미 없어요.

ทำงานไม่มีเวลาพักผ่อนสุขภาพก็ไม่ดี

일을 할 때 쉬는 시간이 없으면 건강에 안 좋아요.

4. นักมวยไทยได้เป็นแชมเปี้ยนโลกอีกคนแล้ว

태국 권투선수 또 한 명이 세계 챔피언이 되었어요.

นักศึกษาได้ไปต่างประเทศอีกคนแล้ว

학생 또 한 명이 외국에 가게 되었어요.

อาจารย์แผนกนี้เข้ามาใหม่อีกคนแล้ว

이 과에 선생님 또 한 분이 새로 오셨어요.

5. วันนี้มีข่าวอะไรน่าสนใจบ้าง

오늘은 뭐 흥미로운 기사가 있나요?

วันนี้มีกับข้าวอะไรน่ากินบ้าง
오늘 뭐 먹을 만한 반찬이 있나요?

วันนี้มีรายการอะไรน่าดูบ้าง
오늘 뭐 볼 만한 프로그램이 있나요?

วันนี้ไม่มีอะไรน่าสนใจเลย
오늘은 재미있는 것이 없어요.

6. ในหนังสือพิมพ์มีข่าวอะไรบ้าง
신문에 무슨 기사가 있어요?

ในหนังสือพิมพ์มีข่าวต่างประเทศ
신문에 해외기사가 있어요.

ในหนังสือพิมพ์มีข่าวในประเทศ
신문에 국내기사가 있어요.

ในหนังสือพิมพ์มีข่าวการเมือง
신문에 정치기사가 있어요.

7. ทำไมเขาจึงภูมิใจ
왜 그는 자랑스러웠나요?

เขาภูมิใจที่ได้เข้าเฝ้าในหลวง
그는 국왕을 알현하게 된 것을 자랑스러워 해요.

เขาภูมิใจที่ได้เป็นแชมเปี้ยนโลก
그는 세계 챔피언이 된 것을 자랑스러워 해요.

เขาภูมิใจที่ได้เป็นนักฟุตบอลทีมชาติ
그는 축구 국가 대표 선수가 된 것을 자랑스러워 해요.

8. รัฐบาลทำอะไร
정부가 무엇을 했나요?

รัฐบาลปรับปรุงการบริหารใหม่
정부가 행정부처를 새로 정비했어요.

รัฐบาลยุบกระทรวงไปแห่งหนึ่ง
정부가 한 행정부처를 폐지했어요.

รัฐบาลย้ายกรมกองหลายแห่ง
정부가 청과 국을 이동시켰어요.

รัฐบาลจะขึ้นเงินเดือนข้าราชการอีก 15 เปอร์เซ็นต์
정부가 공무원 월급을 15퍼센트 인상했어요.

9. เงินเดือนขึ้น ราคาสินค้าก็ขึ้นเหมือนเงาตามตัว
월급이 오르면 바늘과 실처럼 물가도 올라요.

มีลูกมากขึ้น ก็ต้องจ่ายเงินมากขึ้นเหมือนเงาตามตัว
자식이 많아지면 바늘과 실처럼 지출도 많이 늘어요.

แม่ไก่เดินไปทางไหน ลูกไก่ก็เดินตามไปด้วยเหมือนเงาตามตัว
어미 닭이 어디 가면 바늘과 실처럼 병아리도 따라 간다.

เขาไปไหน เธอก็ไปด้วยเหมือนเงาตามตัว
그가 어디를 가든 바늘과 실처럼 그녀도 간다.

10. อีกหน่อย เมืองไทยคงมีแต่ข้าราชการผู้หญิง
조금 있으면 태국은 아마 여자 공무원만 있을 거예요.

อีกหน่อย แผนกนี้คงมีแต่พนักงานผู้หญิง
조금 있으면 이 부서는 여자 직원만 있을 거예요.

อีกหน่อย โรงเรียนนี้คงมีแต่ครูและอาจารย์ผู้หญิง
조금 있으면 이 학교는 여자 선생님만 있을 거예요.

11. วันนี้ที่โรงหนังอีจีวีฉายเรื่องอะไร
오늘 EGV 극장에서 무슨 영화를 상영하나요?

ฉายหนังฝรั่ง หนังคาวบอย
서양 영화를 상영해요. 카우보이 영화예요.

ฉายหนังญี่ปุ่น หนังเพลง
일본 영화를 상영해요. 뮤지컬 영화예요.

ฉายหนังไทย หนังชีวิต
태국 영화를 상영해요. 인생 영화(드라마)예요.

12. สำหรับที่อีจีวี ฉันเข้าดูฟรีได้เสมอ
EGV 극장에서는 저는 항상 공짜로 영화를 볼 수 있어요.

สำหรับที่สวนสาธารณะแห่งนี้ เราเข้าฟรีได้เสมอ

이 공원에서는 우리가 항상 공짜로 입장할 수 있어요.

สำหรับบ้านนี้ คุณเข้ามาเที่ยวได้เสมอ

이 집은 당신이 항상 놀러 와도 돼요.

สำหรับเราสองคน เข้าใจกันดีเสมอ

우리 두 사람은 항상 서로 이해합니다.

13. ถึงเธอมีเพื่อนเป็นเจ้าของโรงหนัง ก็ไม่ควรไปดูบ่อย

친구가 영화관 주인이더라도 자주 가서 영화를 보면 안 돼요.

ถึงมีเวลาว่างมาก ก็ไม่ควรไปเที่ยวบ่อย

비록 시간이 많더라도 자주 놀러 가서는 안 돼요.

ถึงมีเงินเดือนมาก ก็ไม่ควรซื้อของบ่อย

월급이 많더라도 물건을 자주 사서는 안 돼요.

ถึงเธอจะรู้เรื่องของเขา ก็ไม่ควรพูด

네가 그에 대한 얘기를 알더라도 말을 해서는 안 된다.

14. ใครบอกว่าหนูไปดูหนัง หนูเดินผ่านโรงหนังเท่านั้น

누가 영화 보러 간다고 했나요? 단지 영화관을 지나 간다고만 했어요.

ใครบอกว่าเขามา เขาโทรศัพท์มาเท่านั้น

누가 그가 온다고 했나요? 그가 단지 전화만 했다고 말했지요.

ใครบอกว่าฉันรักเขา ฉันเพียงแต่ชอบเขาเท่านั้น

누가 그를 사랑한다고 했나요? 저는 단지 좋아만 할 뿐이에요.

ใครบอกว่าผมหิวข้าว ผมเพียงแต่หิวน้ำเท่านั้น

누가 배고프다고 했나요? 단지 목이 마르다고만 했어요.

15. อารยาอวดอะไร

아라야는 무엇을 자랑했나요?

อารยาอวดว่ามีเพื่อนเป็นเจ้าของโรงหนัง

아라야는 친구가 영화관 주인이라고 자랑했어요.

อารยาอวดว่ามีเพื่อนเป็นเจ้าของโรงละคร

아라야는 친구가 극장 주인이라고 자랑했어요.

อารยาอวดว่ามีเพื่อนเป็นเจ้าของโรงเรียน
아라야는 친구가 학교 주인이라고 자랑했어요.

줄거리

วินัยอ่านหนังสือพิมพ์และดื่มกาแฟที่บ้านตอนเช้า สุดาและลูก ๆ ก็อยู่ด้วย วันนี้มีข่าวนักมวยไทยได้เป็นแชมเปี้ยนโลกคนใหม่ ได้เข้าเฝ้าในหลวง มีข่าวยุบกระทรวง และมีข่าวว่าจะขึ้นเงินเดือนข้าราชการอีกด้วย อารยาจึงอยากเป็นข้าราชการ อารยาแกล้งถามพ่อว่าวันนี้ที่โรงหนังอีจีวีฉายหนังเรื่องอะไร วีระกับสุดาคิดว่าเธอจะไปดูหนัง แต่ความจริงเธอต้องการจะคุยอวดว่ามีเพื่อนเป็นเจ้าของโรงหนังต่างหาก

제 29 과 ไปส่งเพื่อนไปต่างประเทศ

공항 배웅

본 문

วินัย คุณจะออกเดินทางพรุ่งนี้เช้าใช่ไหม
너 내일 아침에 떠나는 거 맞지?

ปรีชา ใช่ เครื่องบินออกสามโมงเช้า
맞아. 비행기가 오전 9시에 출발해.

วินัย อย่างนั้นโมงเช้าผมจะเอารถมารับ
그러면 오전 7시에 차 가지고 데리러 올게.

ปรีชา ไม่จำเป็นต้องไปส่งหรอก
배웅하러 올 필요 없어.

วินัย ผมไม่ยอมให้คุณไปแท็กซี่แน่
나는 자네가 택시를 타고 가게 할 수는 없네.

ปรีชา ถ้าอย่างนั้นก็ตามใจคุณ
그렇다면 자네 마음대로 하게.

(ที่สนามบิน) (공항에서)

วินัย เรามาถึงก่อนชั่วโมงหนึ่งพอดี
우리가 딱 1시간 전에 도착했네.

ปรีชา ชั่งของและตรวจหนังสือเดินทางก่อน
가방 무게를 재고 여권 심사 먼저 받을게.

ปรีชา ขอที่นั่งสองที่ติดกัน อย่าให้ตรงปีกเครื่องบินนะครับ
붙은 좌석으로 두 좌석 주세요. 비행기 날개 쪽 좌석은 주지 마세요.

เจ้าหน้าที่ น้ำหนักของ 26 กิโลค่ะ
26킬로그램입니다.

นี่ค่ะ เลขที่นั่ง ตั๋วโดยสารและหนังสือเดินทาง
여기 있습니다. 좌석 번호, 탑승권, 그리고 여권입니다.

วินัย เสร็จแล้ว ไปทานกาแฟกัน
다 됐어. 커피 마시러 가자.

สุดา คุณจะแวะไปที่ไหนบ้างคะ
어디 어디를 들르실 거예요?

มาลินี เราจะแวะฮ่องกง ไต้หวัน และเกาหลีค่ะ
저희는 홍콩, 대만과 한국을 들를 거예요.

สุดา จองที่พักแล้วหรือคะ
숙소는 예약하셨어요?

มาลินี ค่ะ ให้บริษัทการบินไทยจองโรงแรมให้
네. 타이항공에서 호텔을 예약해 주었어요.

แต่ที่เกาหลีจะไปพักบ้านเพื่อนค่ะ
그러나 한국에서는 친구 집에서 머물 거예요.

ปรีชา เพื่อนที่เกาหลีเขียนจดหมายมาบอกว่า เวลานี้อากาศที่นั่นหนาวมาก
한국에서 친구가 편지를 보내왔는데 지금 한국은 매우 춥다고 하네.

เพราะฉะนั้นต้องเตรียมเครื่องกันหนาวด้วย
그래서 반드시 방한복을 준비해야 한다고 하더군.

สุดา ดีแล้วค่ะ จะได้ถ่ายรูปหิมะมาให้ดูด้วย
좋네요. 설경 사진 찍어 와서 보여주세요.

วินัย ขอกาแฟอีกถ้วยด้วย
커피 한 잔 더 주세요.

ปรีชา ไม่มีเวลา เสียงเรียกผู้โดยสาร

시간이 없어. 승객 부르는 소리가 들리네.

วินัย ขอให้เดินทางโดยปลอดภัย

여행 무사히 잘 다녀와.

สุดา ค่ะ และเที่ยวให้สนุกนะคะ

재미있게 놀다 오세요.

(เครื่องบินออกไปแล้ว) (비행기가 떠난 후)

วินัย คู่นี้ไปฮันนีมูนกันบ่อยดีนะ

이 부부는 신혼여행 자주 가는군.

สุดา ค่ะ แต่น่าเห็นใจนะคะ แต่งงานมาตั้งนานแล้วไม่มีลูก

그러네요. 그런데 안됐어요. 결혼한지 오래 됐는데도 자식이 없어서요.

단 어

ส่ง	보내다	เพื่อน	친구
ต่างประเทศ	외국	ออก	출발하다, 떠나다
เดินทาง	여행가다	พรุ่งนี้	내일
ยอม	인정하다	แท็กซี่	택시
แน่	분명히	ถ้าอย่างนั้น	그러면
ตามใจ	마음대로	ชั่ง	(무게를) 재다, 달다
ของ	물건	ตรวจ	검사하다
หนังสือเดินทาง	여권	น้ำหนัก	무게
กิโลกรัม	킬로그램	ขอ	청하다, 요구하다
ที่นั่ง	좌석	ทาน	먹다, 드시다
กาแฟ	커피	แวะ	들르다
ฮ่องกง	홍콩	ไต้หวัน	대만
เกาหลี	한국	จอง	예약하다
ที่พัก	숙소	บริษัท	회사
การบินไทย	타이항공	โรงแรม	호텔
ถ่าย	(사진을) 찍다	รูป	사진
หิมะ	눈	ถ้วย	[형태사] 잔
เวลา	시간	เสียง	소리
เรียก	부르다	ผู้โดยสาร	승객
เครื่องบิน	비행기	มารับ	마중오다

จำเป็นต้อง	~해야 한다	ไปส่ง	배웅하다
สนามบิน	공항	ถึง	도착하다
ชั่วโมง	[형태사] 시간	พอดี	마침
ติด(กัน)	(서로) 붙다	อย่า	~하지 마라
ตรง	지점	ปีก	날개
เจ้าหน้าที่	담당자, 직원	เลขที่นั่ง	좌석 번호
ตั๋วโดยสาร	탑승권, 승차표	เสร็จ	끝나다
พัก	쉬다, 머물다	บ้าน	집
จดหมาย	편지	อากาศ	날씨
ที่นั่น	거기, 그곳	หนาว	춥다
เพราะฉะนั้น	그래서, 그러므로	ต้อง	~해야만 한다
เตรียม	준비하다	เครื่องกันหนาว	방한용품
โดยปลอดภัย	안전하게, 무사히	เที่ยว	놀러 가다
สนุก	재미있다	ฮันนีมูน	신혼 여행
บ่อย	자주	น่าเห็นใจ	불쌍하다
แต่งงาน	결혼하다	ลูก	자식, 자녀

문법설명

1 ใช่ไหม ใช่หรือเปล่า ไม่ใช่หรือ 의 의미와 용법

태국어의 의문 어조사 หรือ 또는 ไหม가 다른 성분과 결합하여 ใช่หรือเปล่า, ใช่ไหม, ไม่ใช่หรือ와 같은 부가의문문을 만드는 경우가 있습니다. 이때 묻는 내용은 이미 알고 있는 사실에 대한 확인이 대부분입니다.

คุณจะออกเดินทางพรุ่งนี้เช้าใช่ไหม	내일 아침에 출발하지?
คุณมาจากเชียงใหม่ใช่ไหม	치앙마이에서 온 거 맞지요?
รองเท้าคู่นี้ ซื้อมาจากเกาหลีใช่หรือเปล่า	이 신발 한국에서 사온거지요?
เธอบอกว่าเขาแต่งงานแล้วไม่ใช่หรือ	그가 결혼했다고 네가 말했잖아?

2 เตรียม .....ไป의 의미와 용법

เตรียม은 '준비하다', '마련하다'라는 의미를 가지고 있는 타동사 입니다. เตรียม이 방향을 나타내는 부동사 ไป 또는 มา와 함께 사용되는 경우 목적어는 본동사 เตรียม과 부동사 ไป 또는 มา 사이에 위치한다.

ผมเตรียมเสื้อกันหนาวไปเกาหลี
한국에 갈 때 방한복을 준비합니다.
เมื่อเดินทางไปต่างประเทศ ต้องเตรียมหนังสือเดินทางไปด้วย
외국에 갈 때는 여권을 준비해 가야만 합니다.
เขาคงต้องซื้อกิน เพราะเขาไม่ได้เตรียมข้าวห่อมา
그는 도시락을 준비해 오지 않아서 사 먹어야 합니다.
ค่อยจ่ายพรุ่งนี้ได้ไหม วันนี้ไม่ได้เตรียมเงินมา
오늘은 돈을 가져오지 않았으니 내일 지불해도 될까요?

3 부사 กัน의 의미와 용법

กัน이 문장 끝에 위치하면 '서로', '함께'라는 의미를 가진 부사의 기능을 하며 행위자가 복수임을 나타냅니다.

วันนี้วันหยุด มีคนมาเที่ยวกันมาก
오늘은 휴일이라서 사람들이 많이 놀러 왔어요.
ปัจจุบันนี้ คนเกาหลีไปเที่ยวประเทศไทยกันมาก
요즘 한국사람들이 태국에 많이들 놀러 갑니다.
อย่าทะเลาะกัน

다투지 마라.
เราเคยเรียนด้วยกัน ตอนที่เป็นเด็ก
우리가 어렸을 때 학교 같이 다녔어요.

4 ใจ와 결합된 합성어

태국어의 ใจ는 여러 동사와 결합하여 다양한 의미를 나타내는 합성어를 만듭니다.

น่าเห็นใจนะ
안됐어요.
ผมเสียใจที่เขาไม่มาที่นี่
그가 여기 오지 않아서 애석합니다.
แม่ดีใจที่ลูกชายเรียนเก่ง
엄마는 아들이 공부를 잘해서 기쁘다.
ฉันแปลกใจที่เขาสอบตกในครั้งนี้
나는 그가 이번 시험에 낙방한 것이 의아하다.
ฉันปลื้มใจที่ได้รับคำชมจากครู
선생님께 칭찬을 받아서 기쁘다.

보충설명

방콕에는 공항이 두 곳 있습니다. 쑤완나품 공항과 던므앙 공항입니다. 예전에는 국제선과 국내선 모두 던므앙 공항을 이용하였는데 요즘은 우리나라와 같이 국제선과 국내선이 이용하는 공항이 나눠졌습니다. 쑤완나품 공항은 국제선을 이용하는 공항이고, 인천 공항보다 크며 최신 시설을 갖춘 국제 공항입니다. 반면 던므앙 공항은 국내선을 이용하는 공항입니다. 치앙마이, 핫야이, 푸껫 등으로 갈 때는 던므앙 공항을 이용합니다. 하지만 국내선의 일부 노선은 쑤완나품 공항을 이용하니 국내선 이용시에는 반드시 공항을 확인하고 이동하는 것이 좋습니다.

문형연습

1. ปรีชาจะออกเดินทางพรุ่งนี้ใช่ไหม

   쁘리차는 내일 여행 가지요. 그렇죠?

   เธอจะออกเดินทางไปเกาหลีเมื่อไร

   너는 한국에 언제 가니?

   ผมจะออกเดินทางไปเมืองไทยเดือนหน้า

   나는 다음달에 태국에 가요.

   เขาจะออกเดินทางไปญี่ปุ่นอาทิตย์หน้า

   그는 다음주에 일본에 가요.

2. พรุ่งนี้เครื่องบินออกจากสนามบินสามโมงเช้า

   내일 비행기가 공항에서 오전 9시에 출발해요.

   พรุ่งนี้เครื่องบินออกสี่โมงเย็น

   내일 비행기는 오후 4시에 출발해요.

   เครื่องบินลำนี้จะออกไปญี่ปุ่นเที่ยงตรง

   이 비행기는 정오에 일본으로 출발합니다.

   เราเดินทางไปต่างประเทศโดยเครื่องบิน

   우리는 비행기로 외국에 갑니다.

3. ไม่จำเป็นที่คุณจะต้องไปส่งผมหรอก

   당신은 나를 배웅할 필요 없어요.

   ไม่จำเป็นจะต้องไปสนามบินหรอก

   공항에 나올 필요 없어요.

   ไม่จำเป็นจะต้องไปถอนเงินหรอก

   출금할 필요 없어요.

4. ถ้าคุณอยากจะไปส่งผม ก็ตามใจคุณ

   만약 나를 배웅하고 싶으면, 마음대로 하세요.

ถ้าคุณจะไปคนเดียว ก็ตามใจคุณ

만약 당신이 혼자 가겠다면, 당신 마음대로 하세요.

เขาอยากจะไปเที่ยวไหน ก็ตามใจเขา

그가 어디를 놀러 가고 싶어하든, 그 사람 마음대로 하세요.

5. ก่อนเดินทางไปต่างประเทศต้องตรวจหนังสือเดินทางก่อน

외국에 여행가기 전에 먼저 여권 심사를 해야 합니다.

ก่อนขึ้นเครื่องบินต้องตรวจกระเป๋าถือ

비행기에 탑승하기 전에 가방을 검사해야 합니다.

อาจารย์กำลังตรวจการบ้านนักศึกษา

교수님께서 학생의 숙제를 검사하고 계십니다.

6. วีระนั่งติดกับสมชาย

위라는 쏨차이와 나란히 앉았습니다.

ที่นั่งสองที่ติดกัน

붙은 좌석 두 좌석.

เขานั่งติดหน้าต่างเครื่องบิน

그는 비행기 창가 쪽에 앉았어요.

7. นกบินไปได้ด้วยปีกของมัน

새는 날개로 날 수 있어요.

ผมไม่ชอบนั่งตรงปีกเครื่องบิน

저는 비행기 날개 쪽에 앉는 것을 좋아하지 않습니다.

ห้องทำงานของเขาอยู่ปีกซ้ายของตึกนี้

그의 사무실은 이 건물의 왼쪽에 있어요.

8. คุณต้องตรวจเลขที่นั่งกับตั๋วโดยสาร

당신은 좌석번호와 탑승권을 반드시 확인해야만 합니다.

นักศึกษาต้องตรวจเลขที่นั่งสอบ

학생들은 시험 좌석번호를 확인해야만 합니다.

เข้าดูหนังต้องนั่งตามเลขที่นั่ง

영화 보러 들어갈 때 좌석 번호대로 앉아야 합니다.

9. คุณจองที่พักไว้แล้วหรือ

숙소는 예약해 두었나요?

ผมให้บริษัทการบินไทยจองโรงแรมให้แล้ว

저는 타이 항공에서 호텔을 예약해 주었습니다.

เพื่อนจองบังกะโลชายทะเลไว้ให้แล้ว

친구가 해변가 방갈로를 예약해 주었어요.

เรายังไม่ได้จองที่พักเลย

우리는 숙소를 아직 예약하지 않았어요.

10. เพื่อนที่เกาหลีจดหมายมาว่าให้ไปพักที่บ้าน

한국에 있는 친구가 자기 집에서 머무르라고 편지를 보냈어요.

ผมไม่ได้จดหมายไปหาเขาหลายเดือนแล้ว

나는 그에게 여러 달 동안 편지를 보내지 않았어요.

เราเขียนจดหมายถึงกันทุกอาทิตย์

우리는 매주 서로에게 편지를 써요.

11. อากาศที่เกาหลีตอนนี้หนาว แต่ที่เมืองไทยร้อน

요즘 한국 날씨가 추워요. 그러나 태국은 더워요.

ถ้าอากาศหนาว เราต้องการความอบอุ่น

만약 날씨가 추우면 우리는 따뜻한 것을 원합니다.

ถ้าอากาศร้อน เราต้องการความเย็น

만약 날씨가 더우면 우리는 시원한 것을 원합니다.

ถ้าอากาศเย็นเกินไป คุณจะเป็นหวัด

만약 날씨가 너무 차면 당신은 감기에 걸릴 거에요.

12. อากาศหนาว เพราะฉะนั้นต้องเตรียมเครื่องกันหนาวไปด้วย

날씨가 추워요. 그러니 방한복을 준비해야만 합니다.

จะว่ายน้ำทะเล เพราะฉะนั้นต้องเตรียมชุดว่ายน้ำไปด้วย

바다에서 수영할 거에요. 그러니 수영복을 준비해야만 합니다.

ฝนจะตก เพราะฉะนั้นต้องเตรียมเสื้อกันฝนไปด้วย

비가 올 거에요. 그러니 우비를 준비해야만 합니다.

13. ของนี้ชั่งแล้วหนัก 43 กิโลกรัม

이 물건은 무게를 재 보니 43킬로그램입니다.

กระเป๋าของผมหนัก 19 กิโลกรัม

제 가방은 19킬로그램입니다.

ผมชั่งน้ำหนักตัวของผมเองเสมอ

저는 제 몸무게를 항상 재 봅니다.

14. ถ่ายรูปหิมะมาให้ดูด้วยนะ

설경 사진을 찍어 와서 보여 주세요.

นี่คือรูปถ่ายหิมะ ที่ผมถ่ายมาจากเกาหลี

이것이 제가 한국에서 찍어 온 설경 사진이에요.

เขาเป็นช่างถ่ายรูป จึงมีรูปถ่ายเยอะแยะ

그는 사진 작가에요. 그래서 사진이 많아요.

15. ผมได้ยินเสียงเรียกผู้โดยสาร

나는 승객을 부르는 소리를 들었어요.

เขาได้ยินเสียงเรียกชื่อของเขา

그는 그의 이름을 부르는 소리를 들었습니다.

นั่นเสียงใครเรียกคุณ

그것은 누가 당신은 부르는 소리입니다.

16. ขอให้เดินทางโดยปลอดภัย

안전한 여행이 되길 바랍니다.

ผมมาถึงกรุงเทพฯ โดยปลอดภัย

나는 무사히 방콕에 도착했어요.

ถนนนี้ไม่ปลอดภัยสำหรับผู้หญิง

이 거리는 여성에게는 안전하지 않습니다.

17. เขาแต่งงานแล้วไปฮันนีมูนที่ฮ่องกง

그는 결혼해서 홍콩으로 신혼여행 갔어요.

คุณกับภรรยาไปฮันนีมูนกันที่ไหน

당신과 당신 부인은 어디로 신혼여행 갔나요?

ผมยังไม่ได้แต่งงาน จึงยังไม่เคยไปฮันนีมูน

저는 아직 결혼하지 않았어요. 그래서 아직 신혼여행을 가본 적이 없어요.

18. น่าเห็นใจ เขาแต่งงานมาตั้งนานแต่ไม่มีลูก

안됐어요. 그들은 결혼한지 오래 되었는데 자식이 없어요.

น่าสงสาร เขามีลูกตั้ง 10 คน

불쌍해요. 그는 자식이 열 명이나 있어요.

เขาเป็นคนที่น่าสงสารเพราะไม่มีพ่อแม่

그는 불쌍한 사람이에요. 왜냐하면 부모님이 안 계세요.

줄거리

วินัยกับสุดาเอารถไปรับปรีชากับมาลินีที่บ้านเพื่อไปส่งที่สนามบิน เพราะปรีชากับมาลินีจะไปเที่ยวอเมริกา หลังจากชั่งของ ตรวจหนังสือเดินทาง ได้ตั๋วโดยสารและเลขที่นั่งแล้ว พวกเขาก็ไปดื่มกาแฟกัน ปรีชากับมาลินีจะไปแวะฮ่องกง ไต้หวัน และเกาหลี เขาให้บริษัทการบินไทยจองโรงแรมให้ แต่ที่เกาหลีเขาจะไปพักบ้านเพื่อน เขาเตรียมเครื่องกันหนาวไปด้วยเพราะได้ข่าวว่าตอนนี้ที่เกาหลีอากาศหนาวมาก ปรีชาและมาลินีไปเที่ยวกันสองคนบ่อย ๆ เพราะแต่งงานกันมานานแล้ว แต่ไม่มีลูก

제 30 과 เที่ยวเมืองหลวง (1)

서울 구경 (1)

본 문

วินัย วีระวันนี้พาคุณปู่คุณย่าไปเที่ยวนะ
위라야! 오늘 할아버지와 할머니를 모시고 구경가거라.

วีระ ครับ ผมจะพาเที่ยวให้ทั่วกรุงเทพฯเลย
네. 제가 모시고 방콕 전역을 관광시켜 드리겠습니다.

อารยา หนูไปด้วยคนนะคะ วันนี้หนูว่าง
저도 함께 갈래요. 오늘 저 시간 있어요.

ย่า ปู่กับย่าคงจะสนุกมากนะคะ
할아버지와 내가 무척 즐겁겠구나.

ปู่ นานๆ จะได้มาเปิดหูเปิดตาสักที
오랜만에 견문 좀 넓히겠군.

(ออกจากบ้านมาแล้ว) (집에서 나와서)

ย่า โอ๊ย ทำไมรถเยอะแยะอย่างนี้
와! 왜 이렇게 차가 많지?

วีระ อยู่ที่นี่ไม่มีรถเองก็ลำบากครับ รถแท็กซี่ก็แพง รถเมล์ก็แน่น
여기 살면서 자가용이 없으면 곤란해요.
택시도 비싸고, 버스도 복잡해요.

ปู่ ก็ทำไมไม่เดินกันบ้างล่ะ
그런데 왜 걸어 다니지는 않지?

อารยา อากาศมันร้อนค่ะ เดินหน่อยก็เหงื่อแตก
날씨가 더워서요. 조금만 걸어도 땀이 나요.

ปู่ ปู่เดินไปมาวันละ 2 - 3 กิโล ไม่เห็นเป็นอะไรเลย

할아버지는 하루에 2-3 km씩 걷는데 아무렇지도 않단다.

ย่า ตึกรามบ้านช่องสูงใหญ่เหลือเกินนะปู่ บ้านเราไม่เห็นเป็นอย่างนี้เลย

건물들이 아주 높고 크군요, 영감. 우리 동네는 이렇지 않은데.

ปู่ ถ้าสนามหลวงเป็นของเราก็ดีนะย่า ทำนาได้ข้าวปีละหลายพันถังเชียวละ

만일 싸남루앙이 우리 것이라면 좋겠지? 할멈. 논농사를 지으면 일 년에 수천 탕의 벼를 거두겠어.

วีระ คุณปู่จะแวะวัดพระแก้วก่อนไหมครับ

할아버지 먼저 에메랄드사원에 들르시겠어요?

ปู่ แวะสิ จะได้ไหว้พระแก้วก่อนไปที่อื่น

그러자. 다른 곳에 가기 전에 에메랄드 불상에 먼저 참배를 드리게.

อารยา หนูคอยที่รถนะคะ เข้าไปไม่ได้

저는 차에서 기다릴게요. (저는) 들어갈 수 없어요.

ย่า อ้าว ทำไมล่ะลูก

어! 왜, 얘야?

อารยา หนูนุ่งกางเกงขาสั้น และใส่รองเท้าแตะค่ะ

저는 반바지를 입고 슬리퍼를 신었어요.

วีระ เขาห้ามแต่งตัวไม่เรียบร้อยเข้าครับ

옷을 단정하게 입지 않으면 입장을 금지시켜요.

(ในวัดพระแก้ว) (에메랄드 사원에서)

ปู่ ถอดรองเท้าก่อนเข้าโบสถ์นะ

법당에 들어가기 전에 신발을 벗자.

ย่า วางไว้ตรงนี้ไม่หายหรือ

여기에 놓아 두어도 없어지지 않니?

วีระ ไม่หายหรอกครับ

없어지지 않아요.

ปู่ โน่นแน่ะย่า พระแก้วมรกต

저거야 할멈! 에메랄드 불상.

ย่า โอ้โฮ งามเหลือเกิน เป็นบุญตาจริง ๆ สีเขียวเข้ม อยากนั่งดูทั้งวัน

와! 너무나 아름다워. 정말로 눈이 호강하는구려.
짙은 녹색이야. 하루 종일 앉아서 보고 싶구나.

วีระ อารยาคงจะคอยนานเกินไปครับ

아라야가 너무 오래 기다릴 것 같아요.

단 어

เที่ยว	여행하다, 놀러가다	เมืองหลวง	수도
พา	동반하다,거느리다	ปู่	할아버지
ย่า	할머니	กรุงเทพฯ	방콕(Bangkok)
ทั่ว	전체, 전부	ว่าง	비다, 한가하다
สนุก	재미있다, 흥겹다	นานๆ	오래, 오랫동안
เปิดหูเปิดตา	견문을 넓히다	สักที	약간, 좀, 전혀
เอง	자신의, 스스로	ลำบาก	어렵다, 곤란하다
รถแท็กซี่	택시(taxi)	แพง	비싸다
รถเมล์	버스(bus)	แน่น	빼곡하다, 꽉 차다
เหงื่อ	땀	แตก	(땀이) 흐르다, 깨지다
ตึก	건물, 빌딩	ตึกรามบ้านช่อง	건물들, 여러 건물
วาง	놓다	หาย	사라지다, 없어지다
เฝ้า	지키다	แก้วมรกต	에메랄드
เหลือเกิน	너무, 매우, 대단히	สนาม	광장, 운동장
หลวง	왕의, 큰, 공공의	ทำนา	논농사짓다
ข้าว	벼, 쌀, 밥	ละ	~당, ~마다
ถัง	용량단위(약 20ℓ)	เชียว	대단히, 매우
แวะ	들르다	วัด	사원
พระ	불상, 승려	แก้ว	유리, 컵
ไหว้	합장하다	คอย	기다리다
นุ่ง	(하의를)입다, 두르다	กางเกงขาสั้น	반바지

รองเท้าแตะ	슬리퍼	ห้าม	금지하다, 금하다
แต่งตัว	옷을 입다	เรียบร้อย	단정하다, 완전하다
ถอด	벗다	โบสถ์	법당, 불당
เข้ม	짙다, 진하다	บุญ	복, 덕, 행운, 공덕
เกินไป	너무, 지나치게		

문법설명

1 대명사 เขา 의 활용

대명사 เขา는 남성의 3인칭 '그' 또는 성별의 구별 없이 3인칭으로 쓰이는 대명사입니다. 그러나 특정한 사람을 지칭하는 것이 아니라 불특정인을 나타내는 대명사로 사용하는 경우도 있습니다.

เขาเป็นนักศึกษา	그는 학생이다.
ในห้องเขาห้ามสูบบุหรี่	(그들은) 방안에서 담배를 못피게 한다.

2 เป็นอะไร의 문법적 특징

태국어에서 เป็น은 여러 가지 의미를 가지고 있는 다의어입니다. 그 중에서도 병명이나 이상을 나타내는 보충어와 함께 쓰일 경우에는 '~에 걸리다'라는 의미가 됩니다. 따라서 เป็นอะไร의 의미는 '이상이 있다' 또는 '(병의) 증상이 있다'가 된다.

คุณเป็นอะไรครับ	어디가 편찮으세요?
รู้สึกว่าเป็นหวัด	감기인 것 같아요.

3 สักที

태국어의 สักที는 주로 애원하거나 나무라는 문장 끝에 오는 말로 문맥상 '제발' 또는 '도대체'로 번역되는 말입니다.

นอนสักทีได้ไหม	제발 좀 자라!
เงียบสักที	제발 조용히 하세요.
เมื่อไรจะหยุดสักที	도대체 언제 멈출거야.

보충설명

태국의 왓프라깨우 사원은 일명 '에메랄드 사원'으로 불리기도 합니다. 이 사원에 모셔져 있는 프라깨우머라꼿, 즉 에메랄드 불상은 톤부리 왕조 때에 라오스를 정벌하고 그 전리품으로 가지고 온 불상입니다. 이 사원에 들어갈 때에는 복장이 단정하지 못할 경우 입장이 금지됩니다.

문형연습

1. ผมจะพาคุณปู่คุณย่าเที่ยวทั่วกรุงเทพฯเลย

   제가 할아버지 할머니를 모시고 방콕 전역을 구경가겠습니다.

   ฉันจะพาเธอเที่ยวทั่วเกาหลีเลย

   내가 너를 데리고 한국 전역을 구경시켜 줄게.

   เขาเดินทางไปทั่วทุกแห่ง

   그는 모든 곳을 여행했다.

   ฉันเดินหาปากกาที่หายทั่วบ้าน

   나는 잃어버린 만년필을 찾으려고 집안 전체를 돌아다녔다.

2. ปู่กับย่า มาเปิดหูเปิดตาในเมืองหลวง

   할아버지와 할머니께서 수도에 오셔서 견문을 넓히셨다.

ปรีชากับมาลินี ไปเปิดหูเปิดตาที่ต่างประเทศ

쁘리차와 말리니가 외국으로 견문을 넓히러 갔다.

การเรียนหนังสือ เป็นการเปิดหูเปิดตาทางหนึ่ง

학업은 견문을 넓히는 한 가지 방법이다.

3. ถ้าเราไม่มีรถเองก็ลำบาก

만일 자가용이 없으면 곤란해요.

จดหมายฉบับนี้มาถึงผมเอง

이 편지는 바로 나에게 온 거야.

ก่อนจะเข้าใจคนอื่น คุณต้องเข้าใจตัวเองเสียก่อน

다른 사람을 이해하기 전에 당신은 바로 자신부터 이해해야 한다.

คุณจะไปเองหรือจะให้ผมไป

당신이 직접 가시겠습니까, 아니면 저를 보내시겠습니까?

4. ถ้ารถแน่นนักละก็ ทำไมไม่เดินกันบ้างล่ะ

만일 차가 많이 복잡하면 왜 걷지들 않지?

ถ้าแท็กซี่ไม่พอละก็ ทำไมไม่ขึ้นรถเมล์กันบ้างล่ะ

만일 택시가 부족하다면 왜 버스를 타지들 않지?

ถ้าเนื้อไม่มีละก็ ทำไมไม่กินผักกันบ้างล่ะ

만일 고기가 없다면 왜 야채를 먹지들 않지?

5. อากาศร้อน เดินหน่อยก็เหงื่อแตก

날씨가 더워서 조금만 걸어도 땀이 난다.

อากาศหนาว ออกไปหน่อยก็เย็น

날씨가 추워서 잠시만 나가 있어도 춥다.

ฝนตกมาก ออกไปหน่อยก็เย็น

비가 많이 와서 잠시만 나가 있어도 춥다.

รถติดมาก ขับออกไปหน่อยก็ติด

차가 많이 막혀서 조금만 가도 정체돼요.

6. ปู่เดินไปมาวันละ 2-3 กิโล ไม่เห็นเป็นอะไรเลย

할아버지는 하루에 2-3 km씩 걷는데 아무렇지도 않다.

ผมทำงานวันละ 7-8 ชั่วโมง ไม่เห็นขี้เกียจเลย

저는 하루에 7-8 시간씩 일하는데 전혀 귀찮지 않아요.

แม่ทำงานบ้านทุกวัน ไม่เห็นมีวันหยุดเลย

엄마는 매일 집안일을 하는데 전혀 휴일이 없어.

7. เมืองใหญ่ ๆ มีตึกรามบ้านช่องสูงใหญ่มากมาย

큰 도시에는 크고 높고 건물들이 많이 있다.

ถนนสำคัญ ๆ มีตึกรามบ้านช่องอยู่เยอะแยะ

주요 도로에는 건물들이 많이 있다.

ตึกที่เห็นอยู่นั้นคือโรงเรียน

저기 보이는 건물이 학교다.

มหาวิทยาลัยเรามีตึกเรียนอยู่หลายตึก

우리 대학교는 강의동이 여러 동 있어요.

8. ถ้ารถคันนี้เป็นของเรา ก็ขับไปเที่ยวกันได้สบาย

만일 이 차가 우리 것이라면 운전해서 편하게 놀러갈 수 있을텐데.

ถ้าบ้านหลังนี้เป็นของเรา คงขายได้เงินมากทีเดียวละ

만일 이 집이 우리 것이라면 팔아서 많은 돈을 벌 수 있을텐데.

ถ้าสนามหลวงเป็นของเรา คงทำนาได้ข้าวมากเชียวละ

만일 싸남루앙이 우리 것이라면 농사를 지어 많은 쌀을 얻을 수 있을텐데.

9. พวกเราแวะไหว้พระแก้วก่อนไปที่อื่น

저희 다른 곳에 가기 전에 먼저 들러서 에메랄드 불상에 예불해요.

คนไทยพบกันต้องไหว้เสมอ

태국인들은 만나면 항상 합장배례를 해야 한다.

เด็กต้องไหว้ผู้ใหญ่ก่อน

어린이는 어른께 먼저 합장배례를 해야 한다.

10. หนูนุ่งกางเกงมา ไม่ใช่นุ่งกระโปรง

저는 치마를 입고 온 것이 아니라 바지를 입고 왔어요.

เขาใส่รองเท้าแตะ ไม่ใช่สวมรองเท้าธรรมดา

그는 그냥 신발을 신고 온 것이 아니라 슬리퍼를 신고 왔어요.

ธรรมดาคนต้องนุ่งกางเกงและใส่เสื้อ

보통은 사람들은 바지를 입고 상의를 입어야 한다.

11. ห้ามคนแต่งตัวไม่เรียบร้อยเข้าวัดพระแก้ว

옷을 단정하게 입지 않은 사람은 에메랄드 사원에 입장 금지에요.

หนูแต่งตัวไม่เรียบร้อย เข้าไปไม่ได้

저는 옷을 단정하게 입지 않아서 들어갈 수 없어요.

เธอควรจะแต่งตัวให้เรียบร้อยอยู่เสมอ

너는 항상 옷을 단정하게 입고 있어야 한다.

12. เขาถอดรองเท้าก่อนเข้าโบสถ์

그는 법당에 들어가기 전에 신발을 벗는다.

เธอถอดถุงเท้าก่อนเข้านอน

그녀는 잠자리에 들기 전에 양말을 벗는다.

ผมถอดเสื้อกางเกงก่อนอาบน้ำ

저는 목욕하기 전에 상의와 하의를 벗어요.

13. วางรองเท้าไว้ตรงนั้น ไม่หายหรอก

신발을 거기에 놓아두어라. 없어지지 않는다.

วางหนังสือไว้ที่โต๊ะ หายแน่

책을 책상에 놓아두면 틀림없이 없어진다.

วางกระเป๋าไว้ที่รถ คงไม่หาย

가방을 차에 놓아두면 없어지지 않을 것이다.

14. พระแก้วมรกตมีสีเขียวเข้ม

에메랄드 불상은 짙은 녹색이다.

ทองคำมีสีเหลืองอร่าม

금은 빛나는 노란색이다.

พระอาทิตย์ตกดินมีสีแดงจัด

석양은 진한 붉은 색이다.

15. ผมอยากจะทำงานทั้งวัน

저는 하루 종일 일을 하고 싶어요.

เขาอยากจะนอนทั้งคืน

그는 밤새 자고 싶어 한다.

เธออยากจะอ่านหนังสือให้จบทั้งเล่ม

그녀는 책을 한 권을 끝까지 읽고 싶어 한다.

ผมอยากจะกินอาหารนี้ทั้งหมด

저는 이 음식을 다 먹고 싶어요.

줄거리

วินัยให้วีระพาปู่กับย่าไปเที่ยวในกรุงเทพฯ อารยาจึงขอไปด้วย บนถนนมีรถมาก ทุกคนอยากมีรถขับเอง เพราะรถแท็กซี่ก็แพง รถเมล์ก็แน่น และอากาศก็ร้อนจนเดินไม่ไหว วีระพาปู่กับย่าไปเที่ยววัดพระแก้ว แต่อารยาเข้าไม่ได้เพราะเธอนุ่งกางเกงขาสั้นและใส่รองเท้าแตะจึงคอยอยู่ที่รถ วีระพาปู่กับย่าเข้าไปในโบสถ์เพื่อไหว้พระแก้วมรกต ย่าบอกว่าพระแก้วมรกตมีสีเขียวเข้ม งามมาก เป็นบุญตาที่ได้เห็น

제 31 과

เที่ยวเมืองหลวง (2)

서울 구경 (2)

본 문

วีระ　คุณย่าหิวหรือยังครับ
할머니 시장하세요?

ย่า　เรากลับไปทานข้าวที่บ้านก่อน แล้วค่อยออกมาใหม่ก็แล้วกัน
우리 집에 돌아가서 식사 먼저 하자. 그리고 나서 다시 나오도록 하자.

อารยา　เสียเวลาค่ะ ซื้อทานแถวนี้ก็ได้
시간 낭비예요. 이 근처에서 사 먹어도 돼요.

ปู่　จะไปไหนกันบ้างนะหลาน
어디어디를 가지? 얘야.

วีระ　หลายแห่งครับ กรุงเทพฯ กว้างมาก
여러 곳이요. 방콕은 무척 넓어요.

อารยา　ถ้าจะดูทั่ว ๆ ละก็ ดูวันเดียวไม่หมดหรอกค่ะ อย่างน้อยต้องดูสัก 3 วัน
전부 보려면 하루에 다 못 봐요. 적어도 3일은 봐야 해요.

ฝรั่ง　คุณครับ รถไฟใต้ดินไปทางไหนครับ
여보세요. 지하철은 어디로 갑니까?

วีระ　คุณเดินตรงไปทางนี้ จะเห็นสี่แยก เลี้ยวซ้ายไปสัก 200 เมตร
คุณจะเจอป้ายรถเมล์ ขึ้นรถเมล์สาย 24 ที่นั่นครับ
이 길로 곧장 걸어가면 사거리가 보여요. 좌회전해서 약 200미터를 가면 버스정류장이 보입니다. 거기서 24번 버스를 타세요.

ฝรั่ง　ขอบคุณครับ
감사합니다.

ย่า ฝรั่งคนนี้พูดภาษาไทยเก่งนะ
이 서양인 태국어 잘하네.

(ชมกรุงเทพฯ จากภูเขาทอง) (푸카오텅에서 방콕을 구경하다)

ย่า โอ้โฮ กรุงเทพฯ นี่กว้างขวางจังเลยนะ
와! 방콕 여기 정말 넓구나!

ปู่ แต่ก่อนมีคลองกับต้นไม้เยอะแยะ เดี๋ยวนี้มีแต่ตึก
예전에는 운하와 나무가 아주 많았었는데 지금은 건물들만 있구나.

วีระ นั่นแหละครับ กรุงเทพฯ จึงร้อนมาก
그러게 말이에요. 그래서 방콕은 매우 더워요.

อารยา คุณย่าเห็นต้นไม้สีเขียวกลุ่มโน้นไหมคะ
할머니 저쪽에 푸른 나무들이 보이세요?

ย่า เห็นจ้ะ ที่นั่นเป็นป่าหรือ
보인다. 거기가 숲이냐?

อารยา ไม่ใช่ค่ะ เป็นวังของในหลวง
아니에요. 국왕이 사시는 궁이에요.

ย่า ท่านปลูกต้นไม้ไว้แยะ วังท่านคงร่มเย็นดีนะ
전하께서는 나무를 많이 기르시네. 전하의 궁은 그늘이 져서 시원하겠구나.

ปู่ ปู่กับย่าเคยเฝ้าในหลวงหนหนึ่ง
할아버지하고 할머니는 국왕을 한 번 알현한 적이 있다.

อารยา คุณปู่คุณย่าโชคดีเหลือเกินนะคะ
할아버지 할머니는 정말로 운이 좋으셨네요.

(ที่วัดไตรมิตร) (뜨라이밋 사원에서)

อารยา นี่แหละค่ะ พระพุทธรูปทองคำ
바로 이거예요. 금불상이요.

ปู่ โอ้โฮ ทำด้วยทองคำจริง ๆ หรือนี่
야! 이거 정말 금으로 만들어졌니?

วีระ จริง ๆ ครับ หนัก 5 ตันกว่า
정말이에요. 무게가 5톤이 넘어요.

อารยา มีอายุกว่า 700 ปีแล้วค่ะ
700년이 넘었어요.

단 어

หิว	시장하다	ค่อย	나중에, 점점
ก็แล้วกัน	~하도록 하다.	เสีย	잃다, 버리다
เวลา	시간	แถว	지역, 부근
กว้าง	넓다	หมด	모두, 다
อย่างน้อย	적어도	สัก	약, 정도
รถไฟใต้ดิน	지하철	ตรง	곧장, 곧바로
สี่แยก	사거리	เลี้ยว	돌다, 회전하다
ซ้าย	왼(쪽)	ป้าย	간판, 표지판
รถเมล์	정기노선버스	สาย	노선, 선
ฝรั่ง	서양, 서양인	เก่ง	잘하다, 잘
ชม	구경하다	คลอง	운하, 수로
นั่น	그것	กลุ่ม	집단, 그룹
ที่นั่น	그곳, 거기	ป่า	숲
วัง	궁	ในหลวง	왕, 국왕
ร่ม	그늘, 그늘지다	เคย	~적이 있다
เฝ้า	알현하다	หน	번, 회, 차
โชคดี	운이 좋다, 행운이다	พระพุทธรูป	불상
ทองคำ	금	หนัก	무게, 무겁다
ตัน	톤(ton)	อายุ	나이, 연령

문법설명

1 타동사 หิว의 목적어 생략

태국어 동사 หิว는 타동사로서 목적어를 취하는 동사입니다. 그 의미는 '무엇을 필요로 하다' 또는 '무엇을 갈구하다'입니다. 만일 목적어 ข้าว가 생략되어 사용될 경우에는 '배가 고프다'의 의미로 해석합니다.

ผมหิวน้ำ	저는 목이 말라요.
เขาหิวเงิน	그는 돈이 궁합니다.
ฉันหิว	저는 배가 고파요.

2 ก็แล้วกัน 의 의미

태국어에서 ก็แล้วกัน은 '~하도록 하자, ~으로 하자'의 의미를 갖습니다. 이것은 화자와 청자 간에 어떤 것에 대해 논의를 하고 있던 것을 종결하기 위해 제안을 할 때 사용하게 됩니다.

กินก๋วยเตี๋ยวก็แล้วกัน	꾸아이띠아우를 먹도록 하지.
เอาอย่างนี้ก็แล้วกัน	이렇게 하도록 하자.

3 ก็ได้의 용법

ก็ได้에서 ก็는 '~도, ~역시', 그리고 ได้는 '가능'의 의미를 갖는 조동사입니다. 이 두 어휘가 결합한 ก็ได้는 '~해도 된다, ~도 가능하다'의 의미를 갖습니다. 그리고 ก็ได้의 앞에는 문장이 올 수도 있고 구가 올 수도 있습니다.

เธอไปดูหนังก็ได้	너 영화 보러 가도 된다.
เธอก็ได้	너도 된다.
ไปก็ได้	가도 된다.
กลับบ้านก็ได้	집에 가도 된다.

보충설명

태국은 지하철과 지상철이 함께 운행되고 있으며 지하철 1개 노선 지상철 2개 노선이 있습니다. 지상철은 태국어로는 รถไฟลอยฟ้า라고 하지만 태국인들은 흔히 BTS(Bangkok Mass Transit System)라고 부릅니다. 그리고 지하철은 태국어로는 รถไฟใต้ดิน, 영어로는 MRT(Mass Rapid Transit)라고 부릅니다. 푸카오텅은 방콕에 위치한 인공산으로서 일명 '황금의 산'이라고도 부르며 라마 3세 때 건설하기 시작하여 라마 5세 때 완성되었습니다. 뜨라이밋 사원은 일명 '황금불 사원'이라고 불리며, 13세기 쑤코타이 왕조 때 만들어진 황금불상이 모셔져 있는 사원입니다.

문형연습

1. เราไปดูหนังก่อน แล้วค่อยไปจ่ายตลาดก็แล้วกัน

   우리 영화를 먼저 보고 나서 장을 보러 가도록 하자.

   เราไปตกปลาก่อน แล้วค่อยไปดำน้ำก็แล้วกัน

   우리 낚시를 먼저 하고 나서 나중에 잠수하러 가자.

   เธอสะสมแสตมป์ก่อนก็แล้วกัน แล้วค่อยสะสมรูปภาพทีหลัง

   너 우표를 먼저 수집해 보도록 해. 그리고 나서 사진을 모아.

2. อย่าเสียเวลาอ่านหนังสืออยู่เลย ไปซื้อของกันเถอะ

   책 읽는데 시간을 낭비하지 말고 같이 물건을 사러 가자.

   อย่าเสียเวลากลับบ้านก่อนเลย เราทานข้าวแถวนี้ก็ได้

   집에 돌아가느라 시간을 낭비하지 마. 우리 이 근처에서 식사해도 돼.

   จะไปไหนก็รีบ ๆ ไปกันเถอะ อย่าเสียเวลา

   어디든 서둘러 가자. 시간 낭비 하지 말고.

3. กรุงเทพฯ กว้างมาก แต่บ้านไผ่แคบ

   방콕은 매우 넓지만, 반파이는 좁아요.

   สนามหลวงกว้างมาก แต่นาของเราแคบ

   싸남루앙은 매우 넓지만 우리 논은 작아요.

สนามฟุตบอลแคบกว่าสนามบิน
축구장은 비행장보다 작아요.

4. ถ้าจะดูกรุงเทพฯ ให้ทั่วละก็ ดูวันเดียวไม่หมดหรอก
방콕을 다 보려면 하루에 다 못 봐요.

ถ้าจะอ่านหนังสือเล่มนี้ให้จบละก็ อย่างน้อยต้องใช้ 3 วัน
이 책을 끝까지 보려면 적어도 3 일은 걸려요.

ถ้าจะเที่ยวเมืองไทยให้ทั่วละก็ เที่ยวปีเดียวไม่หมดหรอก
태국 전체를 다 여행하려면 1 년 갖고는 안 돼요.

5. สถานีรถไฟไปทางไหน
기차역은 어느 쪽으로 갑니까?

สถานีตำรวจไปทางไหน
경찰서는 어느 쪽으로 갑니까?

สถานีโทรทัศน์อยู่ที่ไหน
TV 방송국은 어디 있나요?

6. เดินตรงไปแล้วเลี้ยวซ้ายตรงสี่แยก
곧장 걸어가서 사거리에서 좌회전하세요.

เลี้ยวขวาเดินตรงไปถึงป้ายรถเมล์ ขึ้นรถเมล์สาย 36
우회전한 다음 버스 정류장까지 곧장 걸어가서 36 번 버스를 타세요.

เลี้ยวซ้ายก่อนแล้วเลี้ยวขวา แล้วเดินตรงไปสัก 100 เมตร
먼저 좌회전 한 다음 우회전을 하세요. 그리고 나서 약 100 미터 정도 곧장 걸어가세요.

ขึ้นรถเมล์สาย 36 ถึงสี่แยกแล้วลงไปขึ้นรถสาย 12
36 번 버스를 타고 사거리에 도착하면 내려서 12 번을 타세요.

7. ฝรั่งคนนี้พูดภาษาไทยเก่งนะ คงอยู่เมืองไทยหลายปี
이 서양인은 태국어를 잘하는구나! 틀림없이 여러 해 동안 태국에 살았을 거야.

เธอพูดภาษาไทยเก่งนะ คงเรียนมานาน
너 태국어 잘 하는구나! 오랫동안 공부했나 보구나.

ฝรั่งพูดไทยลำบากกว่าไทยพูดฝรั่ง

서양인이 태국어를 하는 것이 태국인이 서양어를 하는 것보다 어렵다.

8. เมื่อก่อนกรุงเทพฯ มีคลองกับต้นไม้เยอะแยะ

예전에는 방콕에 운하와 나무가 많이 있었다.

เดี๋ยวนี้กรุงเทพฯ มีแต่ถนนกับตึกเท่านั้น ไม่มีต้นไม้กับคลอง

지금은 방콕에 도로와 건물만 있다. 나무와 운하는 없어.

เมื่อก่อนผมเลี้ยงวัวกับควายเยอะแยะ เดี๋ยวนี้เลี้ยงแต่ไก่

예전에 나는 소와 물소를 많이 길렀어. 지금은 닭만 길러.

เมื่อก่อนเธออ้วนกว่าเดี๋ยวนี้มาก

예전에 너는 지금보다 많이 뚱뚱했었지.

9. เพราะมีตึกมาก กรุงเทพฯ จึงร้อนมาก

건물들이 많기 때문에 방콕은 매우 더워요.

เพราะมีต้นไม้มาก บ้านของเราจึงร่มเย็น

나무가 많기 때문에 우리 집은 시원한 그늘이 져요.

เพราะมีคลองมาก จึงมีปลามาก

운하가 많기 때문에 물고기가 많이 있어요.

10. ต้นไม้กลุ่มโน้นสีเขียวเข้ม

저 나무들은 짙은 녹색이에요.

คนกลุ่มโน้นแต่งตัวสีน้ำเงิน

저 사람들은 남색 옷을 입었어요.

เด็กกลุ่มโน้นผมสีแดง

저 아이들은 머리가 붉은 색이에요.

คนกลุ่มนั้นผมสีทอง

저 사람들은 금발머리예요.

11. ตรงนั้นไม่ใช่ป่า แต่เป็นบ้าน

거기는 숲이 아니라 집이에요.

ตรงนั้นไม่ใช่สนามหลวง แต่เป็นวังของในหลวง

거기는 싸남루앙이 아니라 국왕이 사시는 궁이에요.

ตรงนั้นไม่ใช่วัด แต่เป็นวัง

거기는 사원이 아니라 왕궁이에요.

12. เราอยู่บ้าน ในหลวงอยู่วัง

우리는 집에 살고 국왕은 궁에 살아요.

คนพวกนั้นอยู่ตึก แต่เราอยู่บ้าน

그 사람들은 빌딩에 살지만 우리는 집에 살아요.

ตึกหลังนั้น คือธนาคารที่คุณพ่อทำงานอยู่

그 빌딩은 아버지가 근무하시는 은행입니다.

13. เราเคยได้พบอาจารย์หลายครั้ง

우리는 교수님을 여러 번 만난 적이 있습니다.

เขาเคยไปหาผู้จัดการร้านนั้นหลายหน

그는 그 상점의 지배인을 여러 차례 찾아 갔었다.

คุณปู่คุณย่าเคยเฝ้าในหลวงครั้งหนึ่ง

할아버지와 할머니는 국왕을 한 번 알현한 적이 있다.

เราไม่เคยไปต่างประเทศเลยสักครั้งเดียว

우리는 외국을 한 번도 가 본 적이 없다.

14. เขาเป็นคนโชคดี จึงมีเงินมาก

그는 운이 좋은 사람이다. 그래서 돈이 많다.

ผมโชคดีที่ได้รับของขวัญจากคุณ

당신으로부터 선물을 받게 되어 저는 행운입니다.

คุณปู่คุณย่าโชคดี จึงได้เข้าเฝ้าในหลวง

할아버지 할머니는 운이 좋아서 국왕을 알현하셨어요.

15. เมืองไทยมีพระพุทธรูปทำด้วยทองคำจริง ๆ

태국에는 진짜 금으로 만들어진 불상이 있어요.

พระพุทธรูปในประเทศญี่ปุ่นใหญ่โตมาก

일본의 불상은 매우 큽니다.

ที่บ้านของเรามีพระพุทธรูปเล็ก ๆ

우리 집에는 작은 불상이 있어요.

16. รถคันนี้หนัก 3 ตัน มีอายุกว่า 3 ปีแล้ว

이 차는 무게가 3 톤이고 3 년이 넘었다.

พระพุทธรูปทองคำหนัก 5 ตัน มีอายุกว่า 700 ปีแล้ว

금불상은 무게가 5 톤이고, 700 년이 넘었다

ช้างตัวนี้หนัก 10 ตัน มีอายุกว่า 30 ปีแล้ว

이 코끼리는 무게가 10 톤이며, 서른 살이 넘었다.

17. นี่แหละครับ พระพุทธรูปทองคำ

이거예요. 금불상이요.

นี่แหละค่ะ สถานีรถไฟใต้ดิน

여기예요. 지하철역이요.

นี่แหละจ้ะ มหาวิทยาลัยของเรา

여기야. 우리 대학.

นี่หรือ บ้านใหม่ของคุณ สวยจังเลย

이거예요? 당신의 새 집이. 정말 예뻐요.

줄거리

อรายาบอกให้ซื้อข้าวกลางวันทานกันข้างนอกบ้าน ไม่ต้องกลับเข้าบ้านจะได้ไม่เสียเวลา ระหว่างทางมีฝรั่งมาถามทาง จะไปสถานีรถไฟใต้ดิน เขาพูดภาษาไทยเก่งมาก วีระและอารยาพาปู่กับย่าขึ้นไปชมกรุงเทพฯ ที่บนภูเขาทอง บนภูเขาทองนั้นมองเห็นวิวกว้างมาก และเห็นวังของในหลวงด้วย ต่อจากนั้นก็ไปวัดไตรมิตรกัน พวกเขาไปไหว้พระพุทธรูปทองคำอายุกว่า 700 ปี ที่หนัก 5 ตันกว่า

제 32 과 ไปรับเพื่อนที่สนามบิน
공항 마중

본 문

วีระ เครื่องบินเข้าตั้งนานแล้ว ทำไมเธอไม่ออกมาสักทีนะ
비행기가 도착한 지 한참됐는데 왜 그녀는 안 나오지?

สมชาย คนสูง ๆ ขาว ๆ นั่นกระมังวีระ
저기 하얗고 키가 큰 사람일 것 같은데, 위라야.

วีระ ผมคิดว่าคงใช่ เคยเห็นแต่รูปถ่าย
나도 그렇다고 생각해. 사진으로만 봤거든.

สมชาย สวยดีนี่ คุณรู้จักเธอได้อย่างไร
정말 예쁘네. 너 어떻게 그녀를 알게 됐어?

วีระ เป็นเพื่อนกันทางจดหมาย
편지(펜팔)로 사귄 친구야.

สมชาย แน่ะ เดินออกมาแล้ว คุณทักสิ
저기. 걸어 나온다. 너 인사해.

วีระ สวัสดีครับ มิสลีใช่ไหมครับ ผมวีระ ยินดีต้อนรับครับ
안녕하세요? 미스 리지요? 저는 위라입니다. 환영합니다.

มิสลี วีระหรือคะ ยินดีที่ได้รู้จักตัวจริงค่ะ เคยอ่านแต่จดหมายและเห็นแต่รูป
위라 씨세요? 실물을 뵙게 되어 반가워요.
편지하고 사진으로만 봤었는데.

วีระ ผมก็เหมือนกันครับ คุณลีสวยกว่าในรูปถ่ายอีกนะครับ
저도 마찬가지입니다. 미스 리는 사진보다 더 예쁩니다.

มิสลี จริงหรือคะ ขอบพระคุณค่ะ
정말요? 감사합니다.

วีระ ขอแนะนำคุณสมชาย เพื่อนผมครับ
제 친구인 쏨차이(씨)를 소개합니다.

สมชาย ยินดีที่ได้รู้จักคุณลีครับ
알게 돼서 반가워요, 미스 리.

มิสลี ดิฉันก็ยินดีเช่นกันค่ะ
저 역시 반갑습니다.

สมชาย ทำไมเสียเวลามากนักล่ะครับ
왜 시간이 많이 걸렸어요?

มิสลี วันนี้มีคนลงกรุงเทพฯ มากเกินไปค่ะ

เขาตรวจหนังสือเดินทาง ใบสุขภาพ

และเปิดกระเป๋าเดินทางนิดหน่อยค่ะ
오늘 방콕에 내린 사람이 너무 많아요.
여권심사와 검역,
그리고 여행가방을 조금 열어봤을 뿐인데 말이죠.

วีระ แต่คุณก็ผ่านออกมาได้เร็วกว่าคนอื่น
그런데 당신은 다른 사람보다 빨리 나왔네요.

มิสลี ก็เพราะของดิฉันมีแต่หนังสือ และของใช้ส่วนตัวนิดหน่อยเท่านั้น
제 물건은 책과 약간의 개인용품 밖에 없었기 때문이예요.

วีระ คุณจะพักที่ไหนครับ
당신 어디서 묵으실 겁니까?

มิสลี วันนี้พักที่โรงแรมก่อนค่ะ วันนี้ฉันยังไม่แจ้งมหาวิทยาลัย
오늘은 일단 호텔에서 묵을 거예요.
제가 아직 대학교에 통보하지 않았어요.

วีระ วันนี้ผมไปส่งคุณที่โรงแรมก่อน

오늘은 제가 호텔에 먼저 모셔다 드리겠습니다.

แล้วพรุ่งนี้จะมารับคุณไปรายงานตัวที่มหาวิทยาลัย

내일 당신을 데리러 와서 대학에 보고하러 가지요.

มิสลี คุณสมชาย ไม่ค่อยพูดเลยนะคะ

쏨차이 씨는 말씀이 별로 없으시네요.

สมชาย ผมกำลังแปลกใจที่คุณลีพูดภาษาไทยเก่งมากครับ

저는 지금 미스 리가 태국어를 무척 잘하는 것에 신기해하고 있습니다.

มิสลี ดิฉันพูดได้นิดหน่อยค่ะ

저 조금 밖에 못 해요.

단 어

รับ	받다, 맞이하다	สนามบิน	공항
เครื่องบิน	비행기	กระมัง	[추측 어조사]
แต่	~만, 단지	รูปถ่าย	사진
อย่างไร	어떻게	ทาง	편, 방법, 노선
จดหมาย	편지	ทัก	인사하다
สิ	[어조사]	ยินดี	반갑다, 기쁘다
ต้อนรับ	환영하다	ตัวจริง	실물, 본인
แนะนำ	소개하다	เช่นกัน	마찬가지다, 같다
เสียเวลา	시간을 낭비하다	นัก	대단히, 매우
ตรวจ	조사다, 검사하다	หนังสือเดินทาง	여권
ใบสุขภาพ	검역신고서	ผ่าน	통과하다, 지나다
ของใช้	용품	ส่วนตัว	개인
พัก	쉬다, 머물다	แจ้ง	통보하다, 알리다
ส่ง	보내다	รายงานตัว	신고하다, 보고하다
ไม่ค่อย	그다지, 별로	แปลกใจ	신기하다, 이상하다

문법설명

1 주어와 지정사의 생략

태국어에서는 주어와 지정사가 생략되고 보어만으로 문장이 구성되는 예가 있습니다. 즉, 주어+지정사+보어의 형태를 취하는 문장에서 주어와 지정사는 생략되고 보어만 나타나게 됩니다.

คนอ้วน ๆ เตี้ย ๆ นะหรือ	뚱뚱하고 키가 큰 사람 말이야?
เพื่อนของคุณหรือ	당신 친구예요?
คนสูง ๆ ขาว ๆ นั่นกระมัง	아마도 키가 크고 하얀 사람일거야.

2 보문소 ที่의 용법

태국어의 ที่는 여러 가지 기능을 하는 다기능어입니다. 그 중에서 보충어절을 이끄는 보문소로 사용되는 경우가 있는데, 보충어절의 의미가 느낌이나 감정의 원인을 나타낼 경우에 보문소 ที่는 '~해서,~한데 대해서'의 의미로 해석됩니다.

ขอโทษที่มาสาย	늦게 와서 죄송해요.
ยินดีที่ได้รู้จัก	알게 되어 반갑습니다.
ดีใจที่คุณมา	당신이 와서 기뻐요.

3 요청화행의 의미로 사용되는 ขอ

태국어의 ขอ가 명사 앞에 오는 경우 '요구, 요청'의 의미를 나타냅니다. 또한 동사 앞에 오는 경우에도 그 동사가 나타내는 행위나 동작을 행할 수 있도록 요청하는 의미로 사용됩니다.

ขอน้ำหน่อย	물 좀 다오.
ขอซื้อตั๋วรถไฟ	기차표 좀 사려고 합니다.
ขอแนะนำเพื่อนผม	제 친구를 소개하겠습니다.

보충설명

태국어에서 '배웅하다'와 '마중하다'는 동사선행어와 이동동사를 결합하여 사용합니다. '전송하다'는 '보내다'의 의미를 가지고 있는 ส่ง과 동사선행어, 그리고 '마중하다'는 '맞이하다'의 의미를 가지고 있는 รับ과 동사선행어가 결합하게 됩니다. 즉 '배웅하다'는 배웅하러 가는 경우에는 ไปส่ง이고, 배웅하러 오는 경우에는 มาส่ง이 됩니다. '마중하다'는 마중하러 가는 경우 ไปรับ이고 마중하러 오는 경우 มารับ이 됩니다.

문형연습

1. เครื่องบินเข้าตั้งนานแล้ว ทำไมเขาไม่ออกมาสักที

   비행기가 도착한 지 오래 됐어. 그런데 왜 그가 나오지 않지?

   มหาวิทยาลัยเปิดตั้งนานแล้ว ทำไมเธอยังไม่ไปเรียนสักที

   개강한 지 오래됐는데 너는 왜 아직도 수업하러 가지 않니?

   เพื่อน ๆ ไปกันตั้งนานแล้ว ทำไมเธอยังไม่ไปสักที

   친구들은 간지 오래 됐는데 왜 너는 아직 안 갔니?

2. คนสูง ๆ ขาว ๆ นั่นคงใช่กระมัง

   하얗고 키가 큰 사람, 그 사람이 맞을 거야.

   ผมคิดว่าไม่ใช่ คนเตี้ย ๆ ดำ ๆ นั่นต่างหาก

   아니야. 저기 키가 작고 까만 사람이지.

   คุณคิดว่าใช่หรือ ผมคิดว่าไม่ใช่แน่

   당신은 그렇다고 생각하십니까? 제 생각에는 확실히 아닙니다.

3. คุณรู้จักผู้หญิงคนนั้นได้อย่างไร

   당신은 저 여자를 어떻게 압니까?

   เรารู้จักกันทางจดหมาย

   우리는 편지를 통해서 알게 됐습니다.

   เราเป็นเพื่อนกันทางจดหมาย

   우리는 편지를 통해 친구가 됐습니다.

4. ทำไมคุณไม่ยอมทักเขาล่ะ

왜 당신은 그와 인사를 안 하려고 합니까?

เพราะเขาไม่ทักฉันก่อนนี่

그가 나에게 먼저 인사를 안 했기 때문입니다.

ผมทักเขาแล้ว แต่เขาไม่เห็นผม

내가 그에게 인사를 했는데 그가 나를 보지 못했습니다.

คนเห็นก่อนต้องเป็นคนทักก่อน

먼저 본 사람이 먼저 인사를 하는 거야.

5. มิสลีใช่ไหมครับ ผมวีระ ยินดีต้อนรับครับ

미스 리시죠? 저는 위라입니다. 환영합니다.

คุณวีระหรือคะ ยินดีที่ได้รู้จักตัวจริงของคุณค่ะ

위라 씨세요? 실물을 뵙게 되어 기뻐요.

คุณวีระหรือคะ เคยอ่านแต่จดหมายของคุณ

위라 씨세요? 당신 편지만 읽었어요.

ดิฉันก็ยินดีค่ะ ที่ได้รับการต้อนรับจากคุณ

당신의 환영을 받으니 저도 기뻐요.

6. คุณลีสวยกว่าในรูปถ่ายอีกนะครับ

미스 리는 사진에서 보다 더 예쁘십니다.

จริงหรือคะ ขอบพระคุณค่ะ

정말요? 감사합니다.

ไม่จริงกระมังคะ ดิฉันไม่สวยหรอกค่ะ

사실이 아닐 걸요? 저는 전혀 예쁘지 않아요.

ไม่จริงหรอกค่ะ ตัวจริงสู้รูปถ่ายไม่ได้

사실이 아니에요. 실물이 사진보다 못해요.

7. ขอแนะนำให้รู้จักกับคุณสมชายเพื่อนผมครับ

제 친구인 쏨차이 씨를 소개해 드리겠습니다.

ยินดีที่ได้รู้จักคุณสมชายค่ะ

알게 돼서 기쁩니다. 솜차이 씨.

ยินดีที่ได้รู้จักค่ะ ดิฉันเคยได้ยินชื่อของคุณแล้ว

알게 돼서 기뻐요. 당신의 성함을 들은 적이 있습니다.

ดีใจที่ได้รู้จักตัวจริง คุณวีระเคยพูดถึงคุณบ่อย ๆ

실제로 뵙게 돼서 기뻐요. 위라 씨가 당신에 대해 자주 말했습니다.

8. ทำไมคุณเสียเวลามากนัก

왜 시간이 많이 걸렸어요?

เพราะเครื่องบินเที่ยวนี้มีคนลงที่นี่มากเกินไป

여기서 내리는 사람들이 너무 많았기 때문이예요.

เพราะการเดินทางไม่ค่อยสะดวก

여정이 별로 편리하지 못했기 때문이예요.

เพราะมีคนขึ้นรถไฟขบวนนี้มากเกินไป

이 열차에 사람이 너무 많이 탔기 때문이예요.

9. เมื่อเดินทางไปต่างประเทศต้องมีหนังสือเดินทาง

외국으로 여행할 때에는 여권이 있어야 합니다.

ใบสุขภาพเป็นสิ่งจำเป็นในการเดินทาง

검역신고서는 여행에서 필요한 것입니다.

ตั๋วเครื่องบินเป็นสิ่งสำคัญที่ต้องมีก่อนเดินทาง

비행기표는 여행 가기 전에 꼭 챙겨야 할 중요한 것입니다.

10. ในการเดินทาง ต้องมีกระเป๋าเดินทางไปด้วย

여행시에는 여행가방을 가지고 가야 합니다.

กระเป๋าเดินทาง มีไว้สำหรับใส่ของในเวลาเดินทาง

여행가방은 여행시에 물건을 넣기 위해 있는 것입니다.

เมื่อผ่านสนามบินบางแห่ง อาจต้องถูกตรวจกระเป๋าเดินทางด้วย

일부 공항을 통과할 때 여행 가방을 검사 받아야 하기도 합니다.

11. ถ้าคุณจะไปโรงพยาบาลนั้น คุณจะผ่านสถานีตำรวจก่อน

그 병원을 가려면 먼저 경찰서를 지나가야 합니다.

ถ้าคุณขับรถไปทางนี้ คุณจะผ่านสนามบิน

이 방향으로 운전해 가면 공항을 지나가게 됩니다.

ใครเดินผ่านมาเมื่อสักครู่นี้

조금 전에 누가 걸어서 지나 갔어요?

12. คุณจะพักที่ไหน

당신은 어디서 묵을 겁니까?

ดิฉันจะพักที่โรงแรม

저는 호텔에서 묵을 겁니다.

ดิฉันจะพักที่บ้านเพื่อน

저는 친구집에서 묵을 겁니다.

เราจะพักที่บังกะโล

우리는 방갈로에서 묵을 겁니다.

13. มหาวิทยาลัยจัดการศึกษาระดับอุดมศึกษา

대학은 고등교육을 담당합니다.

มหาวิทยาลัยแห่งนี้ สังกัดกระทรวงศึกษาธิการ

이 대학은 교육부 소속입니다.

กระทรวงศึกษาธิการอนุญาตให้เปิดโรงเรียนได้

교육부는 학교를 개설할 수 있게 허가하였습니다.

14. คุณต้องไปรายงานตัวต่อมหาวิทยาลัย

당신은 대학에 가서 보고하여야 합니다.

เมื่อเข้าทำงานใหม่ คุณต้องไปรายงานตัวต่อหัวหน้า

새로 입사하게 되면 당신은 상사에게 보고하러 가야만 합니다.

หัวหน้ากอง เข้ารายงานตัวต่ออธิบดี

과장이 국장에게 보고하러 들어갔습니다.

15. เขาแปลกใจว่า ทำไมฝรั่งคนนั้นพูดไทยเก่ง

그는 그 서양인이 왜 태국어를 잘할까 의아해 했다.

ผมแปลกใจว่า ทำไมเธอคิดว่าเธอสวย

나는 네가 왜 그녀가 예쁘다고 생각하는지 의심스럽다.

น่าแปลกใจไหมที่คนต่างประเทศพูดภาษาไทยได้ดี

외국인이 태국어를 잘하는 것이 이상하지 않니?

16. คุณพูดภาษาอังกฤษเก่งมากนะครับ

당신은 영어를 매우 잘 하시네요.

อย่างนั้นหรือคะ ขอบพระคุณค่ะ

그래요? 감사합니다.

ดิฉันพูดได้นิดหน่อยเท่านั้นเองค่ะ

저는 조금 밖에 못 해요.

หนูเรียนมาหลายปีแล้วค่ะ

저는 여러 해 동안 배웠습니다.

줄거리

วีระชวนสมชายไปรับเพื่อนชาวเกาหลีชื่อมิสลีที่สนามบิน เขาไม่เคยพบเธอมาก่อน เคยเห็นแต่รูปถ่ายเพราะเป็นเพื่อนกันทางจดหมาย มิสลีเป็นคนสูง ขาว เธอจะมาเรียนที่มหาวิทยาลัยในประเทศไทย เครื่องบินลงนานแล้วแต่เธอออกมาช้า เพราะมีคนมากรุงเทพฯกันมาก วีระแนะนำเธอให้รู้จักกับสมชาย วีระกับสมชายพาเธอไปพักที่โรงแรมก่อน แล้วพรุ่งนี้จะไปรับเธอไปรายงานตัวที่มหาวิทยาลัย สมชายชมว่ามิสลีพูดภาษาไทยเก่งมาก แต่มิสลีบอกว่าพูดได้นิดหน่อยเท่านั้น

제 33 과

ไปรายงานตัว

도착 보고

본 문

มิสลี　สวัสดีค่ะ คุณสมชายไม่มาด้วยหรือคะ
안녕하세요? 쏨차이 씨는 같이 안 왔나요?

วีระ　ไม่ครับ เขาติดธุระ เราจะไปรายงานตัวที่มหาวิทยาลัยบูรพากันเลยครับ
아니요. 그는 일이 있어서요. 우리 부라파대학교에 보고하러 가요.

มิสลี　ค่ะ ขอบคุณค่ะ
네, 고맙습니다.

(ที่มหาวิทยาลัย) (대학교에서)

มิสลี　สวัสดีค่ะ
안녕하세요?

เลขานุการ　สวัสดีค่ะ
안녕하세요?

มิสลี　มาขอพบคณบดีค่ะ
학장님을 뵈러 왔습니다.

เลขานุการ　เชิญค่ะ
들어 가세요.

มิสลี　สวัสดีค่ะ
안녕하세요?

คณบดี　สวัสดีครับ เชิญนั่ง มีอะไรให้ผมช่วยหรือครับ
안녕하십니까? 앉으세요. 제가 뭐 도와 드릴 일이 있습니까?

มิสลี ดิฉันเป็นนักเรียนทุนยูเนสโกค่ะ มาศึกษาเกี่ยวกับประวัติศาสตร์ไทยค่ะ
저는 유네스코장학생입니다. 태국역사를 공부하러 왔습니다.

คณบดี อ๋อ ขอต้อนรับสู่คณะมนุษยศาสตร์และสังคมศาสตร์ครับ
아, 인문사회대학에 오신 것을 환영합니다.

แล้วจะเริ่มเรียนได้ตั้งแต่เมื่อไรครับ
언제부터 공부를 시작하실 수 있습니까?

มิสลี หลังจากเข้าหอเรียบร้อยแล้วค่ะ
기숙사에 들어가고 나서요.

คณบดี เอางี้แล้วกัน เดี๋ยวให้ไปรายงานตัวที่ภาควิชาประวัติศาสตร์ก่อน
แล้วหลังจากนั้นให้เอาหนังสือฉบับนี้ไปยื่นที่หอพัก
เพื่อที่จะได้เข้าพักในหอพักต่อไป
ขออวยพรให้ประสบกับความสำเร็จในการเรียน
และขอให้โชคดีตลอดไป ขอบคุณครับ
이렇게 하시지요. 먼저 역사학과에 가서 보고를 드리세요. 그리고 나서 이 서류를 가지고 가서 앞으로 기숙사에 들어가 지낼 수 있도록 기숙사에 제출하세요. 성공적으로 학업을 마칠 수 있기를 기원합니다. 행운을 빌어요. 고맙습니다.

มิสลี ขอบพระคุณค่ะ ดิฉันจะพยายามจนสุดความสามารถค่ะ
감사합니다. 최선을 다해서 노력하겠습니다.

(ข้างนอกห้อง) (방 밖에서)

วีระ มีปัญหาอะไรไหมครับ
무슨 문제가 있어요?

มิสลี วันนี้ดิฉันต้องย้ายเข้าหอพักค่ะ
저 오늘 기숙사로 옮겨야 해요.

วีระ ผมยินดีช่วยเหลือเต็มที่ครับ
제가 기꺼이 최대한 도와 드리겠습니다.

มิสลี ดิฉันรบกวนคุณมากไปแล้วค่ะ

제가 너무 폐를 끼치는 것 같아요.

วีระ ไม่เป็นไรครับ ผมเป็นเจ้าของบ้าน ต้องรับรองแขกให้ดีที่สุด

괜찮습니다. 저는 집주인입니다. 손님에게 최대한 잘 해 드려야 합니다.

단 어

ติด	붙다, 겹치다	ธุระ	일, 업무
รายงาน	보고하다, 신고하다	มหาวิทยาลัย	대학교
เลขานุการ	비서	ช่วย	돕다, 도와주다
คณบดี	학장	ทุน(การศึกษา)	장학금
ศึกษา	연구하다, 공부하다	เกี่ยวกับ	~와 관련되다
ประวัติศาสตร์	역사학	สู่	~를 향하다
คณะ	단과대학	มนุษยศาสตร์	인문학
สังคมศาสตร์	사회학	เริ่ม	시작하다
ตั้งแต่	~부터	หลังจาก	~한 이후에
หอพัก	기숙사	เรียบร้อย	끝내다, 완결하다
ภาค	부, 과	วิชา	교과목
หนังสือ	서류	ฉบับ	[형태사] 부, 장
ยื่น	제출하다	อวยพร	축복하다
ประสบ	경험하다	สำเร็จ	성공하다, 끝내다
โชคดี	행운이다	พยายาม	노력하다
จน	~까지, ~할 정도로	สุด	끝, 가장
ความสามารถ	능력	ปัญหา	문제
อะไร	무엇	ย้าย	옮기다, 이사하다
ช่วยเหลือ	도와주다	เต็มที่	전력을 다해서
รบกวน	폐를 끼치다	เจ้าของ	주인
แขก	손님	รับรอง	책임지다, 맞이하다

문법설명

① 태국어의 부정 의문문에 대한 답

태국어에서 부정 의문문의 답은 그 형태가 한국어와 흡사하게 나타납니다. 즉 부정 의문문에 대해서 그 답이 ไม่라는 부정소가 나왔을 경우 그 의미는 부정 의문문에 대한 긍정의 답을 뜻합니다.

คุณไม่ไปหรือ	당신 안 가나요?.
- ไม่	안 갑니다.
เขาไม่ใช่คนไทยหรือ	그는 태국사람이 아닌가요?.
- ไม่	아닙니다.

② 사동사 ให้의 특수 용법

태국어에서 ให้는 여러 가지 기능을 수행하는 다기능어입니다. ให้가 사동사로 사용될 경우 통사형태는 (주어)+ให้+피사동주+동사가 됩니다. 그러나 단순한 사동의 의미를 나타내는 것뿐만 아니라 결정을 청자에게 유보함으로써 겸양의 의미를 나타내기도 합니다.

ให้ผมมารับไหม	제가 모시러 올까요?.
ให้ผมรอที่นี่ไหม	제가 여기서 기다릴까요?
ให้เรียนว่าใครขอพบ	누가 뵙고자 한다고 말씀 드릴까요?

③ 태국어의 부정칭 대명사

태국어에서 의문사와 부정칭 대명사는 같은 형태로 나타납니다. 따라서 의문사와 부정칭 대명사의 구별은 문맥에 의해 결정하게 됩니다. 특히 의문어조사와 함께 사용되는 경우에는 의문사가 아닌 부정칭 대명사로 사용됩니다.

จะดื่มอะไรเย็นๆ ไหม	뭐 시원한 것 좀 드실래요?
มีอะไรสงสัยไหม	뭐 이상한 것 있어요?
มีปัญหาอะไรไหม	무슨 문제가 있어요?

보충설명

태국어에서 เกรง 또는 เกรงใจ라는 표현은 태국인들이 즐겨 쓰는 표현 중 하나입니다. 그 의미는 '~할까 염려스럽다, 어려워하다'로 해석됩니다. 예를 들어 เกรงจะเป็นการรบกวน은 '폐를 끼칠까 염려스럽다'라는 의미이며, ไม่ต้องเกรงใจ라는 표현은 '어려워하지 마세요, 부담스러워하지 마세요'라는 의미가 됩니다. 따라서 이러한 태국어의 เกรง 또는 เกรงใจ는 태국인의 남을 배려하는 마음을 잘 나타내고 있는 언어표현이라 할 수 있습니다.

문형연습

1. เขาไม่มาด้วย เพราะเขาติดธุระ

   그는 일이 있어서 같이 안 왔습니다.

   ผมไม่ไปกับเขา เพราะผมติดงานสำคัญ

   저는 중요한 일이 있어서 그와 같이 안 갔습니다.

   เพราะอะไร เธอจึงไม่มากับคุณ

   무엇 때문에 그녀는 당신과 같이 안 왔지요?

   เราไปไหนไปด้วยกันเสมอ

   우리는 어디를 가든지 항상 같이 갑니다.

2. ดิฉันต้องไปรายงานตัวกับหัวหน้าเสียก่อน จึงจะเข้าทำงานได้

   저는 먼저 상사에게 보고하러 가야 합니다. 그래야 일을 시작할 수 있습니다.

   ยูเนสโกให้ดิฉันไปรายงานตัวเมื่อมาถึง

   유네스코에서 저에게 도착하면 보고하라고 하였습니다.

ดิฉันต้องไปรายงานตัวเสียก่อน จึงจะเข้าหอพักได้

저는 먼저 가서 보고해야 합니다. 그래야 기숙사에 들어갈 수 있습니다.

3. ขอพบท่านคณบดีหน่อยได้ไหมครับ

학장님 좀 만나 뵐 수 있을까요?

ขอโทษครับ ท่านหัวหน้ากองว่างไหมครับ ผมขอพบสักหน่อย

죄송합니다. 과장님 시간 있으세요? 제가 잠깐만 만나 뵈려고요.

ท่านอธิบดีจะกรุณาให้ดิฉันพบหน่อยได้ไหมคะ

국장님 제가 좀 만나 뵐 수 있겠습니까?

4. ดิฉัน อารยา พิชานนท์ จากประเทศไทยค่ะ

저는 태국에서 온 아라야 피차논 입니다.

ผม ปัก ฮา ยอน จากเกาหลีครับ

저는 한국에서 온 박하연입니다.

นักศึกษาคนนี้คือ นางสาวมิชิโกะ อิฮาชิ จากญี่ปุ่นครับ

이 학생은 일본에서 온 미찌꼬 이하시 양입니다.

5. คุณมาถึงเมืองไทยตั้งแต่เมื่อไร

당신은 언제 태국에 도착하셨습니까?

ดิฉันเพิ่งมาถึงเมื่อวานนี้ค่ะ

저는 어제 막 도착했습니다.

ผมมาถึงเมื่อเช้านี้เองครับ

저는 바로 오늘 아침에 도착했습니다.

6. ดิฉันเกรงว่าจะเป็นการรบกวนท่านมากเกินไปค่ะ

제가 너무 폐를 끼칠까 염려돼서요.

ไม่อยากจะรบกวนเวลาของท่านเลย เกรงใจมากครับ

시간을 너무 뺏는 것 같아 부담스럽습니다.

เขาเป็นคนไม่รู้จักเกรงใจ จึงมารบกวนคุณเสมอ

그는 어려워 할 줄 모르는 사람입니다. 그래서 늘 당신을 귀찮게 하지요.

7. เพื่อนของดิฉันได้ช่วยเหลือดิฉันเป็นอย่างดี

제 친구가 저를 잘 도와주었어요.

เพื่อนนักศึกษาทุกคนได้ช่วยเหลือผมเป็นอย่างดี

모든 학생들이 저를 잘 도와주었습니다.

เขาช่วยเหลือฉันเป็นอย่างดีจนฉันเกรงใจเขามาก

그는 내가 미안할 정도로 나를 잘 도와주었다.

8. เราจัดหอพักไว้ให้คุณเรียบร้อยแล้ว

우리는 당신을 위해 기숙사를 마련해 두었습니다.

เขาจัดกระเป๋าเดินทางเรียบร้อยแล้ว

그는 여행가방을 다 쌌습니다.

เธอจัดหนังสือเรียนของเธอได้เรียบร้อยมาก

그녀는 교재를 완벽하게 준비했다.

9. หนังสือนี้คือจดหมายจากผมไปถึงหัวหน้าของคุณ

이 서류는 제가 당신의 상사에게 보내는 편지입니다.

หนังสือนี้คือจดหมายอนุญาตให้เข้าเรียนได้

이 서류는 수강 허가서입니다.

คุณนำหนังสือนี้ไปแจ้งต่อหัวหน้าหอพัก แล้วคุณก็จะเข้าพักได้

당신은 이 서류를 가지고 가서 기숙사 사감에게 통보하세요..
그러면 기숙사에 들어갈 수 있습니다.

10. ดิฉันเป็นนักเรียนทุน ได้รับทุนมาศึกษาภาษาไทยค่ะ

저는 장학생입니다. 장학금을 받고 태국어를 공부하러 왔습니다.

เขาได้รับทุนไปเรียนประวัติศาสตร์ที่ประเทศอังกฤษ

그는 장학금을 받고 영국으로 역사학을 공부하러 갔습니다.

เขาสอบได้ที่หนึ่ง จึงได้รับทุนเรียนดี

그는 시험에서 1 등을 했습니다. 그래서 성적우수 장학금을 받았습니다.

11. ขออวยพรให้คุณเดินทางโดยปลอดภัย

안전하게 여행하시기를 바랍니다.

ขออวยพรให้คุณเรียนได้สำเร็จ

성공리에 학업을 마칠 수 있기를 기원합니다.

ขออวยพรให้คุณโชคดีตลอดไป

항상 행운이 함께하기를 기원합니다.

12. ผมจะพยายามเล่นฟุตบอลจนสุดความสามารถ

저는 최선을 다해서 축구를 하겠습니다.

ดิฉันจะพยายามเรียนจนสุดความสามารถ

저는 최선을 다해서 공부하겠습니다.

เราต้องทำงานจนสุดความสามารถ เพื่อให้งานสำเร็จ

일이 성공할 수 있도록 우리는 최선을 다해서 일해야 합니다.

13. ผมมีปัญหาเรื่องย้ายบ้านบ่อย ๆ ครับ

저는 자주 이사를 해야 하는 문제가 있습니다.

หัวหน้าของเขาย้ายมาใหม่ ยังไม่รู้ปัญหาของเขา

그의 상사가 새로 와서 아직 그의 문제가 무엇인지 모릅니다.

เมื่อการย้ายเกิดขึ้น ก็มักมีปัญหาต่าง ๆ เกิดขึ้นด้วย

이동이 일어나면 대개 여러 가지 문제가 생깁니다.

14. ผมเป็นเจ้าของบ้าน ต้องรับรองแขกให้ดีที่สุด

저는 집주인입니다. 손님을 최상으로 대접해야 합니다.

การรับรองแขก เป็นเรื่องของเจ้าของบ้าน

손님을 대접하는 것은 집주인의 일입니다.

แขกผู้มาเยี่ยมจะปลื้มใจ เมื่อได้พบการรับรองที่ดีจากเจ้าของบ้าน

집주인으로부터 잘 대접받으면 손님들은 기뻐할 것입니다.

줄거리

วันรุ่งขึ้น วีระไปรับมิสลีไปรายงานตัว แต่สมชายไม่ได้ไปด้วย เพราะติดธุระ เขาพาเธอไปรายงานตัวกับท่านคณบดีที่มหาวิทยาลัยก่อน ท่านคณบดีบอกให้ไปรายงานตัวที่ภาควิชาประวัติศาสตร์ พร้อมทั้งให้หนังสือเพื่อไปยื่นที่หอพักเพื่อที่ได้เข้าพักในหอพักต่อไปด้วย วีระรับอาสาจะพาเธอไปหอพัก เพราะคนที่เป็นเจ้าของบ้านต้องรับรองแขกให้ดีที่สุด

제 34 과

เที่ยวทางเรือ
뱃길 관광

본 문

พิสมัย ที่จริงเราควรมาได้เร็วกว่านี้
사실 우리가 좀더 빨리 왔었어야 했는데.

วีระ ไม่เป็นไรหรอกครับ เรามาทันเวลาพอดี
괜찮아. 우리 시간에 딱 맞춰 왔어.

สมชาย เชิญลงเรือเลยครับ
어서 배에 타세요.

วีระ ไม่แวะซื้อขนมไปทานในเรือหรือครับ
배에서 먹을 과자 안 사?

พิสมัย ไม่มีเวลาค่ะ ได้เวลาเรือออกแล้ว
시간이 없어. 배가 출발할 시간이야.

มิสลี ให้เรือคอยสักครู่ไม่ได้หรือคะ
배를 잠깐 기다리게 할 수 없나요?

พิสมัย เราต้องตรงต่อเวลาค่ะ
우리는 시간을 지켜야 합니다.

(ในเรือ) (배에서)

สมชาย เรากำลังอยู่ในแม่น้ำเจ้าพระยาครับ
우리는 지금 짜오프라야 강에 있습니다.

พิสมัย แม่น้ำสายนี้สำคัญที่สุดในประเทศไทยค่ะ
이 강은 태국에서 가장 중요한 강입니다.

มิสลี ไหลผ่านกลางเมืองหลวงเลยหรือคะ

수도의 가운데를 흘러갑니까?

วีระ ครับ เรือรบเข้ามาถึงในกรุงเทพฯ ด้วย

네. 군함이 방콕까지 들어올 수도 있습니다.

สมชาย เรือพวกนั้นล่องมาจากทางภาคเหนือครับ

저 배들은 북부에서 떠내려 왔습니다.

วีระ แต่ก่อนนี้มีเรือนแพอยู่ทั้งสองฝั่งแม่น้ำ

예전에는 수상가옥이 강 양쪽에 있어요.

มิสลี เรากำลังจะเข้าแม่น้ำอะไรคะนี่

우리 지금 어느 강으로 들어가고 있나요?

พิสมัย ไม่ใช่แม่น้ำค่ะ เรากำลังเข้าคลอง

강이 아니에요. 우리는 지금 운하로 들어가고 있어요.

มิสลี ดิฉันทราบว่า เมืองไทยมีคลองมาก

저는 태국에 운하가 많다고 알고 있어요.

สมชาย เดี๋ยวนี้ก็มีมากครับ แต่ถูกถมเป็นถนนไปก็มาก

지금도 많아요. 하지만 메워져서 도로가 된 곳도 많아요.

มิสลี น่าเสียดายนะคะ เที่ยวตามคลองสนุกดี

아쉽네요. 운하를 따라서 여행하는 것도 재미있는데요.

วีระ มาเมืองไทย ถ้าไม่ได้เที่ยวตามคลองก็เหมือนมาไม่ถึงเมืองไทยครับ

태국에 와서 운하를 여행하지 않으면 태국에 왔다고 할 수 없습니다.

พิสมัย คุณลีอยู่ประเทศไทยรู้สึกอย่างไรบ้างคะ

미스 리는 태국에 와 보니까 어때요?

มิสลี ยังไม่ค่อยคุ้นกับอากาศค่ะ ตอนที่ดิฉันมา ที่เกาหลีกำลังหนาว แต่เมืองไทยร้อนมาก

아직 날씨에 적응이 안돼요. 제가 올 때 한국은 한참 추웠는데 태국은 무척 더워요.

วีระ ระวังสุขภาพหน่อยนะครับ

건강 주의하세요.

มิสลี ดิฉันแข็งแรงดีค่ะ

저 튼튼해요.

สมชาย คุณลีคิดถึงบ้านไหมครับ

미스 리는 집 생각 나세요?

มิสลี ก็คิดถึงบ้างเป็นธรรมดา แต่อบอุ่นใจที่คนไทยดี ๆ ทั้งนั้น

집 생각나는 것이 당연하죠. 하지만 태국사람들이 모두 좋아서 제 마음이 훈훈해요.

พิสมัย คุณเป็นคนมองโลกในแง่ดี ทุกประเทศมีทั้งคนดีและคนชั่วทั้งนั้นแหละค่ะ

당신은 세상을 긍정적으로 보는 사람이군요. 어느 나라든 좋은 사람도 있고 나쁜 사람도 있습니다.

단어

เรือ	배	ที่จริง	사실, 실은
ควร	~해야 하다	เร็ว	빠르다
กว่า	보다, 더	ทัน	시간에 맞추다
พอดี	마침, 딱	ลง	내리다, (배에) 타다
แวะ	들르다	ขนม	과자
ออก	출발하다, 떠나다	ให้	[사동]하게 하다
คอย	기다리다	สักครู่	잠시, 잠깐
ตรง	바르다, 정확하다	ต่อ	~에 대해
แม่น้ำ	강	สาย	[형태사]
สำคัญ	중요하다	ไหล	흐르다
ผ่าน	지나다, 통과하다	กลาง	중앙, 가운데
เมืองหลวง	수도	เรือรบ	군함
พวก	~들	ล่อง	흐르다, 운항하다
ภาคเหนือ	북부	แต่ก่อน	예전에, 이전에
เรือนแพ	수상가옥	ฝั่ง	가, 측, 쪽
คลอง	운하, 수로, 작은 하천	ถูก	[수동]되다, 되어 지다
ถม	메꾸다	น่า	~할만 하다, ~함 직 하다
เสียดาย	아쉽다	ตาม	~따라, 주변
สนุก	재미있다, 흥겹다	เหมือน	~처럼, 마찬가지로
รู้สึก	느끼다, 생각하다	อย่างไร	어떻게
คุ้น	익숙하다	อากาศ	날씨, 기후, 공기
ตอน	~때, 시기	หนาว	춥다
ร้อน	덥다	ระวัง	주의하다, 유의하다

สุขภาพ	건강	แข็งแรง	튼튼하다, 건강하다
คิดถึง	생각나다, 그리워하다	เป็นธรรมดา	보통이다, 당연하다
อบอุ่น	따뜻하다, 훈훈하다	ทั้งนั้น	전부, 모두
มอง	바라보다	โลก	세계, 세상
แง่	측면, 면	ชั่ว	악한, 나쁜
แหละ	[어조사]		

문법설명

1 복수를 나타내는 접두어 พวก

พวก은 접두어로 사용될 경우 복수를 나타내며 '~들'의 의미로 해석됩니다. 이 พวก이 지시형용사 앞에 위치할 때는 복수를 나타내는 형태사의 기능을 수행합니다.

พวกเขา	그들.
พวกนักศึกษา	대학생들.
นักศึกษาพวกนี้	이 대학생들.
แพพวกนี้	이 뗏목들.

2 기점을 타나내는 전치사 ตั้งแต่ 와 จาก

태국어에서 기점을 나타내는 전치사는 ตั้งแต่와 จาก이 있습니다. 이 중에서 시간적인 기점은 ตั้งแต่를 사용하고, 장소적인 기점은 จาก을 사용합니다.

คุณมาจากไหน

당신은 어디서 왔습니까?

เรามารอท่านตั้งแต่เมื่อวาน

우리는 어제부터 와서 당신을 기다리고 있었습니다.

มหาวิทยาลัยจะปิดเทอมตั้งแต่เดือนมิถุนายนถึงเดือนสิงหาคม

대학교는 6월부터 8월까지 방학을 할 것이다.

จากที่นี่ขับรถไปถึงหัวลำโพงใช้เวลานานเท่าไร

여기서 후아람퐁까지 운전해서 가면 시간이 얼마나 걸리죠?

보충설명

태국에는 많은 운하들이 있어서 아직도 시민들의 교통수단으로 사용되고 있습니다. 그리고 강이나 운하에는 เรือนแพ라고 하는 수상가옥들이 늘어서 있고 물을 생활기반으로 살아가는 사람들이 거주하고 있습니다. 또한 물줄기를 따라 시장이 형성되어 있는데 이를 ตลาดน้ำ(수상시장)이라고 합니다. 이러한 이유로 태국의 수도 방콕을 '물의 도시'라고 부르기도 합니다.

문형연습

1. ที่จริง คุณควรจะมาพบเราตั้งแต่เมื่อวานนี้

   사실 당신은 어제 우리를 만나러 왔어야 했습니다.

   ที่จริง ผมอยากจะบอกคุณ แต่ผมบอกไม่ได้

   사실 저는 당신께 말씀드리고 싶었습니다만 말씀드릴 수가 없었습니다.

   ที่จริง เธอก็รักเขา แต่เธอแสดงออกไม่ได้

   사실 그녀도 그를 사랑하지만 그녀는 드러낼 수 없습니다.

   ที่จริง เราควรจะมาได้เร็วกว่านี้

   사실 우리는 좀 더 일찍 왔어야만 했다.

2.ไม่เป็นไรหรอกครับ คุณมาไม่สายหรอก

괜찮습니다. 당신은 늦게 오지 않았습니다.

ถึงคุณจะมาช้าหน่อย ก็ไม่เป็นไร

비록 당신이 좀 늦게 오기는 했지만 괜찮습니다.

ที่จริงคุณน่าจะมาเร็วกว่านี้ แต่ก็ไม่เป็นไร

사실 당신은 좀 더 빨리 왔어야 했습니다만 괜찮습니다.

คนไทยชอบพูดว่า ไม่เป็นไร

태국인들은 "괜찮습니다"라고 말하기를 좋아합니다.

3. เรามาทันเวลาลงเรือพอดี

우리는 배를 타는 시간에 딱 맞게 왔다.

เรามาทันเวลาเครื่องบินเข้าพอดี

우리는 비행기가 도착하는 시간에 딱 맞게 왔다.

เครื่องบินออกแล้ว เรามาไม่ทันเวลา

비행기는 이미 출발했다. 우리가 제 시간에 오지 못했다.

4. คุณชอบทานขนมหรือผลไม้

당신은 과자 먹는 것을 좋아합니까, 과일 먹는 것을 좋아합니까?

ผมชอบทั้งขนมและผลไม้

저는 과자와 과일을 다 좋아합니다.

ขนมเป็นของหวานอย่างหนึ่ง

과자는 후식 중의 하나입니다.

5. ได้เวลาทำงานแล้ว เราต้องเป็นคนตรงเวลา

일할 시간이 됐습니다. 우리는 시간을 지켜야만 합니다.

พอได้เวลารถไฟออก รถไฟก็ต้องออกตรงตามเวลา

출발시간이 되면 기차는 제 시간에 출발해야 합니다.

พยายามเป็นคนตรงต่อเวลา

시간을 잘 지키는 사람이 되도록 노력하세요.

6. เรากำลังอยู่ในแม่น้ำ เขาอยู่ในทะเล

우리는 지금 강에 있고 그는 바다에 있습니다.

พอเขาเข้ามาถึงแม่น้ำ เราก็ขึ้นบนฝั่งแล้ว

그가 강에 도착했을 때 우리는 이미 육지로 올라갔다.

คลองส่วนมากเล็กกว่าแม่น้ำ

대부분의 운하는 강보다 작습니다.

7. แม่น้ำเจ้าพระยาสำคัญที่สุด เพราะเรือรบเข้ามาถึงกรุงเทพฯ ได้

짜오프라야 강은 가장 중요합니다. 군함이 방콕까지 들어올 수 있기 때문입니다.

เรือรบเข้ามาตามแม่น้ำเจ้าพระยาถึงเมืองหลวงได้

군함이 짜오프라야 강을 따라 수도까지 올 수 있습니다.

แม่น้ำเจ้าพระยาไหลผ่านเมืองหลวงของประเทศไทย

짜오프라야 강은 태국의 수도를 가로질러 흘러갑니다.

8. แพคือต้นไม้ที่เขาตัดแล้วล่องมาตามแม่น้ำ

뗏목은 벌목된 나무가 강을 따라 내려온 것이다.

แพพวกนั้นล่องลงมาจากภาคเหนือ

그 뗏목들은 북쪽으로부터 떠내려 왔다.

เขาล่องแพจากภาคเหนือลงมาภาคกลาง

그들은 북부에서 중부로 뗏목을 띄워 보낸다.

9. แต่ก่อนนี้มีเรือนแพอยู่สองฝั่งของแม่น้ำ

예전에는 수상가옥이 강 양쪽에 있었다.

เดี๋ยวนี้ยังมีเรือนแพอยู่ตามสองฝั่งคลองบางแห่ง

지금도 수상가옥이 일부 운하 양쪽에 남아있다.

ต่อไปอาจไม่มีเรือนแพอยู่ตามฝั่งแม่น้ำอีกเลย

앞으로는 더 이상 강변에 수상가옥이 남아있지 않을 것이다.

10. เขาถมสระนี้เพื่อทำตึก

건물을 짓기 위해 그는 이 연못을 메웠다.

คลองนี้ถูกถมเพื่อทำถนน

도로를 만들기 위해 이 운하가 메워졌다.

แม่น้ำนี้ลึกเกินไป ถมไม่ได้

이 강은 너무 깊어서 메울 수가 없다.

11. ถ้ามาเมืองไทยไม่ได้เที่ยวตามคลอง ก็น่าเสียดาย

태국에 와서 운하를 여행하지 않는다면 애석한 일이지요.

ถ้ามาเมืองไทยไม่ได้เที่ยววัด ก็เหมือนไม่ได้มาเมืองไทย

태국에 와서 절을 구경하지 않는다면 태국에 오지 않은 것과 같습니다.

เขามากรุงเทพฯ ไม่ได้เที่ยววัดพระแก้ว น่าเสียดาย

그는 방콕에 와서 에메랄드 사원을 구경하지 않았습니다. 아쉽습니다.

12. ดิฉันรู้สึกว่า ยังไม่คุ้นกับอากาศเมืองไทย

제 생각에는 아직 태국 날씨에 적응하지 못한 것 같습니다.

ดิฉันรู้สึกเหมือนเราคุ้นกันมานานแล้ว แม้จะเพิ่งรู้จักกัน

방금 알게 됐지만 저는 우리가 오래 전부터 친숙했던 것처럼 느껴져요.

ครอบครัววินัยคุ้นกับครอบครัวปรีชามาก

위나이 씨 가족은 쁘리차 씨 가족과 친합니다.

13. ที่นี่ร้อนมาก คุณควรระวังสุขภาพของคุณหน่อย

여기는 매우 덥습니다. 당신은 건강을 조심해야 합니다.

เกาหลีหนาวมาก ระวังคุณจะเป็นหวัด

한국은 매우 춥습니다. 감기에 걸리지 않게 주의하세요.

ถ้าอากาศหนาว ๆ ร้อน ๆ สุขภาพของเราก็ไม่ค่อยดี

날씨가 춥다가 덥다가 하면 우리 건강도 별로 좋지 않습니다.

หนูรู้สึกหนาว ๆ ร้อน ๆ น่าจะเป็นไข้กระมัง

제가 춥다가 덥다가 해요. 감기인가 봐요.

14. เล่นกีฬาเจ็บบ้างเป็นของธรรมดา

운동하다가 다치는 것은 다반사이다.

การคิดถึงบ้านเป็นของธรรมดาสำหรับคนที่ไปอยู่ต่างประเทศ

외국에 가 있는 사람에게 집 생각이 나는 것은 보통이다.

ดิฉันย่อมคิดถึงเขาเป็นธรรมดา เพราะเขาไม่เคยไปไหนนาน

그가 오랫동안 아무데도 간 적이 없기 때문에 제가 그 사람을 그리워하는 것은 당연합니다.

15. ดิฉันอบอุ่นใจที่คุณมองดิฉันในแง่ดีเสมอ

당신이 저를 항상 좋게 보아주시니 마음이 훈훈합니다.

คนมองโลกในแง่ดี ทำให้คนอื่นสบายใจเสมอ

세상을 긍정적으로 보는 사람은 늘 다른 사람을 편안하게 해 준다.

คนมองโลกในแง่ร้าย ทำให้คนอื่นไม่สบายใจเสมอ

세상을 부정적으로 보는 사람은 늘 다른 사람들의 마음을 불편하게 만든다.

เป็นคนมองโลกในแง่ดีดีกว่าเป็นคนมองโลกในแง่ร้าย

세상을 긍정적으로 보는 것이 세상을 부정적으로 보는 것 보다 낫다.

16. ทุกประเทศในโลกนี้ มีทั้งคนดีและคนชั่วเป็นของธรรมดา

세상 모든 나라에는 좋은 사람과 나쁜 사람이 다 있는 것이 보통이다.

โลกนี้มีทั้งคนดีและคนชั่ว

이 세상에는 좋은 사람도 있고 나쁜 사람도 있다.

ทั้งคนดีและคนชั่ว มีอยู่ทุกแห่งในโลก

세상 어디에나 좋은 사람과 나쁜 사람 모두 존재한다.

โลกจะปลอดภัยและมีความสุข ถ้าทุกคนเป็นคนดี

모든 사람들이 선하다면 세상은 안전하고 행복할 것이다.

줄거리

วีระ สมชาย และพิสมัย พามิสลีไปลงเรือล่องแม่น้ำเจ้าพระยา แม่น้ำเจ้าพระยาเป็นแม่น้ำสายสำคัญที่สุดในประเทศไทย ไหลผ่านกลางกรุงเทพฯ มีเรือแพสัญจรไปมา แต่ก่อนเคยมีบ้านเรือนแพอยู่ริมสองฝั่งแม่น้ำ เรือล่องไปตามแม่น้ำและเข้าคลองต่าง ๆ นับว่าเป็นโอกาสดีของมิสลี เพราะถ้ามาเมืองไทยแล้วไม่ได้เที่ยวตามคลองก็เหมือนมาไม่ถึงเมืองไทย ตอนนี้มิสลียังไม่คุ้นกับอากาศเมืองไทยและคิดถึงบ้านอยู่บ้าง แต่ก็อบอุ่นใจที่คนไทยเป็นคนดี

싸왓디@태국어생활회화

초판 1쇄 발행 2009년 2월 28일
초판 2쇄 발행 2012년 1월 18일
초판 3쇄 발행 2015년 4월 15일
초판 4쇄 발행 2018년 2월 20일

지은이 한국외국어대학교 태국어과
발행인 김인철
총괄 · 기획 가정준 Director, University Knowledge Press
편집장 신선호 Executive Knowledge Contents Creator
도서편집 박현정 Contents Creator
전자책편집 이리나 e-Contents Creator
재무관리 김은혜 Managing Creator
마케팅 파트장 백승이 Chief Marketing Creator
마케팅 박종원 Marketing Creator
발행처 한국외국어대학교 지식출판원
02450 서울특별시 동대문구 이문로 107
전화 02)2173-2493~7
FAX 02)2173-3363
홈페이지 http://press.hufs.ac.kr
전자우편 press@hufs.ac.kr
출판등록 제6-6호(1969. 4. 30)
편집 · 디자인 ㈜이환디앤비 02)2254-4301
인쇄 · 제본 네오프린텍(주) 02)718-3111

ISBN 978-89-7464-519-9 18790 정가 25,000원

* 잘못된 책은 교환하여 드립니다.

HU:iNE 은 한국외국어대학교 지식출판원의 어학도서, 사회과학도서, 지역학 도서 Sub Brand이다. 한국외대의 영문명인 HUFS, 현명한 국제전문가 양성(International+Intelligent)의 의미를 담고 있으며, 휴인(携引)이 뜻인 '이끌다, 끌고 나가다'라는 의미처럼 출판계를 이끄는 리더로서, 혁신의 이미지를 담고 있다.

이 책의 음원(mp3)은 한국외국어대학교 지식출판원 홈페이지(press.hufs.ac.kr) – 게시판 – 자료실에서 다운받아 사용하시기 바랍니다.